DECISÃO JUDICIAL E O CONCEITO DE PRINCÍPIO

A hermenêutica e a (in)determinação do Direito

O48p   Oliveira, Rafael Tomaz de
        Decisão judicial e o conceito de princípio: a hermenêutica e a (in)determinação do direito / Rafael Tomaz de Oliveira. – Porto Alegre: Livraria do Advogado Editora, 2008.
        248 p.; 23 cm.
        ISBN 978-85-7348-579-0

        1. Hermenêutica. 2. Teoria do direito. I. Título.

                        CDU – 340.132

        Índices para catálogo sistemático:
        Hermenêutica   340.132
        Teoria do direito   340.12

        (Bibliotecária responsável: Marta Roberto, CRB-10/652)

Rafael Tomaz de Oliveira

DECISÃO JUDICIAL E O CONCEITO DE PRINCÍPIO

A hermenêutica e a (in)determinação do Direito

Porto Alegre, 2008

© Rafael Tomaz de Oliveira, 2008

Capa, projeto gráfico e diagramação
Livraria do Advogado Editora

Revisão
Rosane Marques Borba

Direitos desta edição reservados por
Livraria do Advogado Editora Ltda.
Rua Riachuelo, 1338
90010-273 Porto Alegre RS
Fone/fax: 0800-51-7522
editora@livrariadoadvogado.com.br
www.doadvogado.com.br

Impresso no Brasil / Printed in Brazil

Aos meus pais,
Manoel e Maria Aparecida,
em testemunho de meu Amor e de minha Gratidão.

Se quer seguir-me, narro-lhe; não uma aventura, mas experiência, a que me induziram, alternadamente, séries de raciocínios e intuições. Tomou-me tempo, desânimos, esforços. Dela me prezo, sem vangloriar-me. Surpreendo-me, porém, um tanto à-parte de todos, penetrando em conhecimento que os outros ainda ignoram. (...) Reporto-me ao transcendente. Tudo, aliás, é a ponta de um mistério. Inclusive os fatos. Ou a ausência deles. Duvida? Quando nada acontece, há um milagre que não estamos vendo.

JOÃO GUIMARÃES ROSA, *O Espelho*.

Em tudo o que já se sabe, esconde-se algo digno de pensamento.

MARTIN HEIDEGGER, *Nietzsche*

Prefácio

Na medida em que vivemos sob a égide de uma Constituição democrática, compromissória e quiçá, (ainda) dirigente, pareceria óbvio esperar que os juristas já tivessem construído um *sentimento constitucional-concretizante* nesses vinte anos que se completam em 2008. Esse novo cenário exigiria um labor avassalador por parte dos juristas, pelo qual as leis infraconstitucionais deveriam ser simplesmente devassadas por uma implacável hermenêutica constitucional. Esse fenômeno, entretanto, ainda está longe de se realizar. Em todo esse período, se o legislador ficou aquém (veja-se o problema dos velhos códigos) ou foi além do comando constitucional, pareceria evidente que a comunidade jurídica tomasse para si – mas sem protagonismos *ad hoc* – a tarefa de realizar o que se pode denominar de "filtragem hermenêutico-constitucional", apontando as inconstitucionalidades (controle difuso e concentrado) e fazendo os necessários apelos ao legislador, além de construir uma teoria (doutrina) capaz de abarcar as demandas de um novo paradigma de direito e de Estado: o Democrático de Direito.

Não foi exatamente isso que ocorreu. Com efeito, se, durante o regime autoritário, buscávamos as brechas da lei e lutávamos a partir dessa frágil institucionalidade apostando em um antidedutivismo e em posturas que fizessem com que aquele direito fosse arrazado pela faticidade, agora, em plena produção democrática do direito, não parece ter muito sentido continuarmos a apostar em um protagonismo vencido pelos acontecimentos que culminaram na elaboração de um novo texto constitucional. Em outras palavras, antes não tínhamos constituição (e tampouco democracia) e éramos obrigados – os juristas críticos – a ser "realistas" ou "pragmatistas"; hoje, temos uma Constituição que deve ser o alfa e o ômega da conduta dos juristas e, por isso, a tarefa de qualquer teoria do direito preocupada com a democracia e os direitos fundamentais deve ser a de concretizar a Constituição. Isso significa dizer que não há mais espaços para voluntarismos e decisionismos baseados em discursos com pretensão corretiva. A interpretação do direito é incompatível com "graus zeros de sentido".

Lamentavelmente, o passar dos anos apenas mostrou que a dogmática jurídica – entendida em seu sentido mais tradicional – continuou dominando as práticas jurídicas, a ponto de colocar a doutrina como refém de uma jurisprudência construída *ad hoc*, em que o "caso jurídico" assume a função de álibi para construções pragmatistas, como se o direito (produzido democraticamente com berço constitucional) não tivesse "DNA".

Enfim, ao invés de avançar em direção ao novo, o velho senso comum teórico – forjado em perspectivas positivistas-pragmatistas – transformou o direito em um somatório de decisões desconectadas, é dizer, em um verdadeiro "estado de natureza hermenêutico", no interior do qual cada juiz decide como mais lhe aprouver. Sob o álibi da "abertura interpretativa" proveniente da principiologia constitucional, parece não haver limites para a "criatividade", a ponto de, por vezes, soçobrar o próprio texto constitucional. E os exemplos não vários. Por todos – e, simbolicamente – vale referir a proliferação de decisões que transformam o princípio da dignidade da pessoa humana em um "super-princípio", a falta de integridade e coerência na jurisprudência, o papel secundário assumido pela doutrina e a estandartização da produção literária, com o crescimento de uma cultura manualesca que apenas reproduz "conceitos lexicográficos" (pequeno gnosiológicos, como diria Warat).

A Constituição, que deveria ser o *locus* privilegiado para a obtenção de respostas concretizadoras, foi, ela mesma, transformada em um "texto aberto", por vezes, *pan-principiologista*. O dever fundamental de justificar as decisões foi derrotado por uma sistemática processual que apostou em uma cadeia recursal no qual os embargos declaratórios e embargos de pré-questionamento passaram a constituir a *holding* do sistema. Esse fenômeno alcança o seu auge, agora, com a edição de diversas leis que objetivam, efetivamente, "fechar o sistema", bastando, para tanto, examinar a série de leis que buscam essa "pós-modernidade quantitativa", como a Lei n° 11.277/06, pela qual "quando a matéria controvertida for *unicamente de direito* e no juízo já houver sido proferida *sentença de total improcedência em outros casos idênticos*, poderá ser dispensada a citação e proferida sentença, reproduzindo-se o teor da anteriormente prolatada". Em resposta ocorreu foi um silêncio eloqüente da comunidade jurídica fiel ao *establishment* instrumentalista do processo. E o que foi feito com os princípios do contraditório, da ampla defesa? E o que seria uma questão "unicamente de direito", como que a repristinar a dualidade "questão de fato-questão de direito", sustentada politicamente na institucionalização da Revolução Francesa e, filosoficamente, no paradigma da filosofia da consciência?

Já as leis que regulamentaram a repercussão geral (n° 11.417/06) e a nova forma de (in)admissão dos recursos junto ao STJ (n° 11.672/08) "avançaram" (sic) em relação à matéria. A partir de então, serão escolhidos um ou mais processos que representam a "essência" da controvérsia. Além do problema da limitação cognitiva (para usar uma expressão tão cara aos processualistas), várias questões causam perplexidade aos juristas preocupados com efetividades qualitativas, como "quem escolherá a 'amostragem'", o caráter avocatório da sistemática (os demais processos ficam suspensos) e como delimitar a causa. Não esqueçamos que os julgamentos recursais devem tratar de causas e não de simples teses jurídicas. Com efeito, o princípio do *due process of law*, sob o seu viés substantivo, garante ao cidadão a procura do poder judiciário para que lhe proporcione uma proteção jurídica individual. Esse âmbito de proteção individual necessita a apreciação de todas as circunstâncias do caso concreto, aquilo alegado e provado em juízo, não se podendo tomar como base um esquema de representação fraca do fenômeno individual, muito menos do contexto histórico-factual que tal processo envolve. A grande evolução do neo-constitucionalismo em garantir a recuperação do ideal de justiça ao dotar normativamente os princípios (e a inclusão da faticidade do mundo no direito) sofre, assim, um retrocesso pelo qual se procura estabelecer uma regra, geral e universalizante, que permita um julgamento massivo de todos os processos pressupostos como iguais. É a plenitude do princípio universalizante, ignorando a (im)própria dicotomia dos discursos de fundamentação e aplicação, transformando os segundos em primeiros.

Por isso, não se pode olvidar que tais questões estão umbilicalmente ligadas à crise dos paradigmas aristotélico-tomista e da filosofia da consciência, bases para a prevalência, ainda em nossos dias, do esquema sujeito-objeto. Pois é nesse contexto que deve ser lida a obra de Rafael Tomaz de Oliveira, que consegue estabelecer uma perfeita conexão entre o direito e as revoluções ocorridas no campo da filosofia. Mostra, percucientemente, o modo como a teoria do direito foi encoberta pelos modelos matematizantes da filosofia, e, ao mesmo tempo, aponta a própria filosofia como modo de superação das amarras dualísticas e "pequeno-metodológicas".

O livro de Rafael torna-se visível em qualquer análise crítica que se faça sobre o direito. A partir da reconstrução da trajetória "filosófica do direito", o autor consegue chegar ao ponto de estofo que marcou indelevelmente o direito na modernidade, principalmente a partir dos séculos XVII e XIX: a ligação umbilical entre o esquema sujeito-objeto e a discricionariedade que caracteriza o positivismo jurídico.

Dito de outro modo, quando examinamos as (mini) reformas processuais e constatamos a continuidade do sujeito solipsista (*Selbstsüchtiger*) no comando do "processo", tal questão encontra eco e fundamentação na obra de Rafael, demonstrando, a todo o instante, as razões pelas o debate Dworkin-Hart foi o que de mais importante ocorreu na teoria do direito no século XX.

Nesse sentido, o problema da discricionariedade é vista por Rafael de um modo que os juristas não costumam fazê-lo: trazendo o fenômeno para dentro da filosofia, isto é, não analisando o fenômeno a partir da filosofia como uma "capa de sentido", mas colocando-a como condição de possibilidade. Isso é fazer – e tenho insistido nisso – *filosofia no direito* e não, simplesmente, do direito. Talvez por esta razão o autor consiga desnudar essa principal característica do positivismo, fazendo-a transcender para a análise de um problema que lhe é conseqüente: a distinção entre regra e princípio. Essa questão é de extrema relevância, uma vez que somente é possível fazer uma anamnese da relação regra-princípio se compreendermos que, entre regra e princípio, há apenas uma diferença (*ontologishe Differentz*) e não uma distinção estrutural (que seria pré-lingüística).

O fio condutor de toda essa tessitura é a hermenêutica, que, como poucos, Rafael soube compreender a importância. A todo o momento, rende tributos ao giro linguístico-ontológico; a todo o momento, sabe ele que o "como apofântico" não se substitui ao "como hermenêutico". E graças a isso, sua crítica à teoria da argumentação torna-se magnífica. Sua análise deixa claro, em detalhes precisos, os problemas que prendem a teoria da argumentação ao paradigma representacional e as conseqüências desse problema para a cotidianidade das práticas jurídicas, como a discricionariedade ínsita à ponderação e a inviabilidade da continuidade da cisão entre casos fáceis e casos difíceis.

Atualidade e transcendência: eis as características de *Decisão Judicial e o Conceito de Princípio – a hermenêutica e a (in)determinação do direito*, de Rafael Tomaz de Oliveira. De um modo ou de outro, os problemas que atravessam o direito nestes tempos duros de pós-positivismo encontram-se demarcados neste livro que tenho a satisfação de prefaciar. Há uma teia de acontecimentos que cruza a história, que, embora com componentes tão distintos e consequências tão diversas para o direito, possui personagens com traços fundantes tão comuns entre si: a discricionariedade e suas conseqüências para o grande dilema contemporâneo – a busca de racionalidades nas respostas aos problemas jurídicos. Mais do que isso, buscar as condições para a constituição de um direito fundamental do cidadão: a de obter respostas corretas (adequadas a Constituição). Esse enfrentamento é feito pelo autor a partir de um texto vigoroso, ruptural, como algo presente na filosofia rortyana do "tecelão de si mesmo" e que exige muita coragem. E, entre regras e princípios, o texto tece!

Da "Dacha" de São José do Herval para as colinas da Alta Mogiana de Batatais Paulista, no inverno de 2008.

Prof. Dr. Lenio Luiz Streck

Sumário

Apresentação (*Ernildo Stein*) 19

Nota do autor 23

Notas introdutórias 27

1. Nas raízes do problema: indeterminação do direito, discricionariedade judicial e o papel do conceito de princípio 27
2. Sobre o "método" fenomenológico-hermenêutico 36
3. Filosofar a partir de *Standards de racionalidade:* a fenomenologia hermenêutica como *paradigma filosófico* da investigação 42

1. A (in)determinação do conceito de princípio no direito: formulação da pergunta guia da investigação e sua delimitação frente às outras possíveis abordagens 45

  1.1. A estrutura e os múltiplos significados do conceito de princípio no âmbito do conhecimento jurídico 45

    1.1.1. O conceito de princípios gerais do direito 49

    1.1.2. O conceito de princípios jurídico-epistemológicos 53

    1.1.3. O conceito de princípios pragmáticos ou problemáticos 57

  1.2. Delimitação da temática da investigação e a importância do conceito de princípio em nosso contexto político-social atual 64

    1.2.1. O constitucionalismo do segundo pós-guerra e o aumento da dimensão hermenêutica do direito (Streck) 66

    1.2.2. A inflação legislativa e o aparecimento das "leis-medida" 74

    1.2.3. A crise da legalidade e da constitucionalidade como fenômeno histórico da periferia do capitalismo: a promíscua relação entre o público e o privado 80

  1.3. Uma interrogação filosófica sobre o conceito de princípio no direito a partir do paradigma da fenomenologia hermenêutica 85

2. Discurso sobre a relação entre direito e filosofia antes e depois de Kant: anotações sobre os fundamentos metafísicos do direito – cosmologia, teologia, psicologia racional e matemática 93

  2.1. *Iuris naturalis scientia* – um conhecimento metafísico do Direito 95

2.2. Filosofia do direito – a inversão kantiana do dualismo clássico e a determinação da *coisa em si* como superação do conhecimento metafísico e a determinação de uma Metafísica do conhecimento no direito 100

2.3. A teoria do direito e a afirmação de um fundamento metafísico a partir da Matemática 108

2.4. O segundo pós-guerra como momento desencadeador de novos paradigmas para o direito e o "segundo momento" neokantiano da teoria do direito: tentativas de reconstrução do direito natural ou de um positivismo axiológico? 121

2.5. Balanço intermediário: a saída heideggeriana do beco dogmático da metafísica 125

3. **Fenomenologia hermenêutica e direito: a indicação da situação hermenêutica da investigação** 129

3.1. Considerações preparatórias 129

3.2. Aproximações sobre a interpretação heideggeriana da metafísica e sua superação através da fenomenologia hermenêutica 135

3.2.1. O impasse fundamental que determinou o surgimento do termo *Metafísica* e como este impasse já aponta para um equívoco na definição de Filosofia 137

3.2.2. O impasse ante o mais digno de ser pensado: de como a filosofia como metafísica deixou algo essencial impensado 139

3.3. Como Heidegger vê um caminho para sair do problema da metafísica 142

3.3.1. Heidegger e a "era da hermenêutica" (Stein) 145

3.3.2. Diferença ontológica e a analítica do *Dasein* 152

3.3.3. Diferença ontológica e o *Destino do Ser*: notas sobre o Heidegger II 159

4. **O conceito de princípio (pragmático-problemático) entre a otimização e a resposta correta: o confronto Alexy vs. Dworkin a partir da situação hermenêutica conquistada pela investigação** 163

4.1. A necessária parada metodológica da investigação 163

4.2. O horizonte que envolve as concepções de Alexy e Dworkin: o pós-positivismo como uma corrente teórica ocupada com o problema da indeterminação do direito 170

4.2.1. O debate Hart *vs.* Dworkin: colocação da discricionariedade positivista como um problema 174

4.2.2. Robert Alexy e sua Teoria da Argumentação racional como um *caso especial* do discurso prático geral 180

4.2.3. Reafirmação da pergunta pelo conceito de princípio a partir de uma digressão sobre o problema da ciência, do valor e das concepções de mundo 185

4.3. O confronto entre Dworkin e Alexy a partir da pergunta pelo conceito de princípio 190

4.3.1. O problema envolvendo o conceito de *norma* 193

4.3.2. O problema envolvendo a distinção (ou diferença) entre regras e princípios 198

4.3.3. O *"método"* do juiz Hercules (o direito como integridade) e o *procedimento* da ponderação: o procedimentalismo alexyano contraposto ao substancialismo de Dworkin 208

4.4. Os princípios como introdução do mundo prático no direito (Streck) 217

Considerações finais 225

Referências bibliográficas 243

Apresentação

Contribuição para a solução de um dilema na interpretação fundamentada no direito

Manda a Constituição que não se emitam juízos sobre matéria em discussão, sem primeiro fundamentar. O que isto significa tem sido debatido desde os mais diversos ângulos e pontos de partida. Em geral, quando queremos fundamentar algo, podemos fazê-lo através da descrição de argumentos, que podem ir desde um conjunto de raciocínios lógicos até um apelo marcado por uma retórica convincente.

O trabalho que o leitor tem pela frente procura aproximar-se do texto constitucional a partir de uma dupla perspectiva que possui seus representantes eminentes entre aqueles que debatem o problema. Trata-se de definir de maneira mais acurada do que vem sendo feito até agora, o conceito de *princípio* que, quando utilizado pelo juiz, pode levar a uma simples otimização para reduzir a discricionariedade, ou pode fazer com que o mesmo busque a resposta correta. Esta questão vem implantada no cenário jurídico brasileiro e tem sido vista em geral como insolúvel, na medida em que conduziria para uma indeterminação do Direito, o que produziria julgamentos sempre discricionários.

O autor procura introduzir-nos nessa questão a partir de uma análise histórica do conceito de princípio no Direito. Esta análise é desenvolvida de maneira progressivamente iluminadora, de tal modo que termina nos mostrando que não se trata de uma simples vontade de esclarecer um conceito. É que toda uma tendência do mundo jurídico no século XX, a partir da obscuridade do conceito de princípio, confundido com norma e regra, conduziu a uma indistinção tão grande que se espera que toda a luz provenha do protagonista da sentença. Isso leva inevitavelmente a uma discricionariedade judicial em que os teóricos descobrem três conseqüências: a) as constituições se tornarão mais imperativas; b) produz-se uma inflação de leis esclarecedoras; ou c) entra-se numa crise da legalidade, o que termina sendo uma crise constitucional. Aqui surge o lugar tão discutido do juiz entre direito e política.

O autor recorre a vários elementos que foram esclarecidos a partir da obra de Lenio Streck, que tem iluminado muitos aspectos negativos que resultam da "baixa constitucionalidade", a partir da hermenêutica filosófica e do paradigma da fenomenologia hermenêutica. Se esse caminho foi importante para conduzir sua reflexão, Rafael Tomaz de Oliveira descobriu um conjunto de formas de argumentação que são verdadeiramente uma surpresa para o leitor, sobretudo pela clareza dos passos desenvolvidos, como pela elucidação dos conceitos mais importantes e pela profundidade de sua reflexão. É notável como o autor, depois de definir o seu modo de trabalho a partir do conceito de paradigma filosófico da fenomenologia hermenêutica, conseguiu envolver a elucidação do conceito de princípio no Direito, delimitando-o com precisão de outros modos de abordagem.

Mas as reflexões não se detêm ao estado da questão como ela se apresenta atualmente. O autor vai em busca dos fundamentos metafísicos do Direito, partindo de Kant e mostrando o caminho sem saída do dualismo kantiano. Feito isso, ele faz uma avaliação que pode parecer dura, num primeiro momento, mas que por mais ousada que seja, introduz a dúvida, se não a certeza, de que o dualismo kantiano conduziu não apenas ao positivismo, por causa do modelo matemático de proceder, mas levou à confusão entre princípios gerais do Direito e princípios jurídicos epistemológicos.

O autor confessa que foi conduzido pela leitura heideggeriana de Kant para descobrir o dualismo metafísico no filósofo e suas conseqüências para um modo característico de pensar de nossa época.

Não podemos seguir, neste pequeno discurso, os resultados surpreendentes que o autor pôde colher e aplicar na discussão atual que se realiza entre Alexy e Dworkin. Enquanto o primeiro resolve a questão da discricionariedade através do conceito de *mandados de otimização*, o segundo apresenta a tese da *única resposta correta*. O que o autor quer saber desse debate é se a fundamentação que ambos buscam apela a princípios que sejam cláusulas de abertura ou princípios que representem um fechamento interpretativo. A decisão a se tomar é examinada no magistral capítulo quarto da obra. Nele se mostra a eficácia da presença da hermenêutica filosófica para enfrentar o problema da indeterminação no Direito. Sem querermos ressaltar em demasia, podemos no entanto apontar com insistência para a apresentação dos dois vetores de racionalidade que comandam posições filosóficas no Direito.

Segundo o autor, "todos os positivismos são, de alguma forma, herdeiros do vetor da causalidade". O que se procura resolver nesse vetor é simplesmente como se estabelece o fato do Direito como um conjunto de normas e valores, e tudo isso é conduzido pela compreensão normativista que só conduz para uma mera objetivação.

O segundo vetor que o autor analisa cuidadosamente em diversos momentos de seu trabalho é aquele que persegue uma dupla estrutura no discurso jurídico em que não se pergunta simplesmente pelo que é no Direito, mas se olha o Direito como um acontecer e, poderíamos acrescentar, um acontecer da linguagem. O Direito mergulha nas estruturas do mundo em que nós nos compreendemos, e aí nos deparamos com a questão de um modo prático de ser no mundo em que já sempre nos compreendemos.

Quando enunciamos princípios para fundamentar, já estamos sempre mergulhados num movimento em que acontecemos e acontece o mundo jurídico, sem podermos fixar uma espécie de condição apodítica da interpretação. É por isso que se torna vã a discussão sobre um fundamento último do Direito, buscado nas soluções epistemológicas. Somente esse modo de pensar, que resgata um modo prático de ser no mundo do Direito, revela-nos que, para além do mundo positivo regrado por princípios, acontece uma transcendência. Segundo o autor, não há regras sem princípios; do mesmo modo que não há princípios sem regras: "Há entre eles uma diferença, mas o acontecimento sempre se dá numa unidade que é uma antecipação de sentido".

Certamente não estou espelhando de modo miniaturizado o quadro de um texto tão incisivo como se constitui este trabalho. Era no entanto importante dizer, mesmo que fosse de modo abstrato e distanciado, que o autor compreendeu perfeitamente como fazer perpassar uma questão central no Direito pela aguda exposição da diferença entre o que pode ser conhecido e enunciado no conhecimento jurídico e aquilo sem o qual a enunciação se perde no raso. A compreensão no Direito é também sempre autocompreensão do intérprete que mergulha no dispositivo jurídico que tem uma presença que o envolve e o ultrapassa: como obra humana também ele é um acontecer da diferença. É por isso que todo o texto jurídico nos leva diante da necessidade de compreendermos a dupla estrutura da linguagem.

Porto Alegre, janeiro de 2008.

Ernildo Stein

Nota do autor

Este livro representa o resultado de dois anos de pesquisas que desenvolvi junto ao Programa de Pós-Graduação em Direito da UNISINOS-RS, vinculadas ao *Dasein – Núcleo de Estudos Hermenêuticos* coordenado pelo professor Dr. Lenio Luiz Streck. Trata-se, basicamente, do texto da dissertação de mestrado defendida em dezembro de 2007. Para esta publicação, a estrutura e a ordem dos capítulos foram mantidas na forma da versão original. Apenas algumas alterações de estilo e nas citações de pé de página foram efetuadas para que o texto perdesse – ao menos em alguma medida – a roupagem flagrantemente acadêmica que o revestia, procurando adequá-lo aos contornos que uma obra publicável deve receber. Também introduzi um maior número de referências com o intuito de situar a leitura do texto e enriquecer o sentido crítico nele proposto. Quanto ao conteúdo, acrescentei aspectos substanciais que não se encontravam presentes na versão final da dissertação. Estes aspectos procuraram explicitar melhor os vínculos metafísicos da subjetividade moderna e a supressão teórica da *praxis*, bem como o problema envolvendo a distinção entre regras e princípios no cenário jurídico brasileiro. De se ressaltar que estes dois pontos são apresentados como correlatos.

De toda sorte, as alterações realizadas não modificaram o fio condutor da pesquisa.

O que me levou ao tema da decisão judicial e do conceito de princípio – procurando confrontar os conceitos de *mandados de otimização* de Robert Alexy e da (única) *resposta correta* de Ronald Dworkin –, foram minhas pesquisas sobre *hermenêutica jurídica* e, principalmente, sobre o método *fenomenológico-hermenêutico* desenvolvido por Martin Heidegger. No desenrolar destas pesquisas, foi possível perceber como as posições de Alexy e Dworkin se distanciam. Este distanciar-se não é reconhecido por muitos autores que procuram encontrar nessas teorias um lugar para refletir sobre os problemas advindos das crises que o direito atravessa em nosso contexto cultural atual. A falta desse dar-se conta chega ao ponto de se tratar como compatíveis dois paradigmas teóricos que se movem em níveis diferentes de pensamento e que, portanto, nunca irão se encontrar. Isto porque, enquanto Alexy se movimenta num nível de reflexão que é *matemático-semântico*, Dworkin coloca sua reflexão num horizonte *hermenêutico-pragmático*. Essa diferença pode ser percebida de um modo privilegiado no conceito de princípio formulado por cada um destes autores. Para mostrar essa diferença, foi preciso desobstruir os enrijecimentos que a linguagem jurídica produziu em torno do próprio termo *princípio* de modo a fazer aparecer, numa dimensão histórico-temporal, a formação conceitual que atravessa subterraneamente as posições de Dworkin e de Alexy. Essa problematização, todavia, não pôde ser realizada sem que os aspectos práticos ligados às questões da *discricionariedade* e da *fundamentação das decisões judiciais* fossem levados em conta. Por isso, obedecendo a uma opção metodológica, a pergunta pelo conceito de princípio não é colocada abstratamente, mas sim concretamente, no modo *como* ele se manifesta no momento da própria *decisão judicial*.

Ter colocado a pergunta pelo *conceito de princípio* no âmbito da *decisão judicial* – portanto de um modo concreto – implicou a colocação da história (e não da matemática) como modelo de pensamento. Neste nível, a pesquisa foi direcionada pelos procedimentos da *fenomenologia hermenêutica*. Este, portanto, é o dado inicial a partir do qual o livro precisa ser lido: há um paradigma filosófico definido que abre espaço para a colocação da pergunta pelo conceito de princípio. Este paradigma nos oferece uma *consciência de método* (cujos contornos estão expostos logo na introdução do trabalho) e um *modo de dizer* aquilo que durante a pesquisa foi "visto" (que aparece de maneira flagrante no último capítulo do livro).

A abertura deste espaço de reflexão, a partir do *modo* de pensar que a fenomenologia hermenêutica possibilita, levou-me até a alguns resultados que merecem ser aqui antecipados: *a)* Os princípios representam a "institucionalização" do saber prático, da racionalidade prática, no direito que havia sido expurgada pelo positivismo jurídico de tradição kantiana que, por meio de uma supervalorização da investigação teórica, levou ao ponto de supressão a diferença entre prática e teoria; *b)* Desse modo, só tem sentido falar em princípios se estes se apresentarem como um verdadeiro "fechamento hermenêutico" (proteção contra discricionariedades judiciais no sentido forte apresentado por Dworkin), visto que eles aparecem exatamente naquela dimensão que o positivismo excluía de sua esfera de reflexão: o âmbito interpretativo/aplicativo do direito, espaço da discricionariedade judicial, da indeterminação do direito; *c)* Estes dois fatores nos permitem dizer que não há uma distinção/cisão entre *regras* e *princípios*, mas apenas uma diferença (ontológica – Heidegger/Streck) onde as regras não excluem os princípios nem os princípios excluem as regras. Há apenas um modo distinto de manifestação: *regras são facilmente objetiváveis* devido ao seu caráter ôntico-empírico, ao passo que *os princípios não podem ser determinados a partir de uma pura experiência empírica* porque comportam uma dimensão de profundidade – que é ontológica – e aparecem num horizonte de experiências práticas e cotidianas compartilhadas de um modo histórico-transcendental; *d*) A *ponderação* é um *procedimento* artificial (matemático) que repristina a velha discricionariedade positivista porque não consegue superar o sujeito epistemológico da modernidade. O "método" de Hércules – relido a partir da fenomenologia hermenêutica – é capaz de escapar das armadilhas metafísicas que o sujeito moderno apresenta ao pensamento jurídico, surgindo como um *locus* privilegiado no combate às discricionariedades judiciais que (ainda) estão presentes no imaginário dos juristas.

Quero manifestar aqui uma lembrança de agradecimento a algumas pessoas especiais que, de algum modo, foram importantes para realização deste trabalho: a minha querida Carolina, mulher que escolhi para compartilhar minha vida e que o amor, a amizade e a cumplicidade souberam suportar a distância interestadual que nos separou durante os dois anos de mestrado. Ao Prof. Dr. Ernildo Stein, pelo auxílio inestimável e pela entusiasmada interlocução. Agradeço-lhe, ademais, por ter, verdadeiramente, me *introduzido na filosofia*. Ao Prof. Dr. Lenio Luiz Streck – orientador deste trabalho –, pela acolhida no âmbito do programa de pós-graduação em Direito da Unisinos, pela confiança durante a execução da pesquisa e pela participação efetiva e solícita na condução da investigação. Ao amigo Paulo César pelo apoio logístico indispensável para a finalização da pesquisa. Aos professores Euclides Celso Berardo (FDF-SP), Albano Pêpe (Fadisma-RS), José Carlos Moreira da Silva Filho (Unisinos-RS) e Alexandre Morais da Rosa (Univali-SC). Aos meus colegas da turma de 2006 do mestrado em direito da Unisinos, em especial a Fabrício Zanin, Luiz Fernando Silveira, Maria Luiza Streck, Otávio Binato Júnior, Rafael Ferreira, João Marcelo Lang, Bárbara Silva Costa e Daniela Boito Maurmann Hidalgo. Aos membros do Dasein – Núcleo de Estudos Hermenêuticos. Aos amigos Luiz Fernando Moraes de Mello, Henrique Mioranza Koppe Pereira, Marcos Fanton e André Karam Trindade. A minha amiga e parceira acadêmica Tayara Talita Lemos (FDF-SP). A Georges Abboud (Puc-SP) – a voz oculta deste trabalho – pela amizade fiel, pelo apoio incondicional e pela produtiva parceria. E a Capes pelo apoio, indispensável para a realização da pesquisa.

Por fim, quero agradecer de uma maneira especial à Livraria do Advogado Editora que reconheceu a relevância deste trabalho, tornando possível sua publicação na forma de livro.

Batatais-SP, verão de 2008.

Rafael Tomaz de Oliveira
rafael_raivelio@yahoo.com.br

Notas introdutórias

> *Mas em que consiste precisamente aquilo de que sou acusado de ignorar? O que são princípios jurídicos, e de que modo diferem os mesmos das regras jurídicas? Tal como são usados pelos autores jurídicos, os "princípios" incluem freqüentemente um vasto conjunto de considerações teóricas e práticas, das quais apenas algumas são relevantes para as questões que Dworkin pretendeu suscitar.*
>
> (HERBERT HART, *O Conceito de Direito*)

1. Nas raízes do problema: indeterminação do direito, discricionariedade judicial e o papel do conceito de princípio

As questões colocadas por Herbert Hart em resposta às críticas de Ronald Dworkin incluídas no *posfácio* do seu *O Conceito de Direito*, certamente têm algo importante para nos dizer.[1] Em tempos de *pós-positivismo*[2] e do enfrentamento, pelos mais diversos setores das teorias jurídicas, daquilo que se pode chamar *indeterminação do direito* e da (in)evitabilidade de discricionariedades judiciais, o conceito de princípio aparece como ponto de convergência das mais distintas posições. Isto porque, detectada a discricionariedade judicial como o principal problema do positivismo jurídico, os princípios passaram a ser articulados, dos mais diversos modos, como fatores minorativos do poder

---

[1] Cf. HART, Herbert L. A. *O Conceito de Direito*. Tradução de A. Ribeiro Mendes. 3 ed. Lisboa: Calouste Gulbenkian, 1996, p. 322 – Pós-escrito em resposta aos críticos.

[2] O termo *pós*-positivismo é empregado aqui num sentido próximo ao de Friedrich Müller, que se refere não a um *anti*positivismo qualquer, mas a uma postura teórica que, sabedora do problema não enfrentado pelo positivismo – qual seja: a questão interpretativa concreta, espaço da chamada "discricionariedade judicial" – procura apresentar perspectivas teóricas e práticas que ofereçam soluções para o problema da concretização do direito, e não para problemas abstrato-sistemáticos apenas. Aliás, registre-se que o termo *pós-positivismo* foi utilizado – de uma maneira expressa e com pretensões concretas – por Müller já na primeira edição de seu *Juristische Methodik* em 1971 (Cf. MÜLLER, Friedrich. *O novo Paradigma do Direito. Introdução à teoria e metódica estruturantes do direito*. São Paulo: Revista dos Tribunais, 2007, p. 11).

discricionário do juiz no momento da decisão.³ Todavia, o conceito de princípio longe está de uma determinação rigorosa. Continuamos sem saber ao certo o que são os princípios e em que medida eles são distintos das *regras*. Isso reverbera de uma maneira significativa no cenário jurídico brasileiro, no interior do qual a ode ao pós-positivismo como o movimento que "elevou os princípios à condição de norma" e o culto a um novo constitucionalismo dão o tom do debate, na onda de nossa ainda claudicante redemocratização. Nessa medida, são as teorias de Ronald Dworkin e de Robert Alexy – embora o segundo seja chamado a intervir com maior freqüência que o primeiro – aquelas sobre as quais, com maior vigor, o *pós-positivismo* busca ancorar seus postulados. Entretanto, cada um destes autores assenta sua posição em diferentes pres-

---

³ Neste sentido, Cf. DWORKIN, Ronald. *Levando os Direitos a Sério*. Tradução de Nelson Boeira. São Paulo: Martins Fontes, 2002, p. 50 e segs. Dworkin fala em três sentidos para o termo *discricionariedade*: um sentido fraco; um sentido forte; e um sentido limitado. O sentido limitado oferece poucos problemas para sua definição. Significa que o poder da autoridade à qual se atribui poder discricionário determina-se a partir da possibilidade de escolha "entre" duas ou mais alternativas. A esse sentido, Dworkin agrega a distinção entre discricionariedade em *sentido fraco* e discricionariedade em *sentido forte*, cuja determinação é bem mais complexa do que a discricionariedade em sentido limitado. A principal diferença entre os sentidos forte e fraco da discricionariedade reside, segundo Dworkin, no fato de que, em seu sentido forte, a discricionariedade implica incontrolabilidade da decisão segundo um padrão antecipadamente estabelecido. Desse modo, *alguém que possua poder discricionário em seu sentido forte pode ser criticado, mas não pode ser considerado desobediente*. Não se pode dizer que ele cometeu um erro em seu julgamento. É neste sentido forte da discricionariedade que Dworkin assenta sua crítica ao positivismo hartiano quando este afirma ter o juiz poder discricionário toda vez que uma regra clara e pré-estabelecida não esteja disponível. Ou seja, e aqui citamos expressamente Dworkin, "os padrões jurídicos que não são regras e são citados pelos juízes não impõem obrigações a estes". Discorrendo sobre a posição de Hart, Dworkin afirma ainda: "quando o poder discricionário do juiz está em jogo, não podemos mais dizer que ele está vinculado a padrões, mas devemos, em vez disso, falar sobre os padrões que ele 'tipicamente emprega'". Em sua crítica ao poder discricionário, Dworkin afirma que nestes casos, os "padrões que os juízes tipicamente empregam" são na verdade *princípios* que os guiam em suas decisões e que os obrigam no momento de determinar qual das partes possui direitos. Princípios estes que Hart desconsidera, pois permanece preso a uma imagem do direito que ele mesmo construiu segundo a qual o direito se articula segundo um modelo de regras. É importante frisar que a colocação do problema da discricionariedade judicial nos leva, necessariamente, até Ronald Dworkin e seu célebre debate com o positivismo de Herbert Hart. Todavia, o problema interpretativo que se esconde por trás da questão da discricionariedade judicial pode ser percebido também em trabalhos de autores "continentais" oriundos de sistemas romano-germânicos. Esse é o caso da *Teoria Pura do Direito* de Hans Kelsen (Cf. KELSEN, Hans. *Teoria Pura do Direito*. Tradução de João Baptista Machado. São Paulo: Martins Fontes, 1985). Com efeito, o voluntarismo kelseniano alberga em seu bojo o problema da discricionariedade judicial no momento em que deixa em segundo plano o problema da interpretação (concretizadora) do direito. Assim, Friedrich Müller diagnostica precisamente o problema nos seguintes termos: "a teoria pura do direito não pode dar nenhuma contribuição para uma teoria aproveitável da interpretação. Kelsen deixa expressamente em aberto como a 'vontade da norma' deve ser concretamente determinada no caso de um sentido lingüisticamente não-unívoco (o problema da indeterminação do direito – acrescentamos). Por intermédio de uma cadeia de postulados dualistas, os problemas materiais da concretização da norma são liminarmente eliminados. *Em muitos casos pode-se defender lado a lado várias soluções, não só 'em termos lógicos', mas também em termos material-jurídicos*" (MÜLLER, Friedrich. *O novo Paradigma do Direito*. Op. cit., p. 51-52).

supostos, o que, por sua vez, conduz a um conceito de princípio e uma distinção deste em relação às regras/normas que se dão de diferentes modos.[4]

No afã de se determinar conceitualmente o que seja um princípio e, a partir do conceito formulado, tentar elaborar uma distinção entre estes e uma outra figura normativa chamada regra, acaba-se por encobrir, em uma série de termos que se sedimentam historicamente na linguagem jurídica, questões e problemas de grande relevo para o direito. Num primeiro momento, há uma falta de clareza conceitual quando se fala de princípio. Seu uso doutrinário e dogmático parece ignorar a multiplicidade de significados com que, no direito, os princípios podem ser utilizados. Cai-se, desse modo, numa espécie de sincretismo conceitual: Fala-se de princípio e se efetua um grande esforço para a realização de longos inventários que procuram dar conta daquilo que os diversos autores jurídicos entendem conceitualmente por princípios. Porém, são poucas as manifestações que procuram esclarecer os significados e os diversos usos nos quais está em jogo o conceito de princípio.[5] Dito de outro modo, não se tem efetivamente presente aquilo que, no uso que se faz do conceito de princípio, se quer significar com ele. Isso acontece das mais diversas maneiras. Há autores que não esclarecem com qual conceito de princípio operam: se com os princípios no sentido dos *princípios gerais do direito* – próprio das doutrinas metodológicas oitocentistas – ou se procuram pensá-los em seu significado *pragmático-problemático* – de acordo com os contornos que o debate sobre o conceito de princípio

---

[4] Frise-se o seguinte: para efeitos desta pesquisa a própria "distinção" que se realiza entre *norma* e *regra* deve ser olhada com algum cuidado. Isto porque o uso do termo *regra* é proveniente do inglês *rule* que, na tradição do direito anglo-saxão, produz um conceito muito aproximado ao continental de *norma*. Portanto, a classificação efetuada por autores como Robert Alexy no interior da qual se distinguem, como espécies do gênero *norma*, regras e princípios, não pode ser tomada a partir da diferença entre *regra* e *princípio* efetuada por Ronald Dworkin. No decorrer da exposição, retornaremos com freqüência a esse ponto que nos parece extremamente relevante para o deslinde da questão: o que está em jogo quando se afirma o conceito de princípio numa dimensão como aquela que Dworkin quer mostrar, surge da necessidade de se romper com o tradicional conceito de *norma* que se construiu no continente desde o jusnaturalismo racionalista até a consolidação do positivismo normativista na primeira metade do século 20. Por enquanto, limitamo-nos a afirmar este problema para que, durante a leitura do texto, sempre que se colocar em evidência a distinção entre regras e princípios, saibamos nos posicionar, de forma crítica, diante da questão envolvendo o termo norma e a possível "elevação dos princípios à condição de norma jurídica". Afinal, se o termo *regra* guarda alguma relação com a distinção que os anglo-saxões efetuam entre *rules* e *principles*, não deveríamos, entre nós, procurar iluminar a questão a partir de um renovado conceito de *norma*? Não estaríamos como que "contando um mito" ao afirmar, abstrata e estruturalmente, a distinção entre regras e princípios a partir de um conceito *semântico* de norma?

[5] Nesse sentido, são importantes as contribuições de Josef Esser e seu esforço comparativo para determinação do conceito de princípio e de norma no direito anglo-saxão e continental, ou na tradição romano-germânica (Cf. ESSER, Josef. *Principio y Norma en la Elaboración Jurisprudencial del Derecho Privado*. Tradução de Eduardo Valentí Fiol. Barcelona: Bosch, 1961).

recebe no nosso contexto atual.⁶ Outros não especificam se empregam o termo *princípio* intencionando significar uma espécie de *princípio geral do direito* ou se falam simplesmente em *princípios epistemológicos*. Este último caso é muito comum no âmbito do direito processual, no interior do qual não se esclarece suficientemente qual o caráter pragmático dos chamados "princípios do processo".⁷ Isso acarreta algumas questões curiosas como, por exemplo, o caso de uma explícita menção legislativa ao termo *princípio*, incluída no Anteprojeto de Código Brasileiro de Processo Coletivo encaminhado em janeiro de 2007 ao Ministério da Justiça para futura votação em plenário⁸ (de se perguntar: se são eles

---

⁶ Como exemplo deste tipo de abordagem, podemos citar Eros Grau em seu livro *A Ordem Econômica na Constituição de 1988*, obra na qual o autor produz um denso estudo sobre o conceito de princípio – recorrendo inclusive a um exemplo descrito por Chäin Perelman tendo em conta o direito Belga – como princípios gerais do direito mas, ao mesmo tempo, citando e articulando, de maneira indiscriminada, posições de Dworkin e Alexy, que procuram abordar o problema dos princípios no contexto da indeterminação do direito, da discricionariedade judicial e da fundamentação das decisões judiciais; portanto, num significado que se aproxima mais daquele que nomeamos *pragmático-problemático* (Cf. GRAU, Eros Roberto. *A Ordem Econômica na Constituição de 1988: Interpretação e Crítica*. 17 ed. São Paulo: Malheiros, 2007).

⁷ Por certo, temos no direito brasileiro importantes trabalhos que procuram esclarecer as questões atinentes aos princípios processuais, procurando coloca-los de maneira adequada no novo paradigma constitucional estabelecido em 1988. Neste particular, Nelson Nery Júnior procura atentar para o problema dos princípios processuais no âmbito do processo constitucional – que recebeu contornos decisivos a partir da Constituição de 1988 através da modificação radical das regras do controle de constitucionalidade – sem perder de vista o necessário adentramento na história, para que se possa instaurar o contexto de significados que possibilitam o "aparecimento" dos princípios (Cf. NERY JÚNIOR, Nelson. *Princípios do Processo Civil na Constituição Federal*. São Paulo: Revista dos Tribunais, 1992).

⁸ Texto disponibilizado pelo Instituto Brasileiro de Direito Processual no site: www.direitoprocessual.org.br/dados/file/enciclopedia/cbpc acessado em 28.11.2007. No texto referido, em seu artigo 2º, letra "i", pretende-se colocar, como princípio do processo coletivo brasileiro, o *ativismo judicial*. Como é possível falar em *ativismo judicial* como um princípio? Essa é uma pergunta que serve para mostrar aquilo que queremos atingir com essa investigação. Ou seja, não é nosso interesse conhecer aqui qual o conteúdo deste "princípio" (*sic*), mas sim *como* podemos dizer que ativismo judicial seja um princípio. O que faz de um princípio um *princípio*? É a sua (arbitrária) determinação em textos de leis ou Constituições? Ou sua manifestação histórico-cultural num determinado contexto de uma experiência jurídica comum? Podemos antecipar aqui que, neste trabalho, encaminhamo-nos na direção desta última possibilidade. Desse modo, é possível dizer que aquilo que determina, originariamente, algo como um princípio, são experiências concretas que possibilitam a abertura de um contexto significativo que apresenta possibilidades de sentido em que os princípios acontecem. Dito de outro modo, um princípio nunca é imposto autoritariamente por uma determinada legislação, mas sua autoridade se manifesta a partir de um reconhecimento. Isso tudo é facilmente perceptível em princípios como *igualdade, devido processo legal* etc. Todavia, falar em ativismo judicial como princípio é desconsiderar essa dimensão que possibilita falar, legitimamente, em algo como um *princípio*. As experiências históricas que nos foram legadas e que permitem desenvolver um conceito de *ativismo judicial* não apontam para o "bem" ou para o "mal" das atividades desenvolvidas sob este signo. Certamente, o que temos de modo substancial sobre o tema são as experiências oriundas dos Estados Unidos da América do Norte e da Alemanha. No contexto estado unidense, o ativismo judicial pôde nomear desde as posturas consevadoras que perpetuaram a segregação racial na primeira metade do século 20, até as posturas tidas como

princípios, qual a necessidade de o legislador defini-los, *expressamente*, no texto de uma legislação qualquer? Representaria isso uma espécie de "reforço hermenêutico" para que se tenha certeza de que aquilo é um "princípio" e que, portanto, deve ser "aplicado" pelo juiz e observado pelos cidadãos?). Outra questão muito interessante, situada ainda no âmbito do direito processual, aparece na forte tendência verificada em recentes publicações onde aparece um uso indiscriminado do termo "princípio" chegando, no limite, à "criação" *ad hoc* de uma série de novos princípios, como se o vetusto elemento "inovador" das teses de doutoramento produzidas no âmbito do direito viesse da "descoberta" de novos "princípios".[9]

progressistas ou liberais da *Corte de Waren* na década de 1960. Já na Alemanha, a atividade do Tribunal Constitucional Federal, no período que sucedeu a outorga da Lei Fundamental de Bonn, também chegou a ser classificada por alguns autores como ativismo judicial, originando a corrente chamada *jurisprudência dos valores*. Em todos estes casos, o mais correto é dizer que não há como determinar a "bondade" ou a "maldade" de um determinado *ativismo judicial*. Certo é que, o judicialismo proveniente do aumento da dimensão hermenêutica do direito em virtude das Constituições do segundo pós-guerra e, em última análise, do próprio aumento do manancial legislativo, não deve ser confundido com *ativismo judicial*. Este último é sempre uma intervenção desautorizada e *discricionária* (no sentido forte) no tecido social. É em torno do *ativismo judicial* que tem lugar o debate acerca do chamado *governo dos juízes*. Já a perspectiva judicialista apenas aponta para a incisividade de que a atividade jurisdicional se reveste no direito contemporâneo. Algo, aliás, que o próprio Carlos Maximiliano já havia identificado quando falava das "amplas atribuições do juiz moderno" (Cf. MAXIMILIANO, Carlos. *Hermenêutica e Aplicação do Direito*. 19 ed. Rio de Janeiro: Forense, 2002, p. 48 e segs.). Todavia, esse judicialismo pode (e deve) ser controlado pela exploração do elemento hermenêutico que reveste a experiência jurídica. O ativismo judicial, por sua vez, representa uma ação que ultrapassou os limites que a atividade do juiz deve receber. Discutir sobre ativismos "bons" ou "maus" é algo parecido com a discussão que Érico Veríssimo retrata em seu clássico Incidente em Antares. Era comum entre os antareses o questionamento e o debate sobre que tipo de ditadura era melhor: a de direita ou a de esquerda (é bom lembrar que a trama tem seu apogeu nos momentos que antecedem o golpe militar de 1964). Ora, ditadura é ditadura, seja ela de esquerda ou de direita. Também ativismos judiciais são ativismos judiciais. Não cabe decidir qual deles é melhor, cabe combate-los no sentido de procurar estabeler qual a medida da legitimidade de qualquer intervenção que o direito deva realizar na política e na sociedade. Por fim, cabe salientar que ainda é precoce uma avalição das principais características do *ativismo judicial* que emana de nossa experiência jurídica. Isso porque, não há sentido de se colocar em debate questões de *ativismo judicial* antes de 1988. Antes da Constituição atual, não tínhamos implantado um controle de constitucionalidade efetivo, o que prejudica a colocação de qualquer questão relativa à intervenção de nossos tribunais em questões políticas e sociais (quanto ao debate sobre a questão dos ativismos judiciais no Brasil Cf. STRECK, Lenio Luiz. *Verdade e Consenso. Constituição, Hermenêutica e Teorias Discursivas da Possibilidade à necessidade de respostas corretas em Direito*. 2 ed. Rio de Janeiro: Lumen juris, 2007). De qualquer modo, falar em princípio do ativismo judicial representa, no mínimo, uma incompreensão relativa àquilo que faz de um princípio *um princípio*, reafirmando a necessidade e importância desta investigação.

[9] Por todos, Cf. BEDAQUE, José Roberto dos Santos. *Efetividade do Processo e Técnica Processual*. São Paulo: Malheiros, 2006, p. 45. Nesta obra o autor apresenta o denominado *princípio da adequação ou adaptação do procedimento à correta aplicação da técnica processual*, que por sua vez decorre do duvidoso *princípio da instrumentalidade das formas* (segundo o qual todo ato processual eivado de nulidade relativa, mas que cumpra a finalidade a que se propõe no contexto do sistema processual, deve ser aproveitado), que também aparece de um modo *ad hoc* na obra de Cândido Dinamarco *A Ins-*

Todos os pontos aqui levantados indicam e reivindicam uma "terapia" conceitual em torno dos significados dos usos do termo *princípio* no âmbito do conhecimento jurídico. Hart enxerga muito bem: tal como são usados pelos autores jurídicos, os *princípios* incluem freqüentemente um vasto conjunto de considerações teóricas e práticas que nem sempre são especificadas por aqueles que utilizam o termo para justificar alguma interpretação que façam do direito. Porém, ao contrário do que pensava o mestre inglês, entendemos que essa terapia, bem como a própria determinação do conceito de princípio, não poderá ser efetuada por uma simples análise do *positivo*, ou seja, do mero uso efetivamente real que os juristas fazem do termo *princípio*. Há aqui a necessidade do salto para não cairmos na superficialidade de uma ingênua "ontologia do *nómos*". Portanto, entre a (importantíssima) terapia conceitual e a determinação do conceito, deve-se interpor um nível de investigação que dê conta da própria profundidade na qual o tema está envolvido. Isso quer dizer que cada significado do conceito de princípio carrega consigo uma carga histórico-filosófica que possibilita sua formação e lhe confere contornos teóricos específicos. Desse modo, somos levados, necessariamente, em direção a uma interrogação filosófica. Mas não apenas isso. Implica, esse "interpor", um *modo* de fazer filosofia, e não de um filosofar qualquer. Trataremos mais adiante deste *modo* de filosofar. Por enquanto, procuraremos explicitar a ultrapassagem que, através da filosofia, pretendemos realizar sobre a temática do conceito de princípio.

Embora não seja freqüentemente ressaltado, o direito participa de um enigma situado muito além dos meros debates técnico-jurídicos a respeito das leis, dos procedimentos e das fórmulas que as diversas epistemologias concebem no intuito de organizar logicamente – em termos de objeto e método – o estudo do direito. Este enigma está na raiz do pensamento ocidental e podemos encontrar, numa definição que faz parte da *Política* de Aristóteles, uma de suas manifestações: o homem definido como *animal racional*. Nesta definição aparece, de um modo singular, o dualismo que está presente em toda a tradição que Heidegger chamará de Metafísica. Que dualismo é esse? O dualismo entre o natural e o espiritual; entre corpo e alma; entre sensível e supra-

---

trumentalidade do Processo (Cf. DINAMARCO, Cândido Rangel. *A Instrumentalidade do Processo*. 12 ed. São Paulo: Malheiros, 2005). Para uma crítica às posições instrumentalistas Cf. CALMON DE PASSOS, J.J. Instrumentalidade do Processo e Devido Processo Legal. In: *Revista Síntese de Direito Civil e Processual Civil*. Ano II, n° 7, Set-Out de 2000, p. 5-15; CALMON DE PASSOS, J.J. A Crise do Judiciário e as Reformas Instrumentais: Avanços e Retrocessos. In: *Revista Síntese de Direito Civil e Processual Civil*. Ano III, n° 15, Jan-Fev de 2002, p. 5-15. Também as percucientes análises quanto ao papel do juiz no desenvolvimento do contraditório e as acertadas críticas de Alexandre Morais da Rosa ao "instrumentalismo" de Dinamarco Cf. ROSA, Alexandre Morais da. *Decisão Penal: Bricolagem de Significantes*. Rio de Janeiro: Lumen juris, 2006, em especial p. 263 e segs.

sensível; entre consciência e mundo; entre o corpo e a mente etc. No direito, todas estas possibilidades do dualismo podem ser colocadas em termos de oposição entre *physis* e *nómos* (natureza-realidade e lei-direito). Com Stein, podemos dizer que, em todos estes casos, *pressupomos intuitivamente que existem dois mundos*. Isto é, a distinção entre sensível e supra-sensível, entre ser e dever-ser – que melhor expressa a idéia de um "mundo paralelo" – corresponde à distinção entre corpóreo e espiritual, o que significa distinguir entre animal e racional.[10] Colocando isso nos termos do enigma jurídico que mencionamos, temos que a natureza, a *physis*, corresponde ao *animal*, ao *corpóreo*, ao *sensível*; ao passo que a lei-direito, ao *nómos*, que se situa no âmbito do *racional*, do *espiritual*, do *supra-sensível*. Se toda a tradição Metafísica colocou como atributo da espécie humana a racionalidade (espécie do gênero universal da animalidade), podemos dizer que também o fato de os animais racionais criarem regras de convívio – produzindo instituições jurídicas – participa do âmbito da racionalidade e se apresenta como um elemento a mais para se estabelecer, comparativamente, a diferença do ser humano em relação aos demais seres vivos. Não queremos nos alongar demais nesta questão, nem atingir a profundidade que o tema necessita, mas apenas apontar o quão cara é a distinção entre o *animal* e o *racional* para a constituição da clássica oposição entre *natureza* e *direito*.

Até aqui, nossa breve descrição colocou o direito no âmbito da racionalidade de modo que poderíamos dizer que o direito é algo do espírito e que, como tal, atinge o homem tanto em sua produção como em sua efetivação no âmbito da racionalidade/espiritualidade. Todavia, não é apenas de razão ou de espírito que se constitui o humano. Há também a naturalidade do animal que preserva – a despeito de todas as regras e instituições criadas pela razão – a possibilidade de *fisicamente* descumpri-las. Esse o enigma: a ação livre do homem, situada no liame entre o animal e o racional e que deverá ser tutelada pelo direito, pode receber limitações racionais/espirituais, mas sempre permanecerá a *possibilidade* da transgressão pela via da ação realizada no mundo físico (natureza). Com base nesse enigma poderíamos pensar muitas coisas, desde o problema da coação e da sanção, que pretende irromper, a partir da racionalidade ou da espiritualidade, uma contra-ação no mundo físico em face do transgressor do *nómos*; até a exploração do modo *como* o direito é conhecido e reconhecido. Das duas hipóteses levantadas, ficamos com a segunda por interessar de modo mais direto no âmbito da problemática que envolve o conceito de princípio.

---

[10] Cf. STEIN, Ernildo. *Pensar é pensar a diferença. Filosofia e conhecimento empírico*. Ijuí: Unijuí, 2002, p. 69.

Essa dualidade entre *animal* e *racional*, ou entre *physis* e *nómos*, interfere e condiciona, de alguma maneira, o *modo* como o direito é conhecido. De algum modo, a descrição dos fundamentos do direito, sua justificação e correção, bem como os problemas relativos à justiça passaram a ser pensados de acordo com a *physis*, com a natureza, em detrimento do *espírito* e da *ação humana* livre que, embora influenciassem as investigações dos fundamentos, sempre esbarravam no discurso sobre certa idéia de *natureza*. Temos aqui, portanto, uma outra importante cisão para o pensamento do direito: *teoria* e *prática*. A *teoria*, enquanto reflexão sobre a verdade ou falsidade de algo, sempre ancora seu fundamento numa idéia última e acabada de natureza; ao passo que a *prática*, enquanto pergunta e decisão pelo que é bom e pela correta ação, sempre levou a uma espécie de impossibilidade de justificação teórica, não obstante o pensamento jurídico preserve uma tendência de sempre se encaminhar para essa direção. As mais diversas manifestações do chamado *direito natural* mostram isso. Ou seja, são construções teóricas que procuram encontrar fundamentos no *ser* (entendido em seu sentido tradicional) daquilo que era explicado como um *dever-ser*: o *nómos* que se propõe a reger, pelo atributo da racionalidade, o agir humano livre.

Todavia, as mais diversas doutrinas do *direito natural* não resistirão a Kant. A inversão do dualismo clássico pela "revolução copernicana" e a exclusão da coisa em si do campo do conhecimento efetivo, possibilitaram a destruição dos fundamentos ontológicos do *direito natural clássico* e passaram a reivindicar um novo estatuto para a reflexão filosófica sobre o direito. A partir de então se constitui, com rigor e determinação objetiva, aquilo que tradicionalmente se chama de *filosofia do direito*, e a pergunta pelo fundamento da ordem jurídica e de seus respectivos conceitos deixa de ser *transcendente* e passa a ser *transcendental*. Mas e o enigma entre o *animal* e o *racional*, ou entre *physis* e *nómos*, não foi solucionado por Kant e sua investigação transcendental sobre o direito. A aporia kantiana entre fenômeno e coisa em si que paira por toda a crítica é a prova maior disso. Mas não é tudo. A exclusão da coisa em si e, consequentemente, dos fundamentos metafísicos do direito natural, não libertaram totalmente Kant de uma idéia dogmática sobre a *natureza*. Todavia, essa idéia de natureza é renovada: a partir da modernidade, o questionamento da natureza e sua investigação dar-se-ão de modo matemático. Deste modo, tendo Kant como divisor de águas, podemos falar em dois tipos de "naturalismo" no que atina ao pensamento jurídico: um naturalismo essencialista, que implica aquilo *que* o direito *é* num sentido qüiditativo; e num naturalismo metodológico/procedimental que implica no conhecimento do direito *como* algo natural. Isso, de uma maneira geral, é bem compreendido. O que permanece oculto, e que as interpretações de Heidegger sobre Kant apresentam como possibilidade, é que o matemático que aparece em Kant – principalmente na *Crítica da Razão Pura* – não tem apenas o aspecto de *forma*, mas também de *conteúdo*, recebendo, assim, contornos de fundamento.[11]

Com a constituição matemática do fundamento (Metafísico) do direito, Kant instaura um espaço em que toda epistemologia jurídica produzida no século 20 irá se encontrar e temos, no conceito de princípio, um *locus* privilegiado onde todas estas questões podem ser pensadas e exploradas. E isso ganha relevo no momento em que, no auge das discussões *pós-positivistas* – onde se procura problematizar as questões que envolvem a indeterminação do direito, penetrando, de algum modo, nas perguntas que envolvem com maior proficuidade o *nómos* ao invés da *physis* – encontramos posições assentadas ainda sobre os fundamentos matemáticos que perpassam a teoria jurídica desde Kant. Esse o caso dos mandados de otimização de Robert Alexy e do procedimento da ponderação como fórmula para solucionar os problemas de "colisão" entre princípios jurídico-constitucionais.

Nossa investigação procura problematizar esse naturalismo presente nas concepções alexyanas e na sua fórmula da ponderação a partir das conquistas da fenomenologia hermenêutica, oferecendo como contraponto as posições de Dworkin a respeito do conceito de princípio. É preciso encontrar e articular um espaço em que o conceito de racionalidade se dê de um modo "alargado", de forma a comportar um modelo histórico-concreto de pensamento, em detrimento do modelo matemático-abstrato que tradicionalmente se impõe à reflexão jurídica. Desse modo, procuramos pensar os princípios não como estruturas ou enunciados previamente dados e interpretados pelos diversos setores do campo jurídico, mas sim como significados conceituais que acontecem num horizonte de sentido dado pela história. Ou seja, o conceito de princípio com o qual "antecipadamente" operamos (em sentido fenomenológico) é sempre uma *possibilidade* que nunca chega a se efetivar por inteiro. Isso representa uma relevante diferença com relação aos modos matemáticos de se trabalhar com o conceito de princípios, nos quais a antecipação *já é* propriamente a *realidade* do conceito (ou pretende ser). Assim, temos em Dworkin um valioso ponto de apoio para nossas reflexões, ao mesmo tempo em que a explicitação das principais diferenças

---

[11] A questão dos fundamentos matemáticos da modernidade, Heidegger explora no texto *Que é uma coisa?* enquanto que em *Kant e o Problema da Metafísica* – embora a questão do matemático também retorne fortemente – produz uma interpretação muito peculiar que vê na *Crítica da Razão Pura* não uma simples *teoria do conhecimento*, mas sim uma primeira e verdadeira *fundamentação da Metafísica* (Cf. HEIDEGGER, Martin. *Que é uma Coisa. Doutrina de Kant dos princípios transcendentais*. Tradução de Carlos Morujão. Lisboa: Edições 70, 1992; HEIDEGGER, Martin. *Kant y el Problema de la Metafísica*. Tradução de Gred Ibscher Roth Pánuco: FCE, 1954).

de sua teoria com a teoria de Alexy nos possibilita lançar luz no espaço discursivo em que estão situados estes dois autores, corriqueiramente tratados em justaposição, mas que, lidos com certo cuidado, revelam dessemelhanças pouco aparentes à primeira vista.

É deste modo que nos situamos entre a *otimização* de Alexy e a *resposta correta* em Dworkin, sendo que no *entre* está guardado o enigma que persegue o pensamento jurídico. Enigma este que não necessariamente deve ser resolvido para que tenhamos melhores soluções jurídicas na interpretação dos casos, leis, constituições etc., mas precisa simplesmente continuar a ser lembrado para assim preservar a dignidade de um pensamento jurídico que, embora se movimente no estranho, não se perde na ilusão de que o direito apenas *é*. O direito acontece num horizonte de sentido onde desde sempre já se instalou a transcendência. Perceber isso já é, de algum modo, situar-se para fora de qualquer naturalismo sobre o direito e representa uma constante tentativa de se olhar para as questões jurídicas fundamentais – como é o caso do conceito de princípio – percebendo nelas esse horizonte de sentido compartilhado historicamente por uma comunidade política.

2. Sobre o "método" Fenomenológico-Hermenêutico

Já foi dito que o questionamento filosófico acerca do conceito de princípio que pretendemos realizar parte de um determinado *modo* de fazer filosofia, e não de um filosofar qualquer. Devemos agora nos ocupar deste *como* que nossa investigação *deverá pressupor*. Quando se diz: um *modo* de fazer filosofia ou o *como* da investigação, evidentemente estamos falando de um método através do qual perseguiremos o conceito de princípio, no âmbito em que pretendemos apanhá-lo, qual seja, o da (in)determinação do direito, espaço da decisão judicial concretizadora da norma.

Todavia, é de se notar que a idéia de método se transformou no interior da modernidade, de modo que é possível falar em pelo menos duas acepções para o termo *método*, que mencionaremos nesta pesquisa como "método" e método. Quando utilizarmos o termo entre aspas, procuraremos apontar para a própria fenomenologia, enquanto um *como* um *modo* de filosofar. Quando se mencionar o termo *método* sem aspas, estaremos falando do método em seu sentido produzido no interior da modernidade, ou seja: idéia de certeza e segurança próprias da matematicidade do pensamento moderno. Assim, e de modo decisivo, podemos estabelecer a diferença específica entre os dois modos em que empregamos o termo *método*, afirmando que o método da modernidade é sempre acabado e definitivo. São fórmulas previamente determinadas que, se seguidas corretamente, irão garantir com certeza e segurança o resultado pretendido. Já o "método" (enquanto fenomenologia) é sempre precário e provisório e não permite sua total apreensão e domínio. Tanto é assim que Martin Heidegger – a quem devemos o desenvolvimento do método fenomenológico para além das conquistas husserlianas – nunca chegou a expor com precisão quais seriam os contornos de seu "método". "Método" este que receberá ainda o adjetivo de *hermenêutico*.

O filósofo tratou de seu "método", de modo provisório, no parágrafo 7º de *Ser e Tempo*, embora seja possível encontrar elementos formais, próprios do método fenomenológico em toda obra, principalmente nos parágrafos 5º e 6º (onde se trata da analítica do ser-aí[12] como descobrimento do horizonte para uma interpretação do ser em geral, e da tarefa de uma destruição das ontologias tradicionais). Além destes dados referentes a *Ser e Tempo*, podemos mencionar o curso *Ontologia – Hermenêutica da Faticidade* de 1921, que em seu parágrafo 14 traz algumas considerações sobre a fenomenologia. Há também um curso de 1927, intitulado *Os Problemas Fundamentais da Fenomenologia*, no qual Heidegger

---

[12] Como é sabido, Heidegger constrói um conceito próprio para responder pelo ente que compreende o ser e, nesta compreensão tem implícita uma compreensão de seu próprio ser. Esse ente é o *Dasein*. O termo alemão *Dasein* tradicionalmente designa existência (é neste sentido que é usado por filósofos da tradição metafísica, como é o caso de Kant, por exemplo), encontra sérios problemas na tradução para outras línguas. Isso porque Heidegger oferece ao termo uma conotação diferenciada que mantêm o significado inicial de existência, mas no sentido daquele ente que, entre todos os outros, *existe*, que é homem. Para Heidegger somente o *Dasein* existe, porque existência implica possibilidades, projetos. Os demais entes intramundanos, que estão à disposição *subsistem*. Como ficará claro no decorrer da exposição, há toda uma carga semântica em torno do termo *Dasein*, que dificulta a tradução para o português, por exemplo. Em nossa língua há pelo menos duas traduções possíveis: *Ser-aí* e *Pre-sença*. Esta última é o termo escolhido pela tradução brasileira de Márcia Sá Cavalcante Schuback editada pela editora Vozes de Petrópolis (Cf. HEIDEGGER, Martin. *Ser e Tempo*. 12 ed., parte I. Trad. Márcia Sá Cavalcante Schuback. Petrópolis: Vozes, 2002; HEIDEGGER, Martin. *Ser e Tempo*. 12 ed., parte II. Trad. Márcia Sá Cavalcante Schuback. Petrópolis: Vozes, 2005) Ambas as traduções são passíveis de equívocos ou mal-entendidos. Todavia, optamos por traduzir *Dasein* por *Ser-aí* visto que *Pré-sença* pode ser confundido com a representação tradicional do ser em geral como *pre-sente*, o que definitivamente não está em jogo no uso que Heidegger faz da expressão *Dasein*. Importante anotar, que na tradução que Jorge Eduardo Rivera realizou para o castelhano (e que é a tradução que utilizamos no presente trabalho), o filósofo chileno optou por deixar *Dasein* sem tradução, procurando preservar toda carga semântica que a expressão contém em alemão (Cf. HEIDEGGER, Martin. *Ser y Tiempo*. Tradução de Jorge Eduardo Rivera. Madrid: Trotta, 2003.). Por motivos didáticos, sempre utilizaremos a expressão *Ser-aí* como tradução para *Dasein*. Esclarecendo a questão do *Dasein* Michael Inwood afirma que: "*Dasein* é o modo de Heidegger referir-se tanto ao ser humano quanto ao tipo de ser que os seres humanos têm. Vem do verbo *dasein* que significa 'existir' ou 'estar aí, estar aqui'. O substantivo *Dasein* é usado por outros filósofos, Kant por exemplo para designar a existência de toda entidade. Mas Heidegger restringe-o aos seres humanos. (...) Por que Heidegger fala do ser humano dessa maneira? O ser dos seres humanos é notadamente distinto dos ser de outras entidades do mundo. O *Dasein* é uma entidade para a qual, em seu Ser, esse Ser é uma questão". INWOOD, Michel. *Heidegger*. Tradução de Adail Ubirajara Sobral. São Paulo: Loyola, 2004, p. 33-34.

retoma a questão do "método" procurando ressaltar alguns aspectos relevantes que não haviam sido explicitados em *Ser e Tempo*.

Podemos dizer que este é o panorama geral e topográfico daquilo que foi escrito por Heidegger a respeito do "método" fenomenológico.

Quanto ao "método" propriamente dito, interessam-nos particularmente três pontos que o próprio Heidegger oferece como descrição, e que parecem exprimir, de um modo englobante, aquilo que o "método" fenomenológico comporta. São elas: *a)* a redução; *b)* a destruição; *c)* a construção. Para compreender o que significam estas três estratégias da fenomenologia hermenêutica, podemos remeter a uma frase situada no parágrafo 7° de *Ser e Tempo* que pode ser considerada uma espécie de núcleo de toda a fenomenologia hermenêutica. Nela Heidegger diz: "Por encima de la realidad está la *posibilidad*. La compresión de la fenomenología consiste únicamente en aprehenderla como posibilidad".[13] É preciso saber transpor-se para o âmbito em que Heidegger formula tais considerações, para que essa frase possa ser suficientemente compreendida.

Como se sabe, o projeto heideggeriano se dá em função de pensar aquilo que ficou impensado pela tradição Metafísica: o *sentido do ser*. Mas, se há no interior da metafísica uma ontologia e se a ontologia tem por objeto o estudo do ser, o que permite Heidegger dizer que as ontologias metafísicas não pensaram o ser? Para responder a esta pergunta podemos aduzir pelo menos dois fatores: 1) o desenvolvimento daquilo que Emil Lask já havia antevisto e a que Heidegger deu o nome de *diferença ontológica*;[14] 2) um novo conceito de *ser*.[15] Desse modo, aquele

---

[13] HEIDEGGER, Martin. *Ser y Tiempo.*, op. cit., p. 61.

[14] Quanto a isso, Ernildo Stein aponta para o fato surpreendente de Heidegger ter herdado um elemento fundamental de seu pensamento dos arraiais neokantianos – que sabidamente era combatido pelas intenções do movimento fenomenológico. Afirma Stein: "a diferença ontológica, cuja envergadura se desdobrou muito com o labor do filósofo, lhe foi ao menos possibilitada pelas análises de Emil Lask. O pensamento de Heidegger que se quer nos antípodas do problema gnoseológico, contudo, lhe deve algo de essencial" (STEIN, Ernildo. *Uma Breve Introdução à Filosofia*. 2 ed. Ijuí: Unijuí, 2005, p. 83).

[15] Convém, neste particular, transcrever uma citação um pouco longa de Stein, mas que nos parece importante para a elucidação da questão posta: "Heidegger pergunta como se dá o ser do ente em geral e como se dá o ser do homem. Isso, de início, se resumiria na problematização daquele ente através do qual se abre qualquer possibilidade de espaço em que algo se dá. Essa é a abertura originária do ser aí enquanto ser-no-mundo. No ser-aí se abre a possibilidade de qualquer *encontro* (essa é a palavra que irá substituir, em Heidegger, a expressão *imediatamente dado*, de Husserl). Assim, a temática fenomenológica, para Heidegger, se situa da seguinte maneira: 1. O modo como se dão os entes intramundanos não é a esfera do simplesmente objetivo. 2. O modo como se dá aquele que constitui e seu ser não podem ser pressupostos como objetivos. 3. Não basta perguntar pelos diversos modos como se dá o ente. Mas o importante é perguntar como é possível o próprio dar-se. Como é possível que algo seja descoberto?, perguntará Heidegger. O fato de algo estar descoberto, manifesto e de poder ser encontrado se dá porque tudo o que encontramos é experimentado en-

que lê Heidegger com o conceito de ser da tradição metafísica (como essência ou posição absoluta), fatalmente incorrerá em mal-entendidos na leitura da obra de Heidegger, principalmente *Ser e Tempo*. Para o filósofo, o conceito de ser não é algo que se possa manipular como um objeto, tampouco descrevê-lo teoricamente como se faz com um ente. *Ser*, em Heidegger, é um *conceito operativo* o que implica dizer: sempre que lidamos com algo ou pensamos sobre algo, já aconteceu o ser. Esse *ser* sempre acontece num *horizonte de sentido*, que jamais chegará a integralizar-se e que não pode ser alcançado em sua plenitude. Ou seja, o ser não representa uma simples *realidade*, mas sempre está ligado a uma determinada *possibilidade*.

Com este novo conceito de ser – que como dissemos é operativo, pragmático – o filósofo pode dizer que toda Metafísica pensou o *ente* enquanto dizia o *ser*. Isto significa: aquilo que a Metafísica chamou de ser, não era o ser, mas sim o ente. Nisto consiste a *diferença ontológica*: o ente só *é* – e portanto só pode ser percebido pelo ser-aí – no seu *ser*. Não há ser sem ente, porém o ente não pode ser compreendido fora do ser.[16] Isso implica uma dupla estrutura que percorre toda linguagem e que sempre opera conosco no momento em que pensamos ou fazemos algo e reduzimos esse pensar e esse fazer a enunciados. Como um conceito operativo, que acontece na compreensão do ser-aí de uma maneira profunda, a compreensão do ser possibilita que o ser-aí se relacione com os entes na dimensão que efetivamente aparece na superfície do discurso humano. O que se mostra é a superfície ôntica dos enunciados. Porém, neste mostrar-se há algo que permanece oculto: o ser que já foi compreendido.

Desse modo, temos por descrito o que significa o primeiro ponto levantado por Heidegger e que caracteriza a fenomenologia: a *redução*. Ou seja, pela *redução* é preciso deslocar o olhar do *ente* em direção ao *ser*, de modo que aquilo que permanece oculto no que se mostra, possa se manifestar.[17]

---

quanto ente. Desse modo, a pergunta pelo sentido do ser e a pergunta pela abertura do ser-aí coincidem. O sentido do ser e a faticidade do ser-aí tornam-se inseparáveis como problemas" (STEIN, Ernildo. *Uma Breve Introdução à Filosofia*. Op.cit., p. 92-93).

[16] Neste sentido, temos as lições de Lenio Streck: "O ser não é uma generalidade, dirá Heidegger. Com o ser chegamos aos entes. O ser existe para dar sentido aos entes. Não vemos o ser; vemos o ente no seu ser. É neste sentido que Heidegger pensa as bases da diferença ontológica (*ontologische Differenz*)" (STRECK, Lenio. Martin Heidegger. In: *Dicionário de Filosofia do Direito*. Vicente de Paulo Barreto (Coord.). Rio de Janeiro: Renovar, 2006, p. 427).

[17] Quanto ao uso do termo *redução*, Heidegger faz a seguinte ressalva: "Adoptamos así un término central de la fenomenología de Husserl, valiéndonos de la expresión pero no de su contenido. *Para Husserl* la reducción fenomenológica, que por primera vez elaboró de forma expresa en las *Ideas para una fenomenología pura y una filosofía fenomenológica* (1913), es el método de la reconducción de la mirada fenomenológica desde la actitud natural propia del hombre que vive en el mundo de

Mas a possibilidade que caracteriza o método fenomenológico se manifesta também num procedimento regressivo através da história da filosofia (autores como Günter Figal falam em repetição fenomenológica),[18] procurando *destruir* as sedimentações que se formam na linguagem e endurecem a tradição. Ou seja, trata-se de ler a tradição de modo que seja possível perceber nela *possibilidades* que ficaram inexploradas por uma série de encobrimentos. Neste sentido, Gadamer assevera:

> Para que algo se mostre é necessário um desentranhamento do encoberto, a fim de que ele possa chegar a mostrar-se. Portanto, a palavra "fenomenologia" não significa apenas "descrição daquilo que é dado", mas inclui a supressão do encobrimento que não precisa consistir apenas em falsas construções teóricas.[19]

Esta afirmação de Gadamer é importante na medida em que, com Heidegger, tem-se uma verdadeira renovação da intenção da filosofia e do próprio método fenomenológico: quanto à filosofia, Heidegger a libera do corte opressivamente teórico que a marcava desde Descartes e a matematização do pensamento na modernidade, e abre caminho para sua invasão pela história, para a colocação da história como modelo de pensamento; ao passo que, na fenomenologia, enquanto *como* da investigação ou "método", o filósofo rompe com a orientação para a descrição daquilo que é dado à consciência pela intencionalidade, para estabelecer a superação dos atrelamentos existentes na linguagem que implicam em encobrimento das *possibilidades* existentes na tradição. Como já ressaltamos em nota, Heidegger substitui o termo "dado" – tão caro à fenomenologia transcendental de Husserl – por *Encontro/Acontecer* que procura apontar para a compreensão do ser na abertura do ser-aí. Isso é de extrema importância porque, em Husserl, a fenomenologia continuava refém do dualismo metafísico entre sensível e supra-sensível e do esquema sujeito-objeto, o que tornava artificial qualquer possibilidade de um pensamento da história – e conseqüentemente das ciências humanas. Isto porque o conceito de intencionalidade e do "dado" a ser descrito, continuam pressupondo um sujeito que recebe – monadológicamente – um *objeto* intencionado em sua consciência. Para Heidegger, tanto o elemento sensível como o supra-sensível só podem ser pensados

---

las cosas y de las personas hasta la vida transcendental de la consciencia y sus vivencias noético-noemáticas, en las cuales se constituyen los objetos como correlatos de la consciencia. *Para nosotros la reducción fenomenológica significa la reconducción de la mirada fenomenológica desde la comprensión, siempre concreta de un ente hasta la comprensión del ser de ese ente (proyectada sobre el modo de su estar develado)"* (HEIDEGGER, Martin. *Los Problemas Fundamentales de la Fenomenología*. Tradução de Juan José Garciá Norro. Madrid: Trotta, 2000, p. 47).

[18] Cf. FIGAL, Günter. *Martin Heidegger: Fenomenologia da Liberdade*. Tradução de Marco Antônio Casanova. Rio de Janeiro: Forense Universitária, 2005, p. 34.

[19] Cf. GADAMER, Hans-George. *Hermenêutica em retrospectiva. A virada hermenêutica*. Vol. II. Tradução de Marco Antônio Casanova. Petrópolis: Vozes, 2007, p. 16.

na radicalidade da própria existência, estando excluída qualquer possibilidade de justificação de um "mundo paralelo" no qual os dados sensíveis fossem pensados de um modo *supra-sensível*. Como afirma Lenio Streck: "o sensível e o supra-sensível tinham que estar vinculados ao próprio modo de o ser humano ser; sensível é o sentimento de situação, é o estar jogado no mundo; inteligível é a compreensão, a antecipação de sentido".[20]

Tendo isso presente, podemos dizer que a *destruição* se mostra como o elemento fenomenológico que nos permite olhar para a tradição orientados pelo desentranhamento das *possibilidades* que nela permanecem enrijecidas. Como lembra Figal, para Heidegger a grandeza da fenomenologia reside, basicamente, na descoberta da possibilidade do investigar na filosofia. Mas uma possibilidade compreendida em seu sentido mais próprio no qual ela *permanece retida como possibilidade*. Esse permanecer retida como possibilidade não implica um estado causal em relação à problemática "efetivamente real", mas antes em mantê-la aberta e liberá-la dos soterramentos atuantes.[21]

O último elemento lembrado por Heidegger (a *construção*) pertence em verdade à *destruição*. Isto porque a repetição da tradição com a conseqüente supressão de seus encobrimentos lingüísticos não representa uma pura negação dela. Tampouco representa a *destruição* um prejuízo no qual a tradição tenha que ser totalmente removida, a partir da instituição de uma espécie de "grau zero", senão que a *destruição* implica numa apropriação positiva do passado que sempre possibilita a *construção* de novos projetos.

Redução, Destruição e *Construção* são elementos do "método" fenomenológico-hermenêutico que não podem ser pensados fora daquilo que Stein nomeia como a *dupla vertente* do "método": a vertente *molar* e a vertente *molecular*.[22] Na vertente *molar* se opera uma leitura regressiva da história da filosofia na perspectiva de liberar aquelas possibilidades que os encobrimentos presentes na própria tradição tendem a esconder. Enquanto, na vertente *molecular*, tem-se como ponto de partida a microanálise da cotidianidade do ser-aí na perspectiva de fazer aparecer as próprias possibilidades deste ente que permanecem encobertas pelo relacionar-se cotidiano com os entes que ignora aquela compreensão

---

[20] STRECK, Lenio Luiz. *Martin Heidegger*. Op. cit., p. 427.

[21] Cf. FIGAL, Günter. Op. cit., 34 e segs. Como afirma Heidegger, tendo em vista o âmbito puramente ontológico de problemarização: "Sólo mediante la destruccíon puede la ontología asegurarse fenomenológicamente la autenticidad de sus conceptos" (HEIDEGGER, Martin. *Los Problemas Fundamentales de la Fenomenología*. Op. cit., p. 48)

[22] Cf. STEIN, Ernildo. *A Questão do Método na Filosofia. Um estudo do modelo heideggeriano*. 3 ed. Porto Alegre: Movimento, 1991.

não temática do ser que somente uma interrogação e interpretação fenomenológicas podem trazer à tona.[23]

3. Filosofar a partir de Standards de racionalidade: a fenomenologia hermenêutica como paradigma filosófico da investigação

Tais considerações não podem levar à idéia de que não haja espaço para a colocação de questões filosóficas sobre o direito e muito menos que tratar de problemas jurídicos assumindo uma perspectiva filosófica teria um caráter de "acoplagem" do discurso filosófico ao discurso jurídico, ou que a filosofia representaria uma espécie de discurso adjudicador, que ofereceria uma justificação e um parâmetro de correção dos fundamentos presentes no discurso jurídico.[24] Pelo contrário, as considerações aqui tecidas devem poder mostrar como que a relação entre filosofia e direito pode ir além de qualquer tipo de "aplicação".

Com efeito, no item anterior, quando abordamos o "método" fenomenológico hermenêutico, sempre estavam em jogo – embora não tenham aparecido explicitamente – dois níveis de estruturação do pensamento. Chegamos a mencionar uma dupla estrutura que comporta uma dimensão *profunda* e uma dimensão *rasa,* o que pôde ser iluminado a partir da *diferença ontológica.* Heidegger trabalhará com essa dupla estrutura, em dois níveis, a partir da diferença entre *logos hermenêutico* e *logos apofântico.* Como aduz Lenio Streck, a fenomenologia hermenêutica apresenta um duplo nível: "no nível hermenêutico, de profundidade, a estrutura da compreensão; no nível apofântico, os aspectos lógicos, expositivos".[25]

---

[23] Cf. PAISANA, João. *Fenomenologia e Hermenêutica. As relações entre as filosofias de Husserl e Heidegger.* Lisboa: Editorial Presença, 1992, p. 198.

[24] Essa segunda perspectiva aparece em autores como Robert Alexy e em sua tese da argumentação jurídica como *caso especial* do discurso prático *geral* (Cf. ALEXY, Robert. ALEXY, Robert. *Teoria de la Argumentación Jurídica.* Tradução de Manuel Atienza e Isabel Espejo. Madrid: CEC, 1989; ALEXY, Robert. *El concepto y la validez del derecho.* Tradução de Jorge M. Seña. 2 ed. Barcelona: Gedisa, 1997). No decorrer da investigação a posição de Alexy será problematizada com maior atenção. De há muito Lenio Streck denuncia as Teorias da Argumentação Jurídica como discursos adjudicadores (capas de sentido) ou construções contrafctuais de discursos sobre a realidade. Diz bem Streck que filosofia não é lógica. Alias, como veremos adiante, com Heidegger a filosofia é libertada do corte teórico que a oprime. Temos, então, um novo modo de fazer filosofia que procura "colocar entre parênteses" o ideal dominante desde de Descartes, que se radicaliza no sujeito epistemológico do positivismo, em favor dos contextos históricos das vivências fáticas. (Neste sentido Cf. STRECK, Lenio Luiz. *Jurisdição Constucional e Hermenêutica. Uma nova Crítica do Direito.* 2 ed. Rio de Janeiro: Forense, 2004, em especial o Capítulo V; STRECK, Lenio Luiz. *Verdade e Consenso. Op. cit.*.).

[25] STRECK, Lenio Luiz. *Martin Heidegger.* Op. cit., p. 426.

O nível *hermenêutico* implica a compreensão e interpretação organizadora e estruturante das nossas relações com os instrumentos (ou utensílios) e as coisas *no* mundo; enquanto no *apofântico* chegamos a explicitá-las em termos lógico-objetivos. Ocorre que, na esteira da diferença ontológica, não é possível separar estes dois níveis, que sempre acontecem numa unidade, embora o nível hermenêutico possa estar encoberto (e no mais das vezes está) pela própria linguagem que diz o *apofântico*. Essa impossibilidade de separação se dá, inclusive, em termos temporais, entendido em seu sentido "vulgar", no sentido de um *antes* e um *depois*. Ou seja, não há uma prioridade temporal do *hermenêutico* em relação ao *apofântico*, mas sim uma espécie de privilégio, uma vez que no apofântico se *mostra*, se *predica*, ou se *comunica* algo que já foi compreendido e interpretado no *logos hermenêutico*. O *enunciado*, que se mostra apofanticamente, é sempre um *modo derivado de interpretação*. Voltaremos a tratar disso mais tarde. Por enquanto, é importante perceber como o conceito de hermenêutica com que Heidegger opera permite descobrir, no próprio ser-aí, a idéia de compreensão, possibilitando "ver" como agir enunciativo ou todo operar com entes é sempre mediado por esse processo hermenêutico-compreensivo.

Sendo assim, em toda pergunta jurídica em que nos envolvemos num problema conceitual como é o caso dos princípios, sempre estão em jogo como pressupostos o *como* hermenêutico e todas as questões existenciárias envolvidas na compreensão.

Desse modo, não se trata de "aplicar" o "método" fenomenológico ao direito ou, tampouco, "aplicar" conceitos da analítica existencial ao universo ôntico do direito, mas sim de perceber como todo processo compreensivo em torno dos conceitos jurídicos carrega consigo esse elemento hermenêutico. Nessa medida, modifica-se o *modo* de colocar a pergunta e a precisão de olhar para o problema e identificar nele as pseudo-questões, implicando a libertação de uma idéia naturalista e ingênua sobre o direito, entre outras questões igualmente importantes. Trata-se, portanto, de um operar com conceitos jurídicos sempre buscando desvelar as possibilidades hermenêuticas que neles estão envolvidas. Por certo que isso implica numa impossibilidade de "passagem direta" das soluções apresentadas por Heidegger a problemas filosóficos do conhecimento, para solucionar, de forma *ad hoc*, problemas jurídicos.

Todavia, algumas destas "soluções" heideggerianas não podem ser, de modo algum, ignoradas pelo direito. São questões que atuam, sobretudo, na estrutura do pensamento e que devem transformar o próprio *modo* de colocar os problemas jurídicos. Entre elas podemos citar: 1) a dissolução do dualismo entre consciência e mundo e entre sensível e supra-sensível através do conceito de ser-no-mundo e das idéias de sentimento de situação e de compreensão; 2) a superação do esquema sujeito-objeto pela estrutura antepredicativa do *logos hermenêutico*; 3) a determinação da *possibilidade* em detrimento da *realidade* e o desenvolvimento de uma "vigilância" sobre a tradição que esteja atenta às sedimentações da linguagem e aos encobrimentos de novas possibilidades.

Estes três elementos, associados a outros de igual e fundamental importância como são a questão da verdade e o desenvolvimento da *temporalidade* como horizonte de sentido do ser, nos permitem ver em Heidegger um verdadeiro paradigma filosófico, que produziu uma filosofia de *standard de racionalidade*. O conceito de *standard de racionalidade* é afirmado por Ernildo Stein procurando distinguir esse *modo* de fazer filosofia de outros dois: a *filosofia ornamental* – em que se utilizam algumas frases e conceitos filosóficos em um trabalho qualquer porque isso demonstra maior erudição e garante um caráter mais belo à pesquisa; e a *filosofia de orientação* – no interior da qual se busca uma ética ou filosofia moral e se retira uma lição para a vida. Só se tem filosofia de *standard de racionalidade* junto àqueles filósofos que oferecem um *paradigma novo*. Esse paradigma novo deve possibilitar um filosofar *como* o filósofo (método) e *com* o filósofo (linguagem). Sendo mais preciso, um paradigma filosófico que ofereça um *standard* de racionalidade deve desenvolver: 1) um *modo de filosofar* (método); 2) um *modo* de dizer (linguagem); 3) uma teoria da verdade; 4) uma teoria da realidade.

O *standard de racionalidade* de nossa investigação é a fenomenologia hermenêutica, cujo elemento organizador e estruturante é a *diferença ontológica*.

1. A (in)determinação do conceito de princípio no direito: formulação da pergunta guia da investigação e sua delimitação frente às outras possíveis abordagens

1.1. A estrutura e os múltiplos significados do conceito de princípio no âmbito do conhecimento jurídico

Princípio: um conceito tão elementar e tão auto-evidente que chega a tornar duvidosa a necessidade de se perguntar por ele. Mas sua elementariedade e auto-evidência, olhadas mais de perto, não passam de uma espécie de aparência encobridora que se torna problemática no momento em que tentamos dar uma resposta à questão: o que é princípio? Mas não se trata de uma pergunta pelo conceito de princípios em geral, mas do uso que dele fazem aqueles que lidam com o Direito. Portanto, a questão pode ser melhor colocada da seguinte forma: o que são *princípios jurídicos*? De plano, a resposta não se apresenta. Parecemos saber o que sejam princípios jurídicos, mas não conseguimos dizê-lo. A dificuldade da resposta serve de indício para aquilo que, neste estudo, estamos preparando, ou seja, a necessidade de se colocar, filosoficamente, a pergunta pelos princípios jurídicos. É evidente que todos aqueles que se ocupam do Direito – seja no âmbito acadêmico, seja no âmbito da operacionalidade – possuem uma compreensão vaga do que significa um princípio jurídico. Mas, no momento em que se vêem diante da tarefa de explicitar tal compreensão, o sentido compreendido parece se esvair, desaparecer e a pergunta, *o que são princípios jurídicos?*, permanece sem uma resposta adequada.

Com essa afirmação se prepara o acesso a dois pontos cruciais deste trabalho: *a)* o *modo de abordagem*: uma aproximação filosófica – a partir do paradigma da fenomenologia hermenêutica – do conceito de princípio jurídico; *b)* a *concepção de filosofia* com a qual nos aproximamos do tema: a busca pelo esclarecimento daquilo que já foi compreendido, porém ainda não reuniu, ou estão obstruídas, as condições para ser explicitado.[26]

Essa é uma observação importante para colocar corretamente nossa investigação no horizonte apropriado. Quando se afirma que se intenta perguntar filosoficamente pelos princípios jurídicos, quer-se significar que nos aproximamos deles de uma maneira *transcendental*,[27] em oposição à lida simplesmente objetual e ingênua da teoria e da metodologia jurídica.

---

[26] Cf. STEIN, Ernildo. *Diferença e Metafísica. Ensaios sobre a desconstrução*. Porto Alegre: Edipucrs, 2000. Portanto, trata-se da pergunta por algo que se pode chamar de *"a priori* compartilhado", cuja tematização é própria da filosofia. Este tipo de conhecimento se distingue radicalmente de outras formas *a priori* de conhecimento, como é o caso da lógica ou da matemática. Estes últimos, também são conhecimentos ditos *a priori*, porém, não procuram articular algo que se sabe apenas de uma maneira difusa e que ainda não foi explicitado, mas, ao contrário, elas examinam o que está implicado nas coisas que já sabemos ou que podemos assumir hipoteticamente. Todavia, esta definição preliminar não pode ser recebida sem nenhum tipo de ressalva, principalmente no que tange ao diverso modo com que se ocupam do conhecimento a Filosofia e a Ciência positiva. Por isso, são importantes as observações de Ernest Tugendhat: "Quando nos confrontamos pela primeira vez com a temática especificamente filosófica do *a priori*, facilmente caímos no erro de transferir para ela as estruturas que são familiares no saber científico ou mesmo pré-científico. É por isso que se aponta das palavras para as coisas, sem se considerar que *a filosofia não se relaciona com as coisas do mesmo modo que as ciências*" (Cf. TUGENDHAT, Ernest. *Lições Introdutórias à Filosofia Analítica da Linguagem*. Tradução de Ronai Rocha. Ijuí: Unijuí, 2006, p. 30, grifamos). No mesmo sentido, Slavoj Zizek reprime a visão ingênua com que a Ciência geralmente olha para a Filosofia, apontando aí para um mal-entendido fundamental: a idéia de que a Filosofia seria um saber destinado a compreender as estruturas totais do mundo. Filosofia não tem nada haver com "megalomania", afirma Zizek. "A filosofia, de certo modo, é mais crítica e até mais cautelosa do que a ciência. A filosofia formula inclusive perguntas mais elementares. Por exemplo, quando um cientista aborda certa questão, *a idéia da filosofia não é 'Qual é a estrutura de tudo?', mas 'Quais são os conceitos que o cientista já tem que pressupor para formular a questão?'*. Ela simplesmente indaga sobre o que já existe: *que outros pressupostos conceituais e de outra natureza já têm que estar presentes para que alguém possa dizer o que diz, possa compreender o que compreende e possa saber o que faz*" (ZIZEK, Slavoj. DALY, Glyn. *Arriscar o Impossível. Conversas com Zizek*. Tradução de Vera Ribeiro. São Paulo: Martins Fontes, 2006, p. 36). Essa questão aparecerá com maior clareza no decorrer da pesquisa.

[27] De se ressaltar que o conceito de *transcendental* remete à tradição kantiana e pode ser encarado como totalidade da subjetividade (eu transcendental). Todavia, não é nesse sentido que afirmamos o caráter transcendental de nossa aproximação da temática proposta. Falamos do transcendental no sentido que lhe dá a fenomenologia hermenêutica, a partir da qual poderíamos falar de um *transcendentalidade fraca*, não mais ligada à subjetividade, mas sim ao modo prático de ser-no-mundo. O transcendente e o transcendental são temas que remetem, corriqueiramente, a questões metafísicas tradicionais. No metafísico, transcendemos a natureza (física) para por em causa um ente suprasensível, tocando, assim, nas últimas possibilidades do conhecimento humano. O transcendente já respondeu pelo nome de *Cosmos*, de *Deus* e de *Razão*. O transcendental kantiano, que procurava se libertar desta tradição, construiu um outro elemento artificial: o *eu transcendental*. Heidegger, e a superação que ele consegue efetuar na metafísica, transfere a transcendência ou a transcendentalidade para a própria história e para a existência concreta no mundo, ou seja, crava a reflexão na própria condição humana e não remete, em nenhum momento, à um princípio supremo e externo à essa condição. No decorrer da investigação procuraremos esclarecer melhor essa questão.

Certamente, isso se dá em virtude do conceito de princípio, em seu uso jurídico, ter se tornado um conceito tão problemático quanto o próprio conceito de Direito.[28] Também deve ser levada em conta a complexidade da pergunta, que polemiza com temas correlatos à decisão judicial, ao conceito de *fundamentação* e ao conceito de *discricionariedade*. Diante disso, a investigação não alcançará resultado algum se enveredar pela tentativa de apurar o significado do conceito de princípio jurídico a partir de uma construção teórica objetivista, no sentido de um universo temático puramente epistemológico. Poderíamos dizer que, para

[28] O problema do conceito de princípio e a relação desenvolvida em face do conceito de Direito não é meramente aleatória. Com ela, fazemos menção ao célebre debate entre Herbert Hart e Ronald Dworkin que teve lugar na segunda metade do século 20 no interior das discussões teóricas sobre o conceito de Direito. Em 1961, Hart publicou a primeira edição do seu *O Conceito de Direito*, obra que se apresentava como uma reformulação global do positivismo jurídico. Em seu livro, Hart criticava as teses de J.L. Austin e, ultrapassando os limites da *common law*, criticava também algumas das principais teses do positivismo normativista de Hans Kelsen. Seu objetivo era colocar e responder, de forma mais precisa, a pergunta: *o que é Direito?* Essa resposta é procurada por ele a partir de uma atenção à linguagem que os advogados, juízes, legisladores e os cidadãos em geral utilizam ao referir-se a assuntos jurídicos, tendo como pano de fundo as análises desenvolvidas pela filosofia analítica da linguagem de Austin e Wittgenstein. Num resumo bastante genérico, e nos limites daquilo que interessa a esta pesquisa, podemos dizer que Hart assume como pressuposto o fato de que toda expressão lingüística – seja ela jurídica ou não – possui um núcleo duro de significado e uma zona de penumbra. O núcleo duro de significado da interpretação está conformado pelos *casos de fácil interpretação*, é dizer, aqueles nos quais quase todos os intérpretes estariam de acordo sobre a expressão que se aplica ao caso em questão, seja ele um objeto ou um fato social. No âmbito da decisão judicial, isso significa que uma regra sempre possuirá um núcleo duro e uma zona de penumbra, frente à qual o juiz deverá escolher qual o sentido que deve prevalecer. Para demonstrar sua tese Hart formula o seguinte exemplo: se uma regra diz: "é proibida a circulação de veículos no parque". Diante das diversas hipóteses de interpretação, todos estariam de acordo que não se permite a circulação de automóveis ou caminhões. Mas haveria dúvida sobre a proibição da circulação de bicicletas, por exemplo. Neste caso, estaríamos – segundo Hart – diante de um *caso difícil* e a solução deveria ser dada a partir de um critério aproximativo de analogia com os casos de fácil aplicação da regra. Nesse âmbito aproximativo-analógico, os juízes possuem *dsicricionariedade* para escolher a melhor interpretação. É neste ponto que se encontra o ponto decisivo de discordância nas posições de Hart e Dworkin. Para Dworkin, ao contrário do que sugere Hart, os juízes não possuem *discricionariedade* alguma porque, mesmo nos chamados "casos difíceis", eles estão vinculados a julgar conforme padrões prévios de conduta que ele descreve como *princípios jurídicos*. De certa forma, a partir deste debate, e das teses sobre os princípios formuladas por Dworkin, a conceituação e a própria maneira do direito compreender os chamados princípios jurídicos receberá novos contornos. Mas o decisivo aqui é o seguinte: a problemática envolvendo o conceito de princípio, em última análise, se aproxima da própria problemática sobre o conceito de Direito. No fundo, em seu conceito de Direito, *Hart se mantém como um convencionalista, ou seja, um teórico que reconhece o Direito a partir de decisões coletivas que se manifestam por meio de regras nas decisões tomadas no passado por instituições reconhecidas pela sociedade. Num nível mais sociológico, poderíamos dizer que há uma certa institucionalidade estatalista que percorre o discurso deste tipo de teoria. Já em Dworkin, a descrição dos princípios e o desenvolvimento do conceito de integridade aproximam mais o conceito de Direito de uma idéia de narrativa histórica, não simplesmente prisioneira de uma roupagem institucional-estatal restrita*. Quanto a isso Cf. HART, Herbert L. A. Op. cit..; DWORKIN, Ronald. *Levando os Direitos a Sério*. Tradução de Nelson Boeira. São Paulo: Martins Fontes, 2002; DWORKIN, Ronald. *O Império do Direito*. São Paulo: Martins Fontes, 2003; RODRÍGUEZ, César. *La Decisión Judicial. El debate Hart-Dworkin*. Bogotá: Siglo del Hombre, 1997.

responder à questão, *o que são princípios jurídicos?*, faz-se necessário sair do modo "ingênuo" de se lidar com eles no âmbito da análise jurídica e procurar desvelar a dimensão transcendental que sustenta qualquer discurso sobre o Direito.

Nessa medida, precisamos nos assegurar do horizonte correto para colocação da questão, sabendo-se de antemão que não interessa analisar os princípios descolados de sua manifestação histórica, e isso quer dizer: tentar produzir um conceito de princípio separado do "objeto" princípio. Por isso, nossa insistência no problema do uso que se faz desse conceito. Não apenas o uso num sentido pragmático vulgar. O pragmático aqui deve significar que toda manifestação principiológica no direito decorre de uma lida que emerge da ocupação do ser-aí enquanto ser-no-mundo (ou estar-no-mundo, pela tradução de Jorge Rivera) e não simplesmente de uma mera contemplação de todas estas regiões do ente. E essa lida – que em última análise possibilitará apanhar o modo de ser destes princípios – deve ser colocada numa dimensão atravessada pela história, atentando para os significados que esse uso produz/produziu e as possibilidades que daí se projetam. O Direito – e tudo o que ele representa – é apenas um modo de ser do ser-aí humano que se desdobra em sua historicidade e, portanto, a aproximação ao conceito de princípio deverá ser feita a partir das marcas indeléveis deixadas nas estruturas da temporalidade do ser-aí. Isso quer dizer que, a relação entre aquele que conhece e aquilo que é conhecido está atravessada pelo sentido, o que impede, em um nível filosófico-hermenêutico, falar de qualquer tipo de separação entre sujeito e objeto.[29] Portanto, os princípios não são apenas objetos puramente subsistentes à disposição do conhecimento jurídico e à espera de serem descobertos. Quando se argumenta com princípios, aí já sempre se instaurou o sentido. Ou seja: quando tratamos do conceito de princípios, não experimentamos algo que se esgota com uma simples experiência empírica, mas há algo que desde sempre aconteceu neste encontro. Não ter isso em conta representa dar um passo em direção à objetificação. Neste nível, objeticar implica coagular significados, produzindo uma espécie de sedimentação da linguagem. São estes significados sedimentados que pretendemos atingir com nossa pesquisa. Operando com os princípios num nível conceitual, conseguimos acessar esses significados sem que caiamos numa espécie de vácuo lingüístico que é produzido quando as teorias do direito ou a dogmática jurídica faz referência a "princípios" sem especificar o

---

[29] A crítica-denúncia do aprisionamento da dogmática jurídica à relação sujeito-objeto vem ganhando força no cenário brasileiro principalmente a partir das obras de Lenio Streck, entre as quais são imprescindíveis: STRECK, Lenio Luiz. *Hermenêutica Jurídica e(m) Crise*. 5 ed. Porto Alegre: Livraria do Advogado, 2005; STRECK, Lenio Luiz. *Jurisdição Constucional e Hermenêutica. Uma nova Crítica do Direito*. Op. cit..; STRECK, Lenio Luiz. *Verdade e Consenso*. Op. cit..

significado com o qual está operando. Portanto, esse é nosso ponto de partida: há vários significados para o conceito de princípio no direito. Explicitar estes significados procurando, na medida do possível, instaurar uma aproximação crítica sobre eles, deve ser a primeira tarefa da investigação.

Tendo em conta as transformações que se operam no Direito no contexto do *racionalismo*[30] moderno, podemos destacar três significados, de algum modo distintos, para o conceito de princípio jurídico: *a)* princípios gerais do direito; *b)* princípios jurídico-epistemológicos; *c)* princípios pragmáticos-problemáticos.

1.1.1. O conceito de princípios gerais do direito

Para falar do significado dos *princípios gerais do direito*[31] é preciso compreender, ainda que de maneira genérica, o jusnaturalismo racionalista e o seu projeto de um Direito capaz de ser conhecido e construído de maneira completa e sistemática pela razão. Ao contrário daquilo que pode ser sugerido a partir da velha oposição manualesca entre *jusnaturalismo v.s. juspositivismo,* o movimento codificador que tem lugar no século 18 – que coincide, de alguma maneira, com a consolidação do positivismo como método privilegiado de se conhecer o Direito – não

---

[30] A delimitação em torno do racionalismo moderno se faz necessária por pelo menos dois motivos de ordem metodológica: O primeiro em virtude de que o conceito de princípio tal como operamos com ele no nosso contexto atual, é algo tipicamente moderno; O segundo é que há uma diferença considerável entre os significados que o conceito de princípio adquire na tradição romano-germânica (continental) e na tradição da *common law* (anglo-saxônica). Isso se deve, entre outros motivos, ao fato de que o direito inglês não se constitui a partir do modelo matemático (axiomático-dedutivo) e abstrato próprio do jusnaturalismo racionalista moderno. O predomínio da *filosofia empirista* no ambiente da *common law* possibilitou a formação de um conceito de princípio muito mais ligado à problemática do caso concreto debatido em juízo, do que propriamente uma preocupação lógico-sistemática presente no direito do continente. Desse modo, é possível dizer que, na tradição anglo-saxônica, se preservou um significado muito próximo àquele que nós, continentais, só passamos a conhecer a partir da revoada judicialista dos Tribunais Constitucionais do segundo pós-guerra. Isso de certa forma explica porque Ronald Dworkin se refira a estes princípios (que para os fins desta pesquisa chamaremos *pragmático-problemáticos*) como *princípios gerais do direito*. Todavia, e essa ressalva é extremamente importante, o significado articulado por Dworkin difere de maneira substancial daquilo que, na tradição continental, conhecemos por *princípios gerais do direito*.

[31] Anote-se, neste particular, que os *princípios gerais do direito* assumem, no direito brasileiro, a condição de determinação legislativa, sendo expressamente estabelecido como critérios de solução para as "lacunas" da ordenamento no Artigo 4º da Lei de Introdução ao Código Civil (LICC), ao lado da analogia e dos costumes. Opera-se, na verdade, com um sistema sem lacunas: o direito efetua a correção do próprio direito (Cf. STRECK, Lenio Luiz. *Verdade e Consenso.* Op. cit., p. 173). Não deixa de ser sugestivo o fato de que este tipo de estratégia legislativa tenha sido utilizada, pela primeira vez, nos Códigos dos oitocentos. Tais códigos tinham uma feição nitidamente privativista. O curioso é que a LICC, embora tenha sido nomeada como "Lei de introdução *ao código civil",* é na verdade uma lei de Direito público, que abarca – ou pretende abarcar – todo ordenamento jurídico brasileiro.

representa uma oposição ao ideal jusnaturalista moderno, mas sim o apogeu do projeto de um Direito colocado e conhecido racionalmente.³² Ou seja, o direito natural racionalista se pretende superador do dogmatismo teológico medieval (embora continue aceitando muitos de seus pressupostos ontológicos e a afirmação da razão e da racionalidade se apresente exatamente como condições necessárias para salvar a prova da existência de Deus, posta em xeque pelas revoluções científica dos dezessete e pelas filosofias empiristas do então germinal liberalismo inglês), afirmando o homem racional como legislador de si próprio. Esta premissa sustenta a formação do direito moderno, a ponto de Christian Wolff afirmar, a partir de Hugo Grócio, que a "verdade" do direito natural reside em sua definição como norma do direito positivo,³³ isto é, sua representação se expressa na "lei humana", positivada. Portanto, já em jusnaturalistas modernos, como Grócio, Leibniz e Christian Wolff, encontrava-se presente o ideal de completude racional do direito que depois será defendido pelo positivismo jurídico da época da codificação. Nesta medida, os *princípios gerais do Direito* aparecem como reminiscências do projeto jusnaturalista em pleno seio da cultura positivista emergente, como figuras capazes de suprimir as eventuais lacunas existentes no sistema positivo do direito codificado para lhe preservar a completude lógico-sistemática *conquistada racionalmente.*

Além deste aspecto conteudístico, do projeto direito natural racionalista retira-se também o método de aplicação de tais princípios. Os princípios aparecem, neste caso, como axiomas de justiça necessários

---

³² Cf. KAUFMANN, Arthur. *Introdução à Filosofia do Direito e à Teoria do Direito Contemporâneas.* Arthur Kaufmann e Winfried Hassemer (org.). Lisboa: Calouste Gulbenkian, 2002, p. 83 e segs. Para Kaufmann "os juristas racionalistas procediam totalmente de acordo com a escolástica, na medida em que também eles estavam convencidos da possibilidade de, a partir de um número reduzido de princípios superiores e aprioristicos, extrair, através da pura dedução, todas as regras de direito, sem ter em conta a realidade empírica, as circunstâncias espaço temporais. (...) Na realidade, acabava por se proceder empiricamente, quando se pediam 'empréstimos' ao direito romano, cuja racionalidade se enaltecia (era o tempo da recepção). Só assim puderam nascer os grandes 'códigos jusnaturalistas'". Também Castanheira Neves afirma que "o jusnaturalismo moderno-iluminista preparou desde meados do séc. XVIII, e consumou-se, a partir de 1794 (a data do Código prussiano) na codificação. Os códigos iluministas, e mesmo o pós-revolucionário *Code civil* francês de 1804 outra coisa não foram, fundamentantemente, do que a consagração dos sistemas racionalmente construídos pelo jusnaturalismo moderno-iluminista em positivo-codificados sistemas legislativos (CASTANHEIRA NEVES, Antonio. *A Crise Actual da Filosofia do Direito no Contexto Global da Crise da Filosofia. Tópicos para a possibilidade de uma reflexiva reabilitação.* Coimbra: Coimbra editora, 2003, p. 26-27.). Desse modo, fica claro que o jusnaturalismo moderno não apenas preparou o caminho para codificação, como se consumou nela. Em outra obra Castanheira neves vai além da tese da consumação do direito natural na codificação, procurando apontar para a maturação dos conceitos fundamentais do positivismo jurídico já ao tempo do período racionalista-iluminista Cf. CASTANHEIRA NEVES, Antônio. *Curso de Introdução Ao Estudo do Direito.* Coimbra, 1976, Parte II.

³³ Cf. GOYARD-FABRE, Simone. *Filosofia Crítica e Razão Jurídica.* Tradução de Maria Ermantina de Almeida Prado Galvão. São Paulo: Martins Fontes, 2006, p. 29-30.

a partir dos quais se realiza a dedução. Desse modo, é possível dizer que eles funcionavam de maneira teórica e metodológica para reunir pelo menos duas das exigências para concretização da completude axiomático-dedutiva do sistema: em primeiro lugar, a plenitude normativa, sendo articulados para *colmatar os espaços vazios do sistema em casos de lacunas*; em segundo lugar, *reduzindo eventuais contradições* que pudessem surgir da interpretação abstrata das disposições normativas do sistema jurídico codificado.³⁴

Desse modo, nesse primeiro significado, o conceito de princípio opera com alguns pressupostos a serem destacados: *1)* a radical separação entre direito e fato e, por conseguinte, a problemática relação entre universal e particular, o que implica a cisão entre teoria e metodologia jurídica; esta se volta para o momento aplicativo-operacional do direito, enquanto aquela tem lugar nos processos gnoseológicos de conhecimento da ordem jurídica; *2)* um modelo de ciência jurídica que se pretende estruturar sob processos matemáticos de *definição, organização* e *fundamentação*; *3)* uma imantação do Direito à lei, visto que, mesmo os elementos utilizados para suprir as lacunas (os princípios gerais do direito) – depois que todos os recursos endógenos fracassaram, principalmente a analogia – são conhecidos indutivamente a partir da constatação de lacunas no sistema de regras positivas e depois reduzidos a axiomas

---

³⁴ Como afirma Josef Esser: "Por esta razón todos los princípios tienden a la formación de un sistema y a un esquema de jerarquización lógica, por el que la 'matéria' queda reducida a um mínimo de axiomas universalmente utilizables y praticamente fecundos, y de conceptos que se prestan a la deducción" (ESSER, Josef. Op. cit., p. 10). Ainda com Esser, é preciso anotar que essa descrição até aqui realizada se mantém, de alguma forma, presa a elementos metodológicos presentes na tradição jurídica continental – *civil law* – não acompanhando mais de perto os problemas dos princípios na tradição anglo-saxã, ou *common law*. Isso se dá em virtude de que, a forma como os *principles* aparecem na tradição anglo-saxã, se aproxima mais daquilo que articularemos como o terceiro sentido de princípios e que Esser chama de "problemáticos". É evidente que, também na *common law*, foram percebidas influências jusnaturalistas – principalmente no caso do constitucionalismo estado-unidense – e de cunho metodológico-conceitual. A despeito disso, não é possível determinar a formação de um sistema axiomático-dedutivo como se produziu no continente a partir do movimento codificador. Na cultura jurídica continental, pode-se perceber um ciclo metodológico que vai do descobrimento de problemas, para formação de princípios e sua articulação dedutivo-sistemática posterior, enquanto que, na tradição da *common law*, se dá ênfase ao caráter problemático do direito em questão. Portanto, entre os continentais, há um esforço para que se retire o conceito de princípio, de maneira indutiva, da própria lei, para depois transforma-lo em axioma capaz de resolver o problema aplicativo apresentado. Isso está por trás daquilo que Esser denomina "doutrina dos princípios ocultos" que defende a idéia de que, no fundo de cada regra positiva, se encontra latente um princípio, capaz de ser conhecido de maneira abstrata e, assim, de preservar a unidade sistemática do ordenamento. É muito interessante perceber que, na *civil law*, mesmo nos movimentos metodológicos que pretendiam se livrar do modelo conceitual axiomático-dedutivista, reivindicava um caráter sistemático que conferisse uma espécie de completude à teoria, como descreve Canaris na polêmica envolvendo a *jurisprudência dos interesses* e a *jurisprudência dos conceitos* (Cf. CANARIS, Claus-Wilhelm. *Pensamento Sistemático e Conceito de Sistema na Ciência do Direito*. Tradução de Antonio Menezes Cordeiro. 3 ed. Lisboa: Calouste Gulbenkian, 2002, p. 55 e segs.)

que incorporam o sistema e são aplicados por dedução. Dito de outro modo: é da própria lei que se retira o conteúdo que será articulado no argumento dos princípios.

Todos estes fatores operam, de alguma maneira, num nível filosófico e não é abarcado pelas teses político-sociológicas que geralmente povoam as interpretações deste período. Tais interpretações procuram explicar fenômenos jurídicos que estão envolvidos com uma problemática sociológica e que tem alguma relação com a filosofia política, mas não conseguem apanhar o profundo vínculo teórico da fundamentação Metafísica do direito e da articulação que neste sentido se faz do conceito de princípio. Quer dizer: todos estes pressupostos se vinculam a uma posição filosófica que se formou a partir do humanismo renascentista e se consagrou com o racionalismo iluminista. A própria definição do "juiz boca da lei", sempre remetida à obra política de Montesquieu, ao período pós-revolucionário na França e a rigidez da separação dos poderes, está envolvida por estes "pressupostos filosóficos". Isso significa que, a tese da desconfiança pós-revolucionária relativa os poderes dos juízes (o que implica um elemento antidiscricional) que explica como se desenvolveram os limites institucionais para tentar impor barreiras aos poderes "criativos" dos juízes, deve ter em conta também a relação com a fundamentação teórica das posições filosóficas que começaram a serem formadas com o direito natural racionalista. Portanto, podemos dizer que há uma dimensão Metafísica que, de certo modo, destina a concepção de direito que se professa a partir do século 18 e que se situa mais além de qualquer tipo de determinismo histórico. Nessa medida, toda questão envolvendo a formação do significado dos princípios gerais do direito, a imposição de limites à discricionariedade dos juízes e o modelo matemático (axiomático-dedutivo) de fundamentação, deita suas raízes na estrutura de pensamento que se cristalizou durante todo racionalismo moderno.[35]

---

[35] Também na *common law*, em que se desenvolveu uma tendência muito mais judicialista do que aquela verificada no continente, pode-se apontar para outras dimensões – que não apenas aquela ligada ao contexto histórico-revolucionário – que possibilitam falar de um sentido filosófico para o desenvolvimento de suas teoria e metodologia jurídicas. Enquanto, o modelo jurídico da *civil law* está estruturado sobre um modo racionalista-abstrato de exploração do Direito, no contexto anglo-saxônico o predomínio das filosofias empiristas e, posteriormente do utilitarismo, podem ser colocados como *condições que possibilitaram* esse caráter judicialista. No fundo, aqui também está em jogo o escândalo kantiano da procura (infinita) de uma ponte entre consciência e mundo, que desemboca nos debates entre racionalismo e empirismo. Por certo, é muito complicado desenvolver de forma tão genérica um argumento como esse. Todavia, nosso objetivo é simplesmente ressaltar que não se trata apenas de uma determinação histórico-sociológica o aparecimento de uma atividade judicial mais proeminente que aquela verificada no continente (ou seja, a desconfiança nos juízes no período pós-revolucionário francês e o caráter de "garantidor dos direitos" assumido pelo judiciário no contexto do constitucionalismo americano). Além deste aspecto, é possível ver o problema num outro nível que parece esclarecer melhor como os problemas filosóficos desembocam no Direito,

Isso nos basta por enquanto. Nosso objetivo foi apenas traçar ligeiros contornos em volta deste significado assumido pelo conceito de princípio. Trataremos com maior profundidade das questões envolvendo os vínculos metafísicos do direito natural moderno no segundo capítulo desta investigação.

1.1.2. O conceito de princípios jurídico-epistemológicos

Para evitar qualquer mal entendido, convém deixar claro desde já que não estamos desenvolvendo uma espécie de raciocínio evolutivo dos significados que o conceito de princípio assume ao longo da história da ciência jurídica. Embora exista uma conexão entre o primeiro significado mencionado e este outro que começa a ser apresentado neste item, não há como se falar numa evolução conceitual linear, até mesmo porque as manifestações epistemológicas dos princípios jurídicos não excluíram o uso teórico e metodológico do significado dos princípios gerais do direito. Aliás, os princípios que retratamos aqui como epistemológicos, começam a ser gerados no contexto da consolidação do Estado Liberal e da radicalização do estatalismo no continente no final do século XIX, mesmo período em que a metodologia jurídica produzia as justificativas para o uso dos princípios gerais do direito como aportes possíveis para solução das lacunas existentes nos Códigos racionalistas. Em todo caso, esses princípios epistemológicos podem ser descritos em dois níveis correlatos que se distinguem apenas por um motivo de grau de especialização: No nível da epistemologia de um ramo específico do Direito – direito constitucional, direito processual, direito penal, direito administrativo, direito tributário, etc.; e no nível de projetos epistemológicos, também de índole positivista, mas bem mais sofisticados, como é o caso da *Teoria Pura do Direito* de Hans Kelsen.

que é o objetivo desta pesquisa. Ou seja, não se trata de procurar aquilo que "materialmente" determinou os processos históricos-sociais, mas sim de perguntar sobre aquilo que tornou possível tais manifestações. No Direito, todavia, nós continuamos reféns de um tipo de investigação histórica que, ou se contenta com uma evolução muito imprecisa de fatos importantes; ou se vincula a uma interpretação que deriva da leitura da história feita pelo materialismo-dialético. No entanto, é possível encontrar, no contexto das crises do século 20, autores como Erich Rothacker que procura pensar uma Filosofia da História desprendida das concepções tradicionais (a idealista – de cunho mais hegeliano – e a materialista – de corte marxiano). Isto porque, no contexto da crise dos anos 20, ambas as formas de abordagem da história foram colocadas em xeque, tanto pelas construções da escola histórica – de Droysen, Dilthey e Hermann Nholl – quanto pela própria fenomenologia, que aparecia como um movimento alternativo em relação a todas neofilosofias que povoavam as concepções filosóficas do final do século 19 e início do século 20 (Cf. ROTHACKER, Erich. *Filosofia de la Historia*. Tradução de Hilario Gomez. Madrid: Pegaso, 1951). As críticas de Rothacker são, de certo modo, acompanhadas por esta pesquisa, embora o cerne de nosso pensamento se movimente no âmbito da fenomenologia hermenêutica de Martin Heidegger.

Comecemos pelos princípios informadores do estudo científico de um ramo determinado da ciência jurídica. Afirmamos que são eles *princípios epistemológicos* porque pretendem ser os elementos organizadores do estudo lógico-sistemático de uma disciplina jurídica especializada. Esses princípios não apresentam o mesmo significado dos *princípios gerais do direito* anteriormente descritos. Com efeito, enquanto os princípios gerais do direito encontram-se presentes apenas de modo latente no contexto sistemático do direito positivo, os princípios epistemológicos já estão dados de antemão. Ou seja, não são princípios gerais do direito porque não possuem a função de suprir eventuais lacunas existentes no sistema, mas sim a função de possibilitar, de forma unitária e coerente, o conhecimento de uma determinada disciplina. Vejamos o exemplo do direito processual. Não é difícil encontrar uma obra sobre direito processual – civil ou penal – tenha ela a pretensão de ser um trabalho com um fundo mais acadêmico-teórico ou uma finalidade mais pedagógica, que traga consigo a enumeração e a descrição de uma série de princípios que pretendem reger o estudo do processo, suprimindo eventuais incoerências e até apresentando soluções clínicas para alguns casos específicos. Assim são os princípios da *ação e da demanda*; do *contraditório e da ampla defesa*; do *duplo grau de jurisdição*; do *dispositivo e da economia processual* etc. Desse modo, a partir do conteúdo do princípio da ação e da demanda, por exemplo, é possível articular e debater os problemas relativos ao acesso à justiça; o princípio do contraditório pode modular eventuais falhas no sistema ou na própria atuação do juiz no sentido de dar às partes oportunidades mútuas de defesa; o duplo grau de jurisdição pode ser articulado no contexto de um sistema recursal e da necessidade de uma segunda decisão; o dispositivo e economia processual procuram estabelecer que, depois de iniciado um processo ele deve ser conduzido pelo juízo responsável da maneira menos dispendiosa possível, tanto para as partes quanto para o Estado. Isso significa: *economia de atos processuais* e *instrumentalidade das formas,* no sentido de que todo ato processual, mesmo que eivado de nulidade relativa, pode ser aproveitado desde que não acarrete prejuízo para as partes.[36] Essa sucinta

---

[36] Vale ressaltar que não é apenas o direito processual que organizará dessa forma seu estudo teórico. Também o direito penal e as disciplinas envolvendo o chamado direito do Estado (Constitucional, Administrativo e Tributário) passarão a assumir as mesmas feições e todos irão desenvolver, cada um a sua maneira, princípios organizadores que funcionam como pressupostos lógico-matemáticos para o conhecimento de cada uma destas disciplinas. No âmbito específico do direito processual, não deixa de ser curioso que no nosso contexto atual a doutrina proceda de forma indiscriminada a produzir princípios processuais que servem, de maneira *ad hoc,* para solucionar problemas teóricos do processo. O princípio da instrumentalidade das formas – retratado no texto – é uma destas "criaturas" da teoria processual. Nessa toada, e numa ode ao que se convencionou a chamar no Brasil de "instrumentalidade do processo", José Roberto dos Santos Bedaque também *cria* um novo princípio processual – decorrente do princípio da instrumentalidade das formas – de-

descrição já é o bastante para se perceber que tais *princípios* possuem um significado distinto daquele que recebiam os *princípios gerais do direito*. Em comum, eles mantêm a estrutura de algo que se conhece por antecipação àquilo com o que se relacionam: os princípios epistemológicos são o já conhecido de um ramo do direito; os princípios gerais do direito, o já conhecido de uma ordem jurídica sistemática, ambos percebidos de maneira puramente abstrata pelo modo axiomático-dedutivo.

Mas há *princípios epistemológicos* mais sofisticados no âmbito da Teoria do Direito. Neste caso, nos valemos do exemplo da *Teoria Pura do Direito* de Kelsen. Nela, o autor desenvolve seu projeto epistemológico e determina o direito como uma ciência positiva. O faz a partir da construção de uma metalinguagem capaz de resolver os paradoxos lógicos da linguagem jurídica ordinária, sem o recurso a argumentos políticos, sociológicos ou ideológicos. Com estes pressupostos, Kelsen passa para a descrição da ordem normativa a partir de um elemento organizador do "mundo jurídico": o *princípio da imputação*. O princípio da imputação *rege* as *leis jurídicas*, em oposição ao *princípio da causalidade* que *rege* as *leis naturais*. Portanto, o cientista da natureza organiza seu conhecimento a partir da causalidade, enquanto que o cientista do direito pela imputação. Kelsen determina o conteúdo do princípio da imputação a partir de uma analogia com o princípio da causalidade nestes termos: o princípio da imputação tem, "nas proposições jurídicas, uma função inteiramente análoga à do princípio da causalidade nas leis naturais, com as quais a ciência da natureza descreve seu objeto". A diferença reside no fato de a cópula ou ligação "dos elementos na proposição jurídica ser diferente do da ligação dos elementos na lei natural devido à circunstância de a

---

nominado *princípio da adequação ou adaptação do procedimento à correta aplicação da técnica processual*. Com este princípio (sic) se reconhece "ao julgador a capacidade para, *com sensibilidade e bom senso, adequar o mecanismo às especificidades da situação, que não é sempre a mesma*" (BEDAQUE, José Roberto dos Santos. *Efetividade do Processo e Técnica Processual*. São Paulo: Malheiros, 2006, p. 45). Ainda segundo o autor, este princípio pressupõe que "deve ser o juiz investido de amplos poderes de direção, *possibilitando-lhe adaptar a técnica aos escopos do processo em cada caso concreto, mesmo porque a previsão abstrata de todas as hipóteses é praticamente impossível*" (Idem, p.64-65). E como a previsão legislativa não comporta todas hipóteses de aplicação, Bedaque conclui: "*observado o devido processo legal, deve ser reconhecido ao juiz o poder de adotar soluções não previstas pelo legislador, adaptando o processo às necessidades verificadas na situação concreta*" (Idem, p. 571). Na mesma linha de Bedaque, os autores do anteprojeto do Código Brasileiro de Processo Coletivo incluíram, no texto entregue ao ministério da justiça, uma série de princípios (sic) que deverão fazer as vezes de "alicerce" do novo sistema processual. São eles: (novamente) a instrumentalidade das formas, flexibilização da técnica processual e *ativismo judicial*. Ocorre que esses princípios são utilizados por boa parte da doutrina para se chegar a "idéia" de que no processo o *juiz pode tudo*. Exemplo marcante é a amplitude dos poderes instrutórios que José Bedaque confere ao magistrado. A utilização desmedida da instrumentalidade das formas e da flexibilização da técnica processual é que possibilitaram a construção de doutrinas como a relativização da coisa julgada e da preclusão consumativa, que não obstante as boas intenções, atribuem aos juízes poderes desmedidos, contrários à segurança jurídica e ao próprio Estado Democrático de Direito.

ligação na proposição jurídica ser produzida através de uma norma estabelecida por uma autoridade jurídica – através de um ato de vontade, portanto – enquanto que a ligação de causa e efeito, que na lei natural se afirma, é independente de qualquer intervenção desta espécie".[37]

Há possibilidades de se identificar outros princípios epistemológicos no interior da obra de Kelsen, como é o caso da hierarquia normativa e a estrutura escalonada do ordenamento presente na dinâmica jurídica. Mas, não faz parte dos objetivos desta investigação (nem caberia nesta etapa preparatória) uma descrição minuciosa dos elementos constitutivos da teoria jurídica kelseniana. Aqui nos interessa apenas explorar como o significado do conceito de princípio se manifesta e é articulado dentro de sua epistemologia. Isso parece ter ficado claro com a descrição do *princípio da imputação*.

Destarte, é possível perceber que, no interior de todos estes projetos em que se manifesta um significado do conceito de princípio, este conceito assume uma conotação bastante específica que se torna *matemática*. O "matemático" aqui, não se limita apenas ao método, mas também, e principalmente, ao conteúdo de uma maneira essencial.[38] Ou seja, a formação e o uso dos princípios só pode proceder (portanto, *método*) de forma matemática, porque já é, em um sentido mais profundo, matemática. O "matemático" significa, desde os gregos, aquilo que o homem *conhece antecipadamente* quando contempla ou lida com as coisas. Assim, é matemático o caráter de corpo dos corpos, o que as plantas têm de planta etc. Os princípios se apresentam como aquilo que de antemão, já conhecemos, e a partir deles podemos organizar sistematicamente o direito ou um ramo do direito e dizer o que o direito é.[39] Este projeto

---

[37] KELSEN, Hans. *Teoria Pura do Direito*. Tradução de João Baptista Machado. São Paulo: Martins Fontes, 1985, p. 85-86

[38] Nossa investigação ainda não alcançou o momento adequado para esclarecer os pressupostos do paradigma filosófico com o qual operamos. No entanto, o uso da terminologia precisa ser esclarecido desde logo para que sejam evitados possíveis mal-entendidos. O termo *essencial* referido no texto remete à *essência* que, na tradição filosófica metafísica, é dotado de um conteúdo essencialista. Em Heidegger, o termo alemão *Wesen* – que designa essência – tomará o sentido de "manifestar-se fenomenologicamente". Quando se lê então *essência do fundamento; essência da verdade*, ou, no caso do nosso texto, *essência matemática dos projetos científicos positivistas sobre o direito*, deve-se saber transpor-se para dentro desta nova situação que Heidegger instaura. O essencial aqui mencionado recebe, então, esta conotação que o filósofo emprega à palavra alemã *Wesen*. Cf. STEIN, Ernildo. Notas de Tradução. In: Sobre a Essência do Fundamento. *Escritos e Conferências Filosóficas* Tradução de Ernildo Stein. São Paulo: Nova Cultural, 2005, p. 114, nota n. 8.

[39] Cf. HEIDEGGER, Martin. O Tempo da Imagem do Mundo. In: *Caminhos da Floresta*. Lisboa: Calouste Gulbenkian, 2002, p. 99-101. Na relação descrita acima operamos de uma maneira analógica com a descrição que Heidegger faz da Física Moderna, que seria a ciência por excelência da modernidade. Heidegger identifica nela um "fundamento" que se manifesta matematicamente, tal como podemos também perceber no Direito e no conceito de princípios que se formam no contexto da produção do projeto científico da modernidade. Desse modo, Heidegger identifica no

matemático não se constitui como um projeto apenas científico. Ele deita raízes no solo da metafísica moderna. No Direito, ele se manifesta nestes significados do conceito de princípio e deita suas raízes nos fundamentos da metafísica moderna e de seu modo matemático de "ver" o mundo.[40] O conceito de princípio, nos significados até aqui retratados, está comprometido com esse projeto e assume, de maneira mais explícita, esse modo matemático de se pensar o Direito.

1.1.3. O conceito de princípios pragmáticos ou problemáticos

A denominação "princípios problemáticos" é sugerida por Josef Esser para abarcar a tradição que se desenvolve na segunda metade do século XX na qual se dá primazia para o "momento" concreto de aplicação do direito, em detrimento do "momento" abstrato-sistemático.[41] É importante advertir, todavia, que esta denominação não pode ser aceita de uma maneira acrítica. Isto porque, no cenário das teorias jurídicas contemporâneas, esse caráter "problemático" assumido pelos princípios jurídicos poderá ser encarado de diversas maneiras. No caso de Esser, apesar de se valer constantemente da experiência anglo-saxã a partir daquilo que se denomina *comparative jurisprudence*, sua abordagem se aproxima em grande medida da tópica de Viehweg,[42] o que não está em jogo nesta investigação. No entanto, não cabe aqui uma abordagem minuciosa desta questão. Importa neste momento compreender em que sentido tal significado do conceito de princípio se diferencia dos

---

"modo moderno de ver o mundo" um projeto matematizante que compreende o matemático mais além da simples relação deste com os números. O que define o matemático, essencialmente, é o caráter de já conhecido deste tipo de conhecimento. "A este já conhecido, isto é, ao matemático, pertencem também, para além do que foi referido, os números. Quando encontramos três maçãs na mesa, reconhecemos que são três delas. Mas o número três, a tríade, já o conhecemos. Tal quer dizer: o número é algo matemático. É só porque os números apresentam como que o mais patente sempre-já-conhecido, e, deste modo, o que é mais conhecido entre o matemático, que o matemático foi reservado para a nomeação do que é próprio dos números. Mas de modo nenhum a essência do matemático é determinada pelo número". Quanto às diferenças do *a priori* matemático e o *a priori* com o qual se ocupa a Filosofia, remetemos o leitor para a leitura da nota 26.

[40] Em outro texto, onde analisa a *Crítica da Razão Pura* de Kant, Heidegger afirma esse comprometimento da metafísica moderna e seu espalhamento por todas as regiões do saber. Segundo o filósofo: "tanto a moderna ciência da natureza como a matemática e a metafísica modernas saíram da mesma raiz do matemático, entendido em sentido lato. Pelo facto de, destas três, a metafísica ser a que tem um mais largo alcance – visa o Ente em sua totalidade – e porque toca, ao mesmo tempo, no mais profundo – o ser do Ente enquanto tal – deve sondar o seu fundamento e o seu solo matemáticos até atingir um ponto sólido" (HEIDEGGER, Martin. Op. cit., p. 101).

[41] Cf. ESSER, Josef. Op. cit., p. 62 e segs.

[42] Citando explicitamente Viehweg, Esser afirma que "es el problema, y no el 'sistema' en sentido racional, lo que constituye el centro del pensamiento jurídico". O *problema* está mais ligado à decisão judicial, da lida com o caso, ao passo que o *sistema* se apresenta num nível mais teórico-contemplativo (Cf. ESSER, Josef. Op. cit., p. 09 e segs.).

demais e como, de alguma maneira, faz os dois significados anteriores entrarem em crise e, com eles, também os conceitos de fundamentação e discricionariedade se tornam problemáticos.

Os movimentos históricos que se seguem depois do fim da segunda Guerra Mundial são decisivos para o direito e para as teorias jurídicas que se desenvolveram no continente a partir de então. No direito, a radicalização do dirigismo constitucional na Alemanha e na Itália, bem como a ampliação do campo da intervenção jurídica no tecido social, acirraram a tensão entre política e direito. A consagração de Tribunais Constitucionais *ad hoc* para fiscalizar a constitucionalidade das leis faz com que novos problemas metodológicos sejam tematizados pela teoria jurídica e, dessa maneira, os estudos sobre interpretação passam a ocupar, cada vez com mais proeminência, um lugar de destaque nas obras produzidas neste período.[43]

Isso tudo se deu num ambiente que ainda sofria com as profundas feridas abertas pela guerra e numa Europa que procurava se reestruturar nos níveis político, social e econômico. Evidentemente, a propositura de soluções para todos estes problemas passava pela revisão do modelo de direito até então praticado e essa revisão implicava, inexoravelmente, novas perspectivas teórico-metodológicas.

Nessa medida, se dá uma radical mudança na intencionalidade com relação ao direito que, em última análise, trará consigo propostas jusfilosóficas dispostas a repensar o sentido do direito e seus vínculos com o comportamento humano concreto. Isso importa em não tratá-lo mais como um sistema cerrado, construído abstratamente a partir de modelos epistemológicos fundados na subjetividade e modelados conforme os padrões matemáticos de conhecimento. Para Castanheira Neves, esse era o tempo de se afirmar a autonomia do direito, mas de um modo diverso daquele que afirmou a autonomia dogmática do positivismo "numa forte tentativa da sua superação, justamente em nome de uma autonomia do direito de outro sentido e mais profunda que diferenciava não apenas objetivo-formalmente o jurídico do político, mas, axiológico-materialmente no seu sentido e na sua intencionalidade".[44]

---

[43] É neste contexto que aparecem as diversas teorias jurídicas que, de alguma maneira, privilegiam o momento retórico-argumentativo do raciocínio jurídico. Entre tais teorias, se destacam: a tópica de Viehweg; a nova retórica de Chaïn Perelman; a teoria da pré-compreensão jurídica de Esser; o pensamento analógico de Arthur Kaufmann; a metódica estruturante de Friedrich Muller; e a teoria da argumentação de Robert Alexy. Em todas estas obras, a questão dos princípios aparecem como ponto central das discussões. No Brasil, Lenio Luiz Streck tem explorado exaustivamente esta questão, principalmente no que atina à tensão legislação-jurisdição. Cf. STRECK, Lenio Luiz. *Verdade e Consenso*. Op. cit..

[44] CASTANHEIRA NEVES, Antônio. *A crise actual da filosofia do direito no contexto global da crise da filosofia*. Op. cit., p. 104.

Ou seja, trata-se de afirmar, de forma radical, a fragilidade do direito frente à política – e os eventos que envolvem todo o dilema das duas guerras do século XX apontavam para isso – e nesta fragilidade mesma procurar um sentido para o direito, já de um modo diferente da ingenuidade do positivismo que acreditava que simples procedimentos lógico-formais poderiam garantir a especificidade do jurídico. Dito de outro modo: "o problema deixava de ser apenas o da *legitimidade* (legitimidade política) da criação-constituição do direito, do direito-lei (...), para ser o problema do *fundamento-validade* constitutiva do direito enquanto direito".[45] Isso tudo implica na afirmação de um direito (*ius*) distinto da lei (*lex*), ou seja, de um direito que se forma a partir de elementos normativos constitutivos diferentes da *lei*, o que é radicalmente novo desde a formação do direito moderno. Nesse sentido, a afirmação dos conceitos de "direitos fundamentais", das chamadas "cláusulas gerais", dos "enunciados abertos" e, evidentemente, dos "princípios". Todos estes elementos – que como dissemos passam a ser *constitutivos da normatividade* – são reconhecidos independentemente da lei ou apesar dela.

O que une todos estes elementos numa unidade é a oposição a qualquer normativismo abstrato, em favor de uma espécie de *jurisprudencialismo* – sem perder a distância temporal necessária entre a constituição jurídica do caso concreto – a intencionar uma validade jurídica que culmina na prática judicativa que, em concreto, assume e, problematicamente, reconstrói aquela validade. O primado teórico que a matematicidade do direito racionalista forjou acabava por direcionar a manifestação da experiência jurídica para o conhecimento da legislação e a supressão de suas lacunas e incoerências. A proximidade entre direito e legislação tornava artificial a autonomia positivista do direito frente à política; uma autonomia que só se justificava abstratamente, no nível exclusivamente "teórico", mas tornava confusa qualquer distinção no âmbito da "prática" concreta. Essa quase-identidade com o político que existe no âmbito da legislação parece se espraiar quando o juízo decisório ou a própria jurisdição é colocada como matriz do direito e de sua autonomia. Mas isso reivindica uma mudança radical na perspectiva teórica até então dominante, uma vez que, a radicalização desta perspectiva jurisprudencialista (Castanheira Neves), passa a reivindicar a discussão dos problemas jurídicos ao invés de simplesmente descrevê-los, como acontece de forma radical em Ronald Dworkin.

Dessa maneira, os debates teóricos e os problemas jurídicos passam a reivindicar o estatuto da "prática" e a atividade jurisdicional assume

---

[45] CASTANHEIRA NEVES, Antônio. *A crise actual da filosofia do direito no contexto global da crise da filosofia.* Op. cit.

um lugar proeminente nesta questão. Esta questão aparece com nitidez nos movimentos que levaram à consolidação da chamada *jurisprudência dos valores* que surge na Alemanha em virtude da atuação do Tribunal Constitucional Federal Alemão nos anos que sucederam a promulgação da Lei Fundamental (outorgada pelos aliados). Por certo, os argumentos axiológicos do Tribunal representavam a estratégia de legitimação da Lei Fundamental perante a sociedade alemã. Ao mesmo tempo, era preciso afirmar, num contexto internacional mais amplo, o total rompimento com o modelo jurídico-político vigente ao tempo do nazismo. Desse modo, algumas questões são significativas para compreender o ambiente da jurisprudência dos valores, sua contribuição para esse modelo *jurisprudencialista* de teoria do direito e, evidentemente, *como começa a ser construído, no continente, o significado pragmático-problemático do conceito de princípio.*

Em inúmeras ocasiões o Tribunal Constitucional teve que se pronunciar sobre conflitos envolvendo casos concretos ocorridos ainda sob a égide do direito nazista. Pela tradição, este é um típico caso resolvido pela aplicação do adágio latino *tempus regit actum*. Contudo, isso significaria dar vigência às leis nazistas em pleno restabelecimento da democracia e fundação de um novo Estado. De se ressaltar também que a boa imagem internacional da Alemanha – recém saída de uma guerra e extremamente endividada pelas indenizações de guerra e empréstimos para reconstrução do país – passava pela afirmação de uma ruptura total com o regime anterior. Mas isso implicava uma tomada de decisão *extra legem* e, em última análise, até *contra legem*. Desse modo, para legitimar suas decisões e, ao mesmo tempo, não reafirmar as leis nazistas, o Tribunal passou a construir argumentos fundados em *princípios axiológicos-materiais*, que remetiam para fatores *extra legem* de justificação da fundamentação de suas decisões. Afirmava-se, portanto, um *direito* distinto da *lei*. Mas não bastava isso, era preciso criar instrumentos que permitissem justificar, normativamente, tais decisões. Assim é que começam a aparecer, nas decisões do Tribunal, argumentos que remetiam à "clausulas gerais", "enunciados abertos" e, obviamente, "princípios".[46]

---

[46] Autores como José Lamego se referem a esse contexto histórico como o período da "perda das certezas do pensamento jurídico", em explícita referência à crise das certezas matemáticas das concepções até então vigentes (cf. LAMEGO, José. *Hermenêutica e Jurisprudência. Análise de uma Recepção*. Lisboa: Fragmentos, 1990, p. 80 e segs.). A despeito disso, existem trabalhos que pretendem compatibilizar esse aspecto valorativo e problemático introduzido pela chamada *jurisprudência dos valores* numa estrutura de coerência e dedutibilidade inerente à idéia de sistema. Esse é o caso de Canaris que, apoiado numa visão da evolução metodológica no domínio do direito privado alemão, procura definir o sistema jurídico como uma "ordem axiológico-teleológica de princípios jurídicos gerais". Desse modo, professa a idéia do direito como um "sistema aberto" tal como ele é entendido nos quadros da *jurisprudência dos valores*, em contraposição ao sistema fechado e estático postulado pelo pensamento conceitual-sistemático que se ancorava nos pressupostos

Assim, também a filosofia do direito alemã passou a construir "fundamentações filosóficas" para a atividade do tribunal que já começava a ser classificada como *relativismo interpretativo-decisório*, o que apresentava um grande risco para o regime democrático que se estabelecia. Num primeiro momento, se dá uma retomada ou se opera uma tentativa de restauração do jusnaturalismo – que não se revestia de características cosmológicas, teológicas ou racionalistas, mas se fundava numa espécie de *ontologia dos valores* (Max Scheler e Nicolai Hartmann), ou numa *filosofia transcendental dos valores* ao modo do neokantismo de Baden (Gustav Radbruch). De uma maneira geral, este pensamento – que repercutia incisivamente na jurisprudência alemã – afirmava um suprapositivo conteúdo axiológico ou ético-material enquanto fundamento constitutivo do direito. Isto é, um direito natural fundado na essência objetiva dos valores; um direito natural dos valores ou axiológico.[47]

Um segundo momento da chamada *jurisprudência dos valores* pode ser determinado a partir da construção de mecanismos que pretendem justificar, a partir de *procedimentos*, o não relativismo dos valores e, conseqüentemente, o caráter minimamente discricional da atividade judicativa do Tribunal. Neste momento começa a tomar forma um elemento decisivo para o significado do conceito de princípio no âmbito da teoria do direito: a *ponderação*. A ponderação será o elemento capilar da teoria dos direitos fundamentais e do conceito de princípio com o qual irá operar Robert Alexy, profundo defensor da jurisprudência dos valores. Apesar de declarado partidário da valoração, Alexy crítica em alguns aspectos o modo como a ponderação foi utilizada pelo Tribunal Constitucional, e passa a criar uma estrutura procedimental (baseado no discurso racional prático) para a ponderação com o intuito de coibir os erros cometidos pela jurisprudência dos valores. Mas já no ponto de

---

filosóficos do modelo axiomático-dedutivista jusracionalista descrito no item 1.1.1. (Cf. CANARIS, Claus-Wilhelm. Op. cit..) Todavia, a construção epistemológica de Canaris continua professando, basicamente, a mesma estrutura de pensamento que sustenta as considerações do racionalismo moderno, apenas introduzindo o elemento axiológico no seio de seu conceito de sistema. Como foi mencionado anteriormente, o direito não se liberta de um modelo matemático de pensamento simplesmente por substituir a dedução por qualquer outro tipo de procedimento metodológico. A "matematicidade" do pensamento jurídico se manifesta de uma maneira muito mais essencial do que pela simples via do método. No caso de Canaris, isso fica claro a partir da separação entre conhecimento e ação e sua caracterização da ciência do direito como o âmbito em que se trata do correto entendimento e não do agir correto. Portanto, essa estratégia utilizada por Canaris não consegue dar conta dos verdadeiros problemas que estão por trás da "crise das certezas jurídicas" que, necessariamente, deve passar por uma revisão da idéia de fundamento que sustenta o pensamento jurídico contemporâneo.

[47] Neste sentido Cf. LARENZ, Karl. *Metodologia da Ciência do Direito*. Tradução de José Lamego. 3 ed. Lisboa: Calouste Gulbenkian, 1997, em especial p. 163-182; KAUFMANN, Arthur. Op. cit., p. 124-126; CASTANHEIRA NEVES, Antonio. *A crise actual da filosofia do direito no contexto da crise global da filosofia. Op. cit.*, p. 37-42.

partida, Alexy deixa claro que o elemento discricionário no ato de julgar é inevitável. Isso fica evidente em seu conceito de princípios como *mandados de otimização*. Ou seja, os princípios funcionam como cláusulas de abertura para o julgador no momento da decisão. Para sua teoria da argumentação, as regras não produzem qualquer tipo de discricionariedade, pois continuam a operar a partir do modelo da subsunção. Já os princípios, devido ao seu largo espectro de aplicação, merecem outro tipo de procedimento metodológico-aplicativo. Isto porque, no mais das vezes, os princípios colidem no momento de sua aplicação. Para resolver este conflito, Alexy estrutura um método alternativo à subsunção (inadequada para os princípios), que é a ponderação.

Há que se considerar, ainda, que no âmbito da *common law*, tradicionalmente, o juiz não formula questões abstratas sobre as fontes ou sobre o método jurídico. Portanto, também o conceito anglo-saxão (ou anglo-americano) de *principles* fica isento de toda carga axiomática da qual está revestido na tradição continental dos *princípios gerais do Direito*, que atende, em última análise, à excessiva necessidade da *civil law* de codificar as regras positivas. Esser procura atentar para isso a partir da distinção de dois modelos de sistema: 1) um *aberto*, cujo protótipo moderno é o método do direito inglês e angloamericano; 2) um *sistema fechado*, que se manifesta no modelo jurídico da codificação. Desse modo, dois conceitos distintos de princípios serão produzidos: no *sistema fechado* os princípios terão as características axiomático-dedutivistas que já aludimos anteriormente; enquanto que no *sistema aberto*, os princípios são critérios pragmáticos que renunciam a uma conexão dedutiva, assumindo um modo de ser retórico muito mais evidente do que na tradição continental.[48]

Desse modo, abre-se um espaço um pouco mais adequado para compreensão das teses defendidas por Ronald Dworkin contra as teses do positivismo de Herbert Hart. Essa concepção de princípios como critérios pragmáticos destinados a solucionar os problemas do caso a ser julgado acaba levando a construção de uma discricionariedade judicial inevitável. Na teoria dworkiana, os princípios assumem exatamente um

---

[48] São importantes neste sentido o que assevera Esser: "El precepto moderno del sistema continetal ha de ser 'aplicable', es decir, precisado en su alcance y modo de operación por medio de criterios que un cuerpo de funcionarios ha de establecer, en forma comprobable, como dados o no dados. Ya aquí aparece la distancia que separa el concepto continental de 'norma' del angloamericano de *rule*: en ésta el juez no es un funcionario a los efectos de una acción burocráticamente organizada. En la terminología de Max Weber, tendría las notas de una forma de soberanía tradicional, no las de una forma burocrática. Esto basta para explicar la razón de que para el pensamiento jurídico continental la diferencia entre principio y norma mucho mayor que, para la concepción del *common law*, la distancia entre *principle* y *rule*" (ESSER, Josef. Op. cit., p. 66).

caráter anti-discricional e estão na base de sua concepção da *resposta correta*.

Isso tudo, será analisado pormenorizadamente mais adiante. Aqui cabe perceber uma coisa: a atenção se desloca – tal qual diz Esser – do elemento abstrato-sistemático para a atividade concreta do juiz que, no contexto da jurisprudência dos valores, deixa de ter o caráter de uma simples atividade de dedução de conceitos – parte da estrutura sistemática da ordem jurídica – e passa a ser colocada na necessidade de justificação judicial diante da providência e comprobabilidade dos critérios supra-legais de valoração que surgem como elementos constitutivos da normatividade jurídica. Dessa forma, os juízes são colocados perante tarefas de indagação de métodos racionais de conhecimento de valores, a partir da problemática oferecida pelo caso que será julgado, abrindo espaço para a chamada *discricionariedade judicial*. Essa nova tarefa coloca o direito, de certa forma, diante de si mesmo, pelo menos no que atina à revisão de alguns de seus conceitos fundamentais, o de *princípio* e de *fundamentação* são apenas alguns deles. Isso, por si só, começa a demonstrar o esgotamento do modo tradicional de se olhar para o direito. Esta crise advém do fato de que, diante de tais movimentos, não é mais possível justificar as atividades jurisdicionais com base nos tradicionais esquemas de pensamento das teorias jurídicas do passado. Estes esquemas, por sua vez, se ligam às estruturas que sofrem os reflexos dos problemas filosóficos fundamentais que percorrem toda a metafísica e desemboca avassaladoramente na crise dos anos 20. A questão do conceito de princípio, portanto, deve aparecer neste nível.

Do conceito de princípio pragmático-problemático podemos dizer, com o auxílio de Castanheira Neves, que "se distinguem decisivamente dos 'princípios gerais do direito' que o positivismo normativista-sistemático via como axiomas jurídico-racionais do seu sistema jurídico, pois são agora princípios normativamente materiais fundamentantes da própria juridicidade, expressões normativas de 'o direito' em que o sistema jurídico cobra o seu sentido e não apenas a sua racionalidade".[49]

A partir da determinação destes três significados do conceito de princípio no direito que podem ser projetados pelos sentidos produzidos pela tradição jurídica conseguimos estabelecer, com maior clareza, do que estamos falando e aquilo que queremos dizer. É importante ter presente, como já foi ressaltado, que a explicitação destes significados não significa uma espécie de evolução histórica linear do conceito de princípio no direito. Tal explicitação é importante para nossa investiga-

---

[49] CASTANHEIRA NEVES, Antonio. *A crise actual da filosofia do direito no contexto da crise global da filosofia*. Op. cit., p. 108.

ção, na medida em que nos permite determinar o âmbito em que ela está inserida, qual seja, o dos princípios jurídicos em seu significado pragmático ou problemático. Mas isso não pode significar que os demais significados tenham sido excluídos do pensamento jurídico contemporâneo. Pelo contrário, em grande medida, os trabalhos produzidos sobre princípios jurídicos continuam a repeti-los, ou então, não estabelecem claramente em que significado estão se movimentando quando falam do conceito princípios. Ou seja, exploram o conceito tendo como pressuposto o seu significado. É comum, por isso, a interpenetração destes significados e a conseqüente indeterminação conceitual.

1.2. Delimitação da temática da investigação e a importância do conceito de princípio em nosso contexto político-social atual

Em um livro que reúne vários trabalhos publicados em anuários e revistas especializadas, Dworkin apresenta, em cinco seções diferentes, como, no direito, estamos diante de uma questão de princípio.[50] Nessa perspectiva, ele analisa os problemas envolvendo a tensão entre política e direito; discorre sobre o direito como prática interpretativa, onde desenvolve melhor sua tese da (única) resposta correta; aborda as discordâncias e polêmicas em torno da chamada discriminação positiva no âmbito da sociedade estado-unidense; e trata, também, das questões envolvendo o liberalismo e a leitura econômica do direito. O fio condutor de todas estas reflexões é a questão envolvendo os princípios jurídicos. Mas, se Dworkin tematiza todos estes espaços discursivos do direito e diz que neles há uma questão de princípios, nesta investigação procuramos colocar os princípios em questão. Portanto, ultrapassamos *uma questão de princípio*, para colocar os *princípio em questão*. Isso não pode significar uma refutação *ab initio* das teses dworkianas, muito menos expressa uma espécie de desacordo entre Dworkin e as projeções que serão articuladas nesta pesquisa. Apenas aponta para *níveis* distintos de abordagem: Nossa pergunta tem a tarefa de problematizar o tratamento dado pelo direito ao conceito de princípio, procurando encontrar, através da fenomenologia hermenêutica, novas possibilidades de colocação dos problemas levantados por Dworkin e Alexy, basicamente, ao passo que em Dworkin há uma pretensão de resolver problemas da democracia, da interpretação do direito etc. Ou seja, *uma questão de princípio* em

---

[50] Cf. DWORKIN, Ronald. *Uma Questão de Princípio*. Tradução de Luis Carlos Borges. 2. ed. São Paulo: Martins Fontes, 2005.

Dworkin se manifesta como uma afirmação; no nosso trabalho, a afirmação manifesta que os princípios precisam ser colocados em questão.

Desse modo, ficam excluídos do eixo temático da investigação problemas que podem ser chamados de *micro-estruturais*, que envolvem questões institucionais da democracia, ou a relação entre política e direito; e questões de cunho mais sociológico em que se discute se estamos vivendo uma judicialização da política ou uma politização da justiça. Na verdade, a investigação toca nestas questões, mas não de maneira direta. Isso porque, nela exploramos uma dimensão que é *macro-estrutural* e que possibilita a constituição de todos estes projetos teóricos mencionados. Portanto, ela se movimenta numa dimensão na qual o que está em jogo é a estrutura do pensamento e aquilo que, nestas estruturas, permanece recrudescido por alguma sedimentação da linguagem que congela os significados, impedindo a manifestação de novas possibilidades para se olhar a questão dos princípios no direito. Isso não implica dizer que desconsideramos os problemas que estas questões "micro-estruturais" apresentam ou que reduzimos sua importância. Pelo contrário, é exatamente por que são importantes tais problemas, que o conceito de princípio precisa ser colocado em questão, para saber ao menos até que ponto e mesmo *se* ele nos oferece soluções para tais problemas. Diante disso, neste tópico pretendemos traçar um esboço bastante genérico destes problemas, procurando enfatizar neles os níveis em que a questão dos princípios deve aparecer, de alguma maneira, como um modo para se apresentar uma possível solução.

É preciso ter claro, contudo, que, no caso da questão do conceito de princípio – principalmente naquele seu terceiro significado – o que se coloca como ponto de estofo de todo o problema é certamente a questão da decisão judicial e da necessidade de se criar anteparos para a atividade do juiz, para que seja coibida ao máximo a chamada *discricionariedade judicial*. Isso, por si só, já é um argumento de democracia, pois a discricionariedade implica poderes normativo-regulatórios para o juiz, o que traz consigo toda questão envolvendo a legitimidade da judicatura. Uma vez que a questão envolvendo o conceito de princípio sempre aparece como uma tentativa de minorar os efeitos desta discricionariedade, não há como desconsiderarmos o contexto político-social no qual nosso objeto temático está imerso. Há, portanto, uma íntima relação entre *princípios* e *discricionariedade* e nossa tarefa somente será concluída com êxito se soubermos nos colocar corretamente no âmbito desta relação.

A questão envolvendo a decisão judicial, o conceito de princípio e o problema da *discricionariedade do juiz* aparecem de forma agigantada neste novo modelo de direito que se assume a partir do segundo pós-guerra, mencionado rapidamente quando exploramos o terceiro significado do conceito de princípio. A partir do caráter proeminente assumido pela jurisdição que se construiu, basicamente, a partir da chamada jurisprudência dos valores, há uma série de fatores jurídicos, políticos e sociológicos que podem ser considerados como possíveis "causas" para que esse protagonismo judicial fosse e continue sendo afirmado. Em cada uma delas o conceito de princípio pode ser articulado, de alguma maneira, como aquilo que apresentaria limites ou abertura para o juiz. Passaremos então a uma rápida análise destes fatores tendo presente que, ao mesmo tempo em que essa contextualização fará com que nosso tema apareça mais claramente, a incorporação de tais dados permitirá definir melhor – pela via negativa – aquilo que pretendemos atingir com nossa pesquisa.

Podemos colocar pelo menos três dimensões em que o problema do protagonismo judicial e, conseqüentemente, da discricionariedade judicial e do conceito de princípio são postos como questões: 1) o forte conteúdo dirigente das constituições do pós-guerra; 2) a inflação legislativa; 3) a crise da legalidade (e da constitucionalidade).

1.2.1. O constitucionalismo do segundo pós-guerra e o aumento da dimensão hermenêutica do direito (Streck)

O primeiro ponto destacado nos remete à ampliação dos textos constitucionais e à radicalização do dirigismo constitucional com as Constituições da Alemanha (1949); da Itália (1948); da Espanha (1972); de Portugal (1976); e, posteriormente, a do Brasil (1988). Importa perceber que esse movimento acarretou um aumento nos níveis das demandas sociais no direito, alterando significativamente a delicada relação entre política e direito. Com isso, questões que antes eram resolvidas no âmbito das decisões políticas, passam a ser passíveis de intervenção judicial, através dos mecanismos de controle da constitucionalidade realizados pela jurisdição constitucional.[51] Isso tem conseqüências jurídicas

---

[51] Importante salientar que o termo *jurisdição constitucional* tem um sentido decisivo naqueles países que, adotando a fórmula de Tribunais Constitucionais *ad hoc*, possuem um órgão especializado para se pronunciar sobre questões envolvendo a constitucionalidade das leis e demais matérias determinadas pela própria constituição. Dessa maneira, se diferencia a *jurisdição ordinária* (comum) da *jurisdição constitucional*, que aparece como uma espécie de jurisdição especializada. No Brasil, essa significação perde sentido, na medida em que nos ordenamos por um sistema misto de controle da constitucionalidade no qual convivem o modelo difuso, baseado no *judicial review* americano e o modelo concentrado, de inspiração continental. Ademais, a despeito de o Supremo Tribunal Federal ter competência para julgar, de forma concentrada, a constitucionalidade das leis, tal qual um Tribunal Constitucional europeu, não se pode dizer que vivenciamos um modelo de jurisdição constitucional *stricto senso*. Cf. STRECK, Lenio Luiz. *Jurisdição Constitucional e Hermenêutica*. Op. cit.

em vários níveis. Apenas para citar alguns, mencionamos o problema do acesso à justiça; da efetivação dos direitos fundamentais sociais e da (im)possibilidade da força normativa dos direitos econômicos e sociais. No momento em que se realiza este deslocamento, há uma inevitável redução da esfera de discricionariedade do legislador (política) e um conseqüente aumento do papel de controle exercido pela jurisdição constitucional (direito).⁵² Como destaca Luis Prieto Sanchís, há um deslocamento da discricionariedade legislativa para a concretização fundamentada da autoridade judicial.⁵³

Essa transformação no âmbito da teoria constitucional é acompanhada por outra no interior da teoria do Estado, com a consagração do Estado Democrático de Direito. Dessa forma, Constituição dirigente e Estado Democrático de Direito devem ser apresentados como correlatos necessários, a partir de onde são colocados, de maneira decisiva e de modo mais radical, os elementos desestruturantes do positivismo jurídico (hegemônico até então). Isso se dá principalmente em virtude da reivindicação de uma postura de concretização da Constituição, a partir do estabelecimento de sua força normativa (Hesse), em detrimento da clássica metódica de aplicação da lei estritamente considerada.⁵⁴ Obviamente, tudo isso implica uma mudança da postura metodológica do

---

⁵² Esclarecendo melhor a questão da Constituição Dirigente e a diminuição da esfera de discricionariedade legislativa, Canotilho assevera: "Ao reagir contra arraigada idéia (mas inadmissível num Estado Democrático-Constitucional) da `liberdade´ do fim dos atos legislativos, a doutrina constitucional procurou, através de medidas (principio) jurídico-constitucionais – princípio do excesso, princípio da exigibilidade, princípio da proporcionalidade e princípio da adequação – alicerçar controlo jurídico-constitucional da liberdade de conformação do legislador e (mais concretamente no campo da Constituição dirigente) situar constitucionalmente o espaço de prognose legislativa" CANOTILHO, José Joaquim Gomes. *Constituição Dirigente e vinculação do legislador: contributo para a compreensão das normas constitucionais programáticas*. Coimbra: Coimbra Editora, 1982, p. 274.

⁵³ Cf. SANCHÍS, Luiz Prieto. *Justicia Constitucional y Derechos Fundamentales*. Madrid: Trotta, 2003, p. 115.

⁵⁴ Cf. STRECK, Lenio Luiz. A Hermenêutica Filosófica e as possibilidades de superação do positivismo pelo (neo)constitucionalismo. In: *Constituição, Sistemas Sociais e Hermenêutica*: Anuário do programa de Pós-Graduação em Direito da UNISINOS. Leonel Severo Rocha e Lenio Luiz Streck (orgs.). Porto Alegre: Livraria do Advogado, 2005, p.153-183. Como assevera o autor: "A plenipotência da lei – como fonte e pressuposto do sistema – cede lugar aos textos constitucionais que darão guarida às promessas da modernidade contidas no modelo do Estado Democrático (e social) de Direito". Ainda nesse sentido, Luigi Ferrajoli preleciona: "En efecto, en el Estado constitucional de Derecho la Constitución no sólo disciplina las formas de producción legislativa sino que impone también a ésta prohibiciones y obligaciones de contenido, correlativas unas a los derechos de libertad y las otras a los derechos sociales, cuya violación genera antinomias o lagunas que la ciencia jurídica tiene el deber de constatar para que sean eliminadas o corregidas" FERRAJOLI, Luigi. Passado Y Futuro del Estado de Derecho. In. *Neoconstitucionalismo(s)*. Miguel Carbonell (org.). 2. ed. Madrid: Trotta, 2005, p. 18.

direito e apresenta novas tarefas ao Poder Judiciário[55] (jurisdição constitucional), principalmente no âmbito da fundamentação das decisões. Como preleciona Canotilho: "o Direito do Estado de direito do século XIX e da primeira metade do Século XX é *o direito das regras dos códigos*; o Direito do Estado constitucional e democrático de direito *leva a sério os princípios*. O tomar a sério os princípios implica uma mudança profunda na *metódica de concretização do direito* e, por conseguinte, na atividade jurisdicional dos juízes".[56]

Mas, ao mesmo tempo, esse caráter incisivo da figura do juiz que passará a intervir, no limite entre política e direito, nas questões envolvendo o acesso à justiça e nas questões envolvendo a concretização dos direitos fundamentais, deixa sempre a possibilidade de que sua decisão não possa ser controlada pelos meios democráticos de legitimação, o que levaria a possíveis arbitrariedades judiciais. Desse modo, todas as atenções da metodologia jurídica se voltam para o problema da fundamentação das decisões judiciais e para apresentação de mecanismos aptos a coibir discricionariedades. Assim, são apresentados vários novos significados para o conceito de princípio, que será o elemento decisivo para se tentar evitar qualquer tipo de escolha discricionária por parte do juiz. Neste trabalho procuraremos tematizar como se constroem os significados dos conceitos de princípio de Ronald Dworkin e Robert Alexy, no contexto da discricionariedade e da fundamentação das decisões judiciais.

Isto tudo, de um modo geral, é o que determina aquilo que Lenio Streck chama de "aumento da dimensão hermenêutica do direito".[57]

No Brasil, toda essa situação se torna ainda mais complexa, na medida em que, apesar de nosso ordenamento incorporar o modelo do Estado Social desde a Constituição de 1934, nunca foram sentidos seus efeitos. Isso torna muito mais freqüentes as demandas da sociedade, adquirindo uma especial complexidade devido à disparidade e exclusão social sabidamente cultivadas no seio de nossa sociedade. Tudo isso au-

---

[55] Nesse sentido, assevera Ferrajoli: "se altera el papel de la jurisdicción, que es aplicar la ley sólo si es constitucionalmente válida, y cuya interpretación y aplicación son siempre, por esto, también, un juicio sobre la ley misma que el juez tiene el deber de censurar como inválida mediante la denuncia de su inconstitucionalidad, cuando no sea posible interpretarla en sentido constitucional. De aquí se deriva, tanto para la cultura jurídica como para la jurisdicción, una dimensión pragmática y una responsabilidad cívica, desconocidas para la razón jurídica propia del viejo iuspositivismo formalista: el señalamiento de las antinomias y las lagunas, y la promoción de su superación por medio de las garantías existentes, o la proyección de las garantías que falten" FERRAJOLI, Luigi. Op. cit., p. 19.

[56] Cf. CANOTILHO, J.J. Gomes. A principialização da jurisprudência através da Constituição. In: *Revista de Processo* n° 98. São Paulo: Revista dos Tribunais, 2000, p. 83-89.

[57] Cf. STRECK, Lenio Luiz. *Verdade e Consenso*. Op. cit.

menta ainda mais a canalização constitucional do Judiciário como pólo para onde confluem todas estas questões político-sociais.

Como anota José Ribas Vieira,[58] no Brasil a modernidade é *tardia e arcaica*. O que houve foi um simulacro de modernidade, e conseqüentemente, de Estado social. Na realidade, há que se asseverar que em terras brasileiras, até mesmo os postulados da mera legalidade formal-burguesa nunca foram fielmente cumpridos.[59]

Em verdade, há no Brasil uma tendência herdada desde os tempos do império de "encobrir" o sentido real da Constituição,[60] resignando-a

---

[58] Cf. VIEIRA, José Ribas. *Teoria do Estado*. Rio de Janeiro: Lumen Juris, 1995.

[59] Nessa ordem de idéias, Sergio Buarque de Holanda assevera: "Trouxemos de terras estranhas um sistema complexo e acabado de preceitos, sem saber até que ponto se ajustava às condições da vida brasileira e sem cogitar das mudanças que tais condições lhe imporiam (...). A democracia no Brasil foi sempre um lamentável mal entendido. Uma aristocracia rural e semifeudal importou-a e tratou de acomodá-la, onde fôsse possível, aos seus direitos ou privilégios, os mesmos privilégios que tinham sido, no Velho Mundo, o alvo das lutas da burguesia contra os aristocratas. E assim puderam incorporar à situação tradicional, ao menos como fachada ou decoração externa, alguns lemas que pareciam adequados para a época e eram exaltados nos livros e discursos" (HOLANDA, Sérgio Buarque de. *Raízes do Brasil*. 4 ed. Brasília: UNB Editora, 1963, p. 153).

[60] Um exemplo desta constatação é trazido por Bonavides e Paes de Andrade, que, em comento à Constituição de 1824 asseveram: "Ali o Absolutismo, por disposição voluntária ou involuntária do primeiro Imperador, deixara estabelecidas sem limites de suas prerrogativas sem limites mediante a singular criação do *Poder Moderador, instituído de forma que contrafazia os princípios de contenção de poderes da concepção de Constant e Montesquieu*" (grifamos) (cf. BONAVIDES, Paulo. ANDRADE, Paes de. *História Constitucional do Brasil*. 5 ed. Brasília: OAB editora, 2004, p. 257). Desta forma, pode-se concluir que, em território brasileiro, existe uma tradição histórica de "simular" o reconhecimento pleno dos Direitos Fundamentais. Com efeito, o exemplo descrito acima, marca o início de uma história constitucional em que os direitos sempre foram relegados a um plano secundário, sempre submetidos à vontade daqueles que detêm o poder central. Em um breve inventário é possível mencionar: a adoção de um mecanismo de controle da constitucionalidade incompatível com o sistema jurídico brasileiro (controle difuso com ausência de *stare decisis*) pela Constituição de 1891, manipulado por uma Corte Constitucional de nítidas feições imperiais, como relata Lenio Streck (STRECK, Lenio Luiz. *Jurisdição Constitucional e Hermenêutica*. Op. cit., p.415 e segs.); a consagração dos Direitos sociais pela Constituição de 1934, em pleno Estado Novo; a representação de inconstitucionalidade – embrião da atual ação direita de inconstitucionalidade – que aparece em 1965, em pleno regime militar e que possuía como único legitimado o Procurador Geral da República! Esses fatos representam apenas as linhas gerais dos motivos ensejadores da baixa densidade normativa que pode ser verificada nos textos constitucionais brasileiros, que acarretaram, no mais das vezes, a suspensão indeterminada da efetiva outorga dos Direitos Fundamentais de primeira, segunda e agora também os de terceira dimensão. Neste contexto, agravando ainda mais a situação apresentada, esses primeiros dezesseis anos da Constituição de 1988 foram marcados por sucessivas emendas que "retalharam" o texto original, além das edições inconseqüentes de medidas provisórias, em regime explicitamente inconstitucional, mas que eram (são) passivamente confirmadas pelo Poder Judiciário. Esta realidade foi veementemente criticada por Fábio Comparato que, em artigo publicado no jornal Folha de São Paulo (14.05.98, p. 1-3) destacou: "Não sejamos ridículos. A Constituição de 1988 não está mais em vigor. É pura perda de tempo discutir se a conjunção 'e' significa 'ou', se o 'caput' de um artigo dita o sentido do parágrafo ou se o inciso tem precedência sobre a alínea. A Constituição é hoje o que a Presidência (da República) quer que ela seja, sabendo-se que todas as vontades do Planalto são confirmadas pelo Judiciário". (COMPARATO, Fábio Konder. Uma Morte Espiritual. *Folha de são Paulo*, 14.05.1998, caderno 1, p.3).

a um papel secundário na esfera jurídica e que tende a tornar baixa a densidade normativa dos textos de nossas Constituições.[61] Esta "baixa constitucionalidade"[62] torna obscuro os sentidos estabelecidos pelos preceitos constitucionais e não permite o "acontecer" da Constituição, que, no mais das vezes, cede sua supremacia aos Códigos, como se ela (a Constituição) fosse uma "maligna influência" para o ordenamento jurídico. Deveras, não é raro encontrar nos repertórios jurisprudenciais de nossos Tribunais, decisões que, ao invés de interpretar o Código – ou a lei infraconstitucional – em face da Constituição, inexplicavelmente executam o inverso.[63]

Na contramão desta tradição inautêntica, o processo constituinte realizado entre os anos de 1986-1988, concebeu, como fruto de um acentuado debate ideológico, um texto constitucional denso em direitos de características incisivamente sociais, com feições dirigentes e compromissárias inspiradas nos moldes do *neoconstitucionalismo*, erigido no segundo pós-guerra.

Na medida do chamado *neoconstitucionalismo*, o modelo de Estado, cunhado para instrumentalizar e dar eficácia ao conteúdo dirigente

---

[61] Cf. BONAVIDES, Paulo. ANDRADE, Paes de. *História Constitucional do Brasil*. Op. cit., p. 32 e segs.

[62] Esta a expressão cunhada por Lenio Streck para significar os pré-juízos que povoam a mente da maioria dos juristas, calcados em uma história que tem relegado o Direito Constitucional a um plano secundário. "Hermeneuticamente, esta 'baixa constitucionalidade' *estabelece o limite do sentido e o sentido do limite de o jurista dizer o Direito*, impedindo, conseqüentemente, a manifestação do ser (do Direito). Um dos fatores que colabo(ra)ram para a pouca importância que se dá à Constituição deve-se ao fato de que as Constituições brasileiras, até o advento da atual, sempre haviam deixado ao legislador a tarefa de fazer efetivos os valores, direitos ou objetivos materiais contidos no texto constitucional, que, com isso, se transformava, porque assim era entendida, em mero programa, uma mera lista de propósitos" (grifos do original). STRECK, Lenio Luiz. *Jurisdição Constitucional e Hermenêutica*. Op. cit., p. 215 e segs.

[63] É possível aduzir exemplos significativos e preocupantes da realidade descrita. Em sede de processo penal é fácil perceber que, mesmo depois da adoção do sistema acusatório pela CF/88, ainda se pode verificar a aplicação pacífica de institutos tipicamente inquisitórios como a *mutatio libeli* e a *emendatio libeli* após 16 anos da promulgação da Constituição. Ainda em sede de Direito Penal, recentemente, no ano de 2003, foi preciso implementar uma alteração no Código de Processo Penal para garantir a presença de advogado no interrogatório do réu, que já era previsto pelo texto constitucional, porém sem que fosse aplicado pela *práxis* forense. Sem falar da desproporcionalidade absurda das penas previstas na parte especial de nosso retrógrado Código Penal, em que remarcar ou adulterar sinal identificador de veículo é apenado com mais rigor do que nos casos de lesão corporal gravíssima, em que se arranca um dos olhos de uma pessoa, por exemplo. Salienta-se, ainda, que, no plano acadêmico, a maioria dos manuais de Direito Penal fornecem uma amostra quanto à ausência de uma adequada filtragem hermenêutico-constitucional na aplicação do Direito no Brasil. Não há maiores referências de que determinadas infrações penais não foram recepcionadas pela Constituição e ainda, tais manuais não trazem em seu bojo o cultivo teórico da *interpretação conforme a Constituição* e da *declaração de nulidade parcial sem redução de texto*, que são institutos indispensáveis para uma adaptação do nosso obsoleto Código ao novo Texto Magno (Cf. STRECK, Lenio Luiz. *Jurisdição Constitucional e Hermenêutica*, em especial o Capítulo II).

destas Constituições é o Estado Democrático de Direito (incorporado ao nosso ordenamento pelo artigo 1º, *caput*, da CF/88), que representa verdadeira revolução paradigmática no campo da efetivação dos preceitos constitucionais – principalmente os direitos fundamentais – pela via do Judiciário (Jurisdição Constitucional).

De fato, no interior do Estado Democrático de Direito, há uma síntese dos modelos anteriores – Estado liberal e Estado social – visando à superação das lacunas neles existentes, em que se busca a realização dos Direitos Fundamentais e a redução das diferenças sociais e regionais. Para tanto, o Judiciário (Jurisdição Constitucional) assume um papel de destaque na arena política, com vistas a implementar os objetivos emanados deste modelo de Estado. Vale dizer, o advento do paradigma do Estado Democrático de Direito representa uma valorização do jurídico, em que há um (re)deslocamento da esfera de tensão entre os Poderes, passando o Judiciário (Jurisdição Constitucional) a fazer parte da arena política.[64]

Dito de outro modo, se no paradigma do Estado liberal-absenteísta, o Direito apresentava uma característica meramente *ordenadora*, com a nítida finalidade de preservar o *status quo* e as condições ideais para o livre jogo das forças econômicas, com o advento do Estado social (*welfare state,* ou *Estado Providência*) o Direito passa a ser *promovedor*, no sentido de implementar os Direitos sociais através de políticas públicas realizadas pelo Poder Executivo.

É inconteste o avanço, no plano social, representado pelo advento do Estado providência. Contudo, é certo também que, com o fim da segunda guerra, havia ainda um lapso deficitário nos mecanismos disponibilizados por este modelo de Estado.

Com efeito, a radicalização do dirigismo constitucional, com a conseqüente proteção jurídica a uma vida digna, ao meio ambiente, aos direitos do consumidor; à constitucionalização da economia e da própria política, inseridos na idéia de *força normativa da Constituição,* escapa da malha oferecida pelo *welfare state.* Neste momento, há uma nova revolução paradigmática e um novo modelo de Estado toma forma. Trata-se do Estado Democrático de Direito, em que o Judiciário assume o papel de protagonista daquilo que Vianna denomina "esfera de tensão".

---

[64] De fato, com o Estado Democrático de Direito deve(ria) haver a inserção de um novo paradigma, em que o jurídico (Jurisdição Constitucional) assume o papel de protagonista da esfera de tensão entre os demais poderes, havendo verdadeira *jurisdicionalização da política*, com vistas a defender o desejo do pacto social expresso na Constituição. Daí que a maior parte das Constituições Européias prevê Tribunais *ad hoc* para exercer o controle da constitucionalidade das leis. Neste sentido: VIANNA, Luiz Wernek, et. Al. *A Jurisdicionalização da política e das relações sociais no Brasil.* Rio de Janeiro: Revan, 1999.

Assim, pode-se dizer que o Direito no Estado liberal é ordenador, no Estado social, promovedor, e no Estado Democrático de Direito lhe é agregado um *plus* normativo, passando a ter uma função *transformadora*. Como bem adverte Lenio Streck, apoiado em Elias Diaz, o conceito de Estado Democrático de Direito

> remete a um tipo de Estado em que se pretende precisamente a *transformação* em profundidade do modo de produção capitalista e sua substituição progressiva por uma *organização social de características flexivamente sociais, para dar passagem, por vias pacíficas e de liberdade formal e real, a uma sociedade onde se possam implantar superiores níveis reais de igualdades e liberdades* (...) o qualificativo "democrático" vai muito além de uma simples reduplicação das exigências e valores do Estado Social de Direito e *permite uma práxis política e uma atuação dos poderes públicos que, mantendo as exigências garantísticas e os direitos e liberdades fundamentais, sirva para uma modificação em profundidade da estrutura econômica e social* e uma mudança no atual sistema de produção e distribuição dos bens (grifamos).[65]

Nessa ordem de idéias, há que se notar a premente *função social do Estado e do Direito*, na órbita transformadora do Estado Democrático de Direito. Assim, com Canotilho e Vital Moreira, pode-se dizer que quando se fala em função social do Estado e do Direito, afirma-se que a Constituição, com a adoção do Estado Democrático de Direito, consagrou o princípio da democracia econômica, social e cultural, mediante os seguintes pressupostos deontológicos: *a)* constitui uma imposição constitucional dirigida aos órgãos de direção política da administração para que desenvolvam atividades econômicas conformadoras e transformadoras no domínio econômico, social e cultural, de modo a evoluir-se para uma sociedade democrática cada vez mais conforme os objetivos da democracia social; *b)* representa uma autorização constitucional para que o legislador e demais órgãos adotem medidas que visem alcançar, sob a ótica da justiça constitucional, as vestes de uma justiça social; *c)* implica a *proibição de retrocesso* social, cláusula implícita à principiologia do Estado Democrático de Direito e *d)* apresenta-se como instrumento de interpretação, obrigando todos os poderes constituídos a interpretarem as normas a partir dos comandos do princípio da democracia econômica, social e cultural.[66]

Note-se que, este papel intervencionista do Direito no interior do Estado Democrático de Direito, fazendo com que o Judiciário (Jurisdição Constitucional) assuma um papel de destaque no interior da "esfera

---

[65] DIAZ, Elias. *Estado de Derecho y Sociedad democrática*. Madrid, Tauros, 1983, *apud* STRECK, Lenio Luiz. *Hermenêutica Jurídica e(m) crise*. 5 ed. Porto Alegre: Livraria do Advogado, 2004, p. 39.

[66] Cf. CANOTILHO, José Joaquim Gomes; MOREIRA, Vital. *Fundamentos da Constituição*. Coimbra: Coimbra Editora, 1991, p. 87.

de tensão" entre os demais Poderes, carece de instrumentos que disponibilizem ao cidadão amplo acesso ao Judiciário para reivindicar os direitos garantidos pela Constituição.

Portanto, além da concretização dos Direitos fundamentais, e do equacionamento das disparidades sociais, o Estado Democrático de Direito também implica a ampliação do acesso à Justiça (Jurisdição Constitucional), para fazer valer seus princípios fundamentais.

E a Constituição de 1988 não foi omissa neste particular. Pelo contrário, o constituinte foi pródigo ao estabelecer mecanismos aptos a dar efetividade ao texto constitucional que acabara de nascer. Exemplos sobram, somente para citar alguns, a título ilustrativo, pode-se lembrar o *mandado de injunção* (art. 5º, LXXI), a *argüição de descumprimento de preceito fundamental* (art. 102, § 1º), a manutenção do *controle difuso* de constitucionalidade (art. 97), bem como a ampliação do rol de legitimados para a propositura da *ação direta de inconstitucionalidade* (art. 103).

Porém, é fácil de se constatar que, no Brasil, todos esses avanços permanecem imersos no sentido comum teórico, que domina a dogmática jurídica. Com efeito, basta lembrar o lamentável desfecho do mandado de injunção – instituto importantíssimo para dar efetividade aos preceitos constitucionais, principalmente no que tange aos Direitos fundamentais –, que foi transformado pelo STF em verdadeira ação de inconstitucionalidade por omissão subsidiária.[67]

---

[67] Também em relação à ação de inconstitucionalidade por omissão "propriamente dita", é possível notar que, em terras brasileiras, a dogmática jurídica (ainda) não conseguiu tornar útil tão relevante instrumento para dar efetividade ao texto constitucional, uma vez que é evidente a falta de uma adequada (pré)compreensão acerca do instituto – com Heidegger, podemos dizer que "o homem só compreende uma coisa, quando sabe o que fazer com ela". Cf. REALE, Giovanni. ANTISERI, Dario. *História da Filosofia*, vol. III, 5 ed., São Paulo: Paulus, 1991, p. 584. Com efeito, um dos maiores problemas enfrentados pelo governo brasileiro – senão o maior deles – é o da falta de recursos para implementar as políticas públicas necessárias para tornar mais inclusiva nossa sociedade. Porém, apesar de serem noticiados sucessivos crescimentos em nossa economia – com o conseqüente aumento de divisas – todo esse dinheiro deixa o país, através do pagamento dos altíssimos juros acumulados por nossa infindável dívida externa. Tal fato impossibilita que nossa população desfrute das benesses propiciadas pelo propalado "crescimento", continuando a ser massacrada nas filas dos hospitais; saboreando o fel de uma educação que já beira as piores do planeta; além dos crescentes problemas com a criminalidade etc.. Todos estes fatos parecem de notória evidência. Contudo, o que causa espanto é que o art. 26 do Ato das Disposições Constitucionais Transitórias, prevê/previa que após um ano da promulgação da Constituição – portanto em 1989 – deveria ter sido realizada uma auditoria do endividamento externo brasileiro para que se soubesse, exatamente, quanto pagamos de juros e o quanto conseguimos diminuir do principal. Pois bem, MAIS DE DEZENOVE ANOS APÓS A PROMULGAÇÃO DA CONSTITUIÇÃO, ainda não foi sequer instituída a comissão mista prevista pelo *caput* do referido dispositivo. A comunidade jurídica, por seu turno, aceita esta realidade passivamente, sendo que parece *evidente a caracterização de uma omissão inconstitucional passível de ser sanada pela via da ação de inconstitucionalidade por omissão (art. 103, § 2º da CF)*. Note-se que os benefícios trazidos pela implementação do retrocitado dispositivo são evidentes. De fato, basta volver os olhos para os exemplos da Europa do segundo pós-guerra – principalmente a Alemanha – que negociou suas dívidas de forma a conseguir amor-

Evidente que tais conquistas somente tomarão forma no momento em que o intérprete – que, como já dito, é responsável pela efetivação dos preceitos constitucionais no plano normativo – se der conta desta guinada representada pelo advento do Estado Democrático de Direito,[68] sendo imperioso ter em mente que, neste "novo" paradigma, *o Direito não pode continuar a ser entendido apenas como mera realidade instrumental!*

Diante disso, a questão envolvendo o conceito de princípio assume um papel privilegiado, posto que todo esse caráter transformador do Estado Democrático de Direito não pode representar uma abertura para discricionariedades judiciais ou ativismos desmedidos. Há sempre um limite e esse limite é dado pelo texto constitucional. Em outras palavras: o caráter analítico da Constituição de 1988 faz com que sejam deslocadas para o âmbito do poder judiciário questões antes relegadas à política. Isso, por si só, representa uma judicialização da política. Todavia, como ficará claro em nossa exposição, há um limite para a atividade jurisdicional e esse limite é dado pela principiologia da Constituição e pelo fato de que o judiciário deverá argumentar sempre com *princípios* e não com base em políticas. Isso tudo, por si só, é um motivo a mais para se colocar a pergunta pelo conceito de princípios, para compreender, com maior proficuidade, o seu significado diante desse quadro que se apresenta na contemporaneidade.

1.2.2. A inflação legislativa e o aparecimento das "leis-medida"

Mas esse caráter hermenêutico do direito provocado pelo dirigismo das Constituições do segundo pós-guerra destacado por Streck não deixa de comportar também o problema da inflação legislativa. Como a própria denominação sugere, inflação legislativa significa um aumento na atividade legiferante de todo aparelho burocrático estatal. Com efeito,

---

tizar os juros que pagava, sendo que em menos de sete anos já havia pagado as dívidas advindas da destruição proporcionada pela 2ª Guerra Mundial. Este fato, todavia, não causa a "angústia do estranhamento" (Streck) nos juristas (e cidadãos) brasileiros. Em razão disso, continuamos a pagar (sem saber ao certo) os altíssimos juros cobrados pelos rentistas, que desfrutam de nossas riquezas, enquanto parte de nossa população é assolada, ora pela fome, ora pela violência crescente que prolifera em nossas metrópoles, conseqüências diretas da concentração de renda e da segregação social historicamente praticada no Brasil, e que a evasão de nossas divisas só vem a contribuir para seu aumento. Anota-se que, recentemente, a Ordem dos Advogados do Brasil propôs Argüição de Descumprimento de Preceito Fundamental visando tornar efetivo o referido dispositivo. A referida ADPF ainda aguarda julgamento junto ao Supremo Tribunal Federal.

[68] Com Streck, é preciso advertir que "a eficácia das normas constitucionais exige um redimensionamento do papel do jurista e do Poder Judiciário (em especial da Justiça Constitucional) nesse complexo jogo de forças, na medida em que se coloca o seguinte paradoxo: *uma Constituição rica em direitos (individuais, coletivos e sociais) e uma prática jurídico-judiciária que, reiteradamente, (só)nega a aplicação de tais direitos*" (grifos do original). STRECK, Lenio Luiz. *Jurisdição Constituição e Hermenêutica*, op. cit., p. 15.

todas as esferas do direito e as tradicionais disciplinas jurídicas passam por um momento de profundas transformações devido ao acontecimento de radicais mudanças em seus conteúdos estritamente legislativos. Aquilo que – ao menos no âmbito dos países europeus – era amplamente discutido nos níveis políticos antes de ser incorporado como matéria legislativa, passa a ser rapidamente aprovado pelos congressos e parlamentos no intuito de remediar situações concretas e imediatas que apontam para a exaustão do sistema ou para sua insuficiência diante de uma determinada realidade.

No âmbito do direito penal e processual penal, por exemplo, fala-se em expansão das leis penais e no surgimento de um direito penal simbólico correlato. Isso porque, a insuficiência dos meios estatais para conter os problemas advindos da violência e da criminalidade são argumentos pressupostos para uma intensa atividade legislativa no sentido da construção de tipos penais voltados para proteção de bens jurídicos que escapam ao núcleo daqueles bens classicamente aparados pela tutela penal. Assim se segue um avanço de um processo criminalizador em relação a um grande número de condutas para cumprir apenas um efeito meramente "simbólico".[69]

Já no âmbito do direito processual civil, também assistimos – máxime no Brasil – a um crescimento, que vem tomando forma pelo menos desde 1994, de micro reformas realizadas sob o pretexto de atingir clinicamente os efeitos da crise processual que afeta o poder judiciário. Procedimentos mais céleres são criados, medidas antecipatórias do mérito são implementadas como que a contrabando no sistema do Código de 1973, entre outros fatores de igual ou maior importância. A última grande reforma, cujos efeitos ainda não foram efetivamente assimilados, unificou, num só procedimento, as ações de conhecimento e execução no âmbito civil (Cf. Lei nº 11.232, de 22 de dezembro de 2005).

De qualquer modo, não é nossa tarefa avaliar os acertos ou os erros deste tipo de política legislativa. Interessa-nos apontar para o acontecimento que faz com que a completude e sistematicidade (ou o ideal de completude e sistematicidade) que se encontravam expressas nos Códigos, passem a ceder lugar a um processo fragmentário de produção legislativa a partir da edição de leis pontuais que visam a remediar uma situação específica. Mesmo a Constituição não escapa desse processo de retalhação, e a cada ano se observa a realização de reformas via Emendas Constitucionais, sempre tendo como pano de fundo uma instabilidade institucional específica, cuja solução se encontra na reforma da

---

[69] Neste sentido Cf. MELIÁ, Manuel Cancio. De nuevo: "Derecho Penal" del enemigo? In: *Directo Penal em Tempos de Crise*. Lenio Luiz Streck (org.). Porto Alegre: Livraria do Advogado, 2007, p. 17-26.

Constituição.[70] Tais reformas se expandiram de tal maneira que acabaram por criar quase que um outro texto, paralelo àquele promulgado em 1988.[71] Mesmo no âmbito do direito privado o fenômeno da inflação legislativa é inexorável. O chamado "Novo Código Civil", promulgado em 2001, já sofreu até o corrente ano quatorze micro-reformas e outras tantas aguardam para entrar na pauta de votação da câmara dos deputados.

Mas não é apenas a atividade legislativa que contribui para o problema da inflação de leis. Embora tecnicamente o termo "lei" designe um documento emanado do Poder Legislativo, há outros setores estatais que produzem atos que, a despeito de não se revestirem da *forma da lei*, são dotados de *força de lei*. Obviamente, a Medida Provisória é o exemplo mais evidente deste tipo de atividade "legislativa". Em todo caso, é certo que o crescimento de expedientes normativos dos mais diversos tipos no âmbito da legislação e da administração pública coloca em cheque o vetusto princípio da legalidade. Trata-se de um fenômeno corrosivo para a tradição continental, visto que essa proliferação da atividade legiferante, excedendo inclusive os limites do Poder Legislativo,

---

[70] Para corroborar essa afirmação, basta recordar o problema do limite dos juros anuais, instituídos no art. 192, § 2°, da Constituição e que foi revogado pela Emenda Constitucional n° 40/2003, para que as taxas de juros pudessem ser flutuantes e reguladas de acordo com o mercado; O efeito vinculante das súmulas do Supremo Tribunal Federal, instituído pela Emenda Constitucional n° 45/2004 em seu art. 103-A, que contribui significativamente para a crise paradigmática enfrentada pelo direito brasileiro, entre outras tantas reformas, uma vez que o número de emendas Constitucionais já passa dos 50, em pouco mais de 19 anos de Constituição. (Quanto ao problema das Súmulas e sua repercussão na crise do direito brasileiro: Cf. STRECK, Lenio Luiz. A Hermenêutica Jurídica e o Efeito Vinculante da Jurisprudência no Brasil: o caso das súmulas. In: *Boletim da Faculdade de Direito da Universidade de Coimbra*. Separata vol LXXXII. Coimbra, 2006, p.213-237).

[71] No que tange especificamente à constante expansão legislativa sobre o texto constitucional, Paulo Bonavides assevera que estamos vivendo um novo período de crise constituinte em face do descrédito a que são submetidas a regras constitucionais tendo em vista a postura dos poderes da república. Este descrédito, que gera uma baixa densidade normativa do texto constitucional, propicia aos manipuladores do poder central a possibilidade de, à socapa das instituições democráticas, implementar um golpe de Estado que vive permeado de legitimidade, derrocando o País a uma situação de *neocolonialismo*, em que o colonizador é o capital estrangeiro (globalizador). No pontificado do mestre "o golpe de Estado institucional, ao contrário do golpe de Estado governamental, não remove governos mas regimes, não entende com pessoas mas com valores, não busca direitos mas privilégios, não invade poderes mas os domina por cooptação de seus titulares; tudo obra em discreto silêncio, na clandestinidade, e não ousa vir a público declarar suas intenções, que vão fluindo de *medidas provisórias, privatizações*, variações de política cambial, arrocho de salários, opressão tributária, *favorecimento escandaloso da casta de banqueiros*, desemprego, *desmoralização da classe média, minada desde as bases*, submissão passiva a organismos internacionais, desmantelamento de sindicatos, perseguição de servidores públicos, recessão, seguindo, assim, à risca, a *receita prescrita pelo neoliberalismo globalizador*, até a perda total de identidade nacional e a redução do País ao *status* de colônia, numa marcha sem retorno" (BONAVIDES, Paulo. *Do País Constitucional ao País Neocolonial*, a derrubada da Constituição e a recolonização pelo golpe de Estado institucional. 3 ed. São Paulo: Malheiros, 2004, p. 23.).

tornam deficientes os clássicos postulados sob os quais está assentado o sistema jurídico romano-germânico.

Em primeiro lugar, os *Códigos* – que no interior do projeto moderno deveriam revestir-se de uma completude sistemática – passam a perder a centralidade da regulação social, e o principal expediente regulatório se dá por meio de leis fragmentadas e setoriais, o que favorece, num âmbito político, o fortalecimento de grupos de pressão e de lobistas; por outro lado, o *caráter genérico e abstrato da legislação*, gradativamente, cede lugar às *leis-medida*, destinadas a remediar uma situação concreta específica,[72] no mais das vezes vinculadas a interesses particulares, tornando promíscua a relação entre o público e o privado. Desse modo, a lei acaba se tornando o lugar onde se realizam pequenas reformas, efetuadas como que a conta-gotas, que ventilam, no mais das vezes, interesses particulares de determinados setores da sociedade.[73]

No caso especificamente brasileiro – e a especificação é necessária, na medida em que a inflação legislativa é um fenômeno global – essa questão se torna bem mais complexa, visto que a maior parte da atividade estatal regulamentadora sai do gabinete da Presidência da República

---

[72] A expressão "leis-medida" é de Garcia Herrera Cf. GARCIA HERRERA, Miguel Angel. Poder Judicial y Estado social: Legalidad y Resistencia Constitucional. In: *Corrupción y Estado de Derecho – El papel de la jurisdicción*. Perfecto Andrés Ibáñez (Editor). Madrid: Trotta, 1996, p. 72 e segs. Garcia Herrera afirma ainda que: "la complejidad social y la proliferación de nuevas situaciones y necesidades provocan la obsolescencia de las técnicas jurídicas clásicas y el progresivo avance de la indeterminación y deslizamiento de la decisión. La renuncia a la definición es acompañada por el reconocimiento de la voluntad conformadora de las instancias administrativas, desarrollada en un marco de enunciados generales, principios y cláusulas generales".

[73] Isso causa efeitos drásticos nas estruturas complexas dos países periféricos, entre eles o Brasil. Neste sentido, Marcelo Neves denuncia um histórico bloqueio realizado por interesses particulares que impede a formação no Brasil de um espaço público de constitucionalidade e legalidade. Para este autor, o velho mito de que no Brasil o Estado é forte e a sociedade se encontra a mercê deste impiedoso Leviatã precisa ser desconstruído. Na verdade, há uma fragilidade do Estado perante as pressões de uma sociedade desestruturada que acaba por colonizá-lo. Cf. NEVES, Marcelo. *Entre Têmis e Leviatã: uma relação difícil*. São Paulo: Martins Fontes, 2006, p. 244 e segs. Ainda neste sentido BERCOVICI, Gilberto. Teoria do Estado e da Constituição na periferia do Capitalismo: Breves considerações críticas. In: *Diálogos Constitucionais: Brasil/Portugal*. Antônio José de Avelãs Nunes e Jacinto Nelson de Miranda Coutinho (orgs.) Rio de Janeiro: Renovar, 2004, p. 263-290. Colocando em um outro contexto – o do direito penal – mas apontando também que o equívoco da cisão entre sociedade e Estado, Lenio Streck assevera: "Para eles o Estado é necessariamente mau, opressor, e o direito (penal) teria a função de 'proteger' o indivíduo dessa opressão. Por isso, em pleno século XXI e sob os auspícios do Estado Democrático de Direito – no interior do qual o Estado e o Direito assumem (um)a função transformadora – continuam a falar na figura mítica do Leviatã, *repristinando – para mim de forma equivocada – a antiga problemática que contrapõe o Estado (mau) à (boa) sociedade (sic)*" STRECK, Lenio Luiz. Bem Jurídico e Constituição: Da proibição de Excesso (Übermaverbo) à Proibição de proteção deficiente (Untermaverbot) ou de como não há blindagem contra normas penais inconstitucionais. In: *Boletim da Faculdade de Direito de Coimbra*. Separata vol. LXXX. Coimbra, 2004, p. 309.

por meio de Medidas Provisórias. Nesse sentido, Bandeira de Mello relata o seguinte:

> Registre-se que o ultimo Chefe do Poder Executivo, o segundo Fernando, do início de seu primeiro mandato até o mês de agosto de 1999, expediu 3.239 medidas provisórias (inconstitucionalmente, é claro), o que corresponde a uma média de 2,8 medidas provisórias por dia útil de governo (isto é excluídos feriados, sábados e domingos). Inversamente, no período foram editadas pelo congresso apenas 854 leis (entre ordinárias e complementares). Vê-se, pois, que o parlamento foi responsável tão-só por pouco mais de uma quarta parte das "leis", pois os quase ¾ restantes são obra exclusiva do Executivo. De resto, dentre as 3.239 medidas provisórias referidas, apenas 89 delas – ou seja, 2,75% – foram aprovadas pelo Congresso e convertidas em lei. Em suma: vigoram entre nós *97,25% de medidas provisórias não aprovadas pelo congresso, a despeito de o texto constitucional literalmente determinar, como foi dito e reiterado, que tais medidas, se não aprovadas pelo congresso em 30 dias, perdem a eficácia desde o início de sua expedição*. Diante deste panorama devastador, mesmo o mais tolerante dos juristas será forçado a concluir que, no Brasil atual, só por eufemismo se pode falar em Estado Constitucional de Direito, e, pois, em democracia[74] (grifos do original).

Por outro lado, justifica-se a edição sucessiva de medidas provisórias em virtude da rapidez exigida na administração dos negócios públicos que deve acompanhar o ritmo acelerado da atividade social e da economia, em tempos de capitalismo financeiro. De qualquer modo, o que nos interessa aqui é perceber que tudo isso reflete na atividade jurisdicional na medida em que as demandas aumentam a cada nova regulamentação expedida e, ao mesmo tempo, cada uma destas regulamentações podem ser contestadas quanto à sua constitucionalidade. Desse modo, a importância dos argumentos lançados na fundamentação da decisão e o papel desempenhado pelos princípios, nesta tarefa, assumem singular importância.

---

[74] MELLO, Celso Antônio Bandeira de. *Curso de Direito Administrativo*, 15. ed., São Paulo: Malheiros, 2003, p.96. Vale lembrar que a Emenda Constitucional n. 32/2001, que modificou o procedimento legislativo da medida provisória, alterou o prazo para apreciação e reedição das medidas provisórias. A partir de então o prazo para aprovação no congresso passou a ser de 60 dias, prorrogáveis por mais 60 (artigo 62, § 3º, da Constituição Federal). Na mesma linha de Bandeira de Mello, o Professor Alemão Friedrich Müller, profundo conhecedor do Direito Constitucional brasileiro, traça interessante paralelo entre a experiência alemã dos "decretos emergenciais", consagrados a partir da Constituição de Weimar de 1919, fatais para a Alemanha, e as "medidas provisórias" do executivo brasileiro que, entende o Mestre alemão, serão também fatais para o regime constitucional do Brasil. Depois de acurado esboço histórico, onde é demonstrada a evolução no uso dos "decretos emergenciais" pelo executivo alemão entre os anos de 1919 e 1933 (com ênfase em relação ao aumento de utilização no passar dos anos que chegou a superar – e muito – o número de leis editadas pelo parlamento), assevera o seguinte sobre a realidade brasileira: "Infelizmente o mesmo vale para o Brasil atual. O número das medidas provisórias editadas e reeditadas supera em muito o das leis promulgadas pelo Congresso Nacional". (Cf. MÜLLER, Friedrich. "Medidas provisórias no Brasil e a experiência Alemã". In: *Direito Constitucional: Estudos em homenagem a Paulo Bonavides*. São Paulo: Malheiros, 2003, p. 337-355).

Assim, não apenas a impossibilidade do legislativo prever todas as hipóteses de aplicação da lei, que já se apresentava como problema desde o início da codificação, mas também a impossibilidade de o juiz conhecer todo o aparato legislativo – e proto-legislativo, como no caso das Medidas Provisórias brasileiras – no momento da decisão judicial, torna-se um problema que a teoria jurídica precisa resolver. Neste contexto, os princípios jurídicos e as chamadas cláusulas gerais são chamados a remediar a situação que se instala diante desse caótico quadro apresentado pela legislação e pelas demandas sociais que são levadas aos montes para apreciação do Poder Judiciário. Isso representa, para alguns, o comprometimento total da garantia da *segurança jurídica* que, segundo eles, seria sanada mediante a edição de leis mais precisas e em menor quantidade, além da necessária minoração do uso da técnica das cláusulas gerais nos textos legislativos.[75] Claro que nesse caso se está ainda a confundir a idéia de segurança com a de previsibilidade. Não é necessário que o Legislativo dê conta de todas as minúcias que a vida social nos impinge no dia-a-dia. Afinal, a impossibilidade de estabelecer previamente todas as hipóteses de aplicação não havia ficado para trás já nas teorias do século 19, quando estas passaram a observar o uso de princípios gerais do direito nas decisões judiciais? Definitivamente, o que entra em jogo na questão da segurança é muito mais o modo como são decididas as demandas do que, propriamente, uma possível completude das leis elaboradas pelo legislativo. Embora boa técnica legislativa seja realmente indispensável, o problema da segurança jurídica não será sanado simplesmente a partir dessa questão. Aliás, diante da complexidade dos movimentos sociais, políticos e econômicos que vivenciamos na contemporaneidade, o problema da inflação legislativa será algo com que teremos que aprender a conviver. Todavia, isso abre espaço para que sejam discutidas novas questões no âmbito da legitimação das decisões judiciais, principalmente no nível da sua fundamentação. É neste ponto que o problema do conceito de princípio aparece de forma decisiva, porque ele pode funcionar como uma espécie de acesso a esse tipo de debate. A forma como esse conceito é concebido muda radicalmente o modo de se olhar para o direito e para o papel desempenhado pelo juiz na fundamentação de suas decisões. Desse modo, conceitos fundamentais do Direito como os de segurança jurídica, legitimidade e fundamentação, passam a receber um outro tratamento deixando de ter uma conotação abstrata ou, como poderíamos dizer, descolada das discussões "práticas" sobre o direito.

---

[75] Por todos Cf. THEODORO JÚNIOR, Humberto. A Onda Reformista do Direito Positivo e suas Implicações com o Princípio da Segurança Jurídica. In: *Revista da EMERJ*, v. 9, n. 35, 2006, p. 29.

1.2.3. A crise da legalidade e da constitucionalidade como fenômeno histórico da periferia do capitalismo: a promíscua relação entre o público e o privado

A questão envolvendo a *crise da legalidade* se aproxima muito da inflação legislativa. Porém, embora tênues, há diferenças significativas entre os dois fenômenos. Basta dizer que a inflação legislativa não é exclusividade dos países periféricos. Segundo Cappelletti, mesmo na Inglaterra e nos Estados Unidos, onde as discussões sobre o direito se revestem de uma característica muito mais judicialista do que na tradição continental, nas últimas décadas, o surgimento de demandas de cunho coletivo e transindividual acarretaram um aumento na atividade regulamentadora do parlamento significativamente maior em comparação com outros períodos históricos.[76] Por outro lado, isso que se refere como crise da legalidade é um problema mais particularmente ligado aos países periféricos, como é o caso da América Latina de uma maneira geral que, além de sofrer os influxos da inflação da legislação, sofre também com o problema da inefetividade da lei (entendida em sentido amplo).

Para esclarecer melhor isso que colocamos aqui como *crise da legalidade* é importante clarear o que se menciona com o termo *legalidade*. Isso pode soar estranho, visto que o elementar para aqueles que lidam com o direito é saber o que significa legalidade, ou o *princípio da legalidade*. Todavia, o significado amplamente difundido do termo legalidade fica aquém do sentido por ele projetado. Assim, é corriqueiro associar a legalidade ao império da lei e sua exclusividade no estabelecimento de obrigações na ordem civil em geral (artigo 5º, inciso II da Constituição Federal). Fala-se, portanto, em legalidade estrita ou "fechada", como se dá no âmbito penal e tributário – apenas a lei pode criar ou abolir crimes; e apenas a lei pode criar ou revogar tributos – e em legalidade ampla ou "aberta", a partir da qual vige a máxima: "o que não é proibido é permitido".

Não é nesse sentido que se fala em crise da legalidade. Aliás, esse tipo de determinação do princípio da legalidade encobre seu significado mais essencial. Neste significado, legalidade deve ser entendida como o conjunto de operações do Estado que é determinado não apenas pela lei, mas também pela Constituição – uma vez que seria um contra-senso afirmar uma legalidade que não manifestasse a consagração de uma constitucionalidade – e pela efetividade das decisões judiciais,[77] sob o

---

[76] Cf. CAPPELLETTI, Mauro. *Juízes Legisladores?* Porto Alegre: Fabris, 1988.

[77] Nesse sentido Cf. DÍAS, Elías. Estado de Derecho y Derechos Humanos. In: *Novos Estudos Jurídicos*. Ano 1, n. 1, jun-1995. Itajaí: Universidade do Vale do Itajaí, p. 16.

marco de uma legitimidade democrática. Mais do que isso: legalidade implica na formação de um espaço público de tomada de decisões num âmbito estatal específico e na capacidade de tornar efetiva tais decisões. Ou seja, a legalidade é uma forma de se constituir o espaço público de maneira que se possa dizer que ele esteja *tomado* por ela; é um fenômeno complexo, para onde confluem as noções de cidadania e democracia; é o momento em que o espaço público é *efetivamente* público e não colonizado por interesses privados. Nesta perspectiva, podemos dizer que a legalidade determina a "força" que um Estado tem, e não o peso e tamanho de seu aparelho burocrático. Evidentemente, como estamos falando de legalidade, cidadania e democracia, essa "força" não é determinada pelo grau de coerção que o Estado imprime sobre os indivíduos, numa espécie de relação entre súdito e soberano, mas sim uma "força" que se determina a partir da *legitimidade* que as ações do Estado alcançam sobre cada um dos cidadãos.

Como afirma O'Donnell, procurando traduzir isso que dissemos, mas de uma forma negativa, "um Estado forte, independentemente do tamanho de suas burocracias, é aquele que estabelece efetivamente essa legalidade e que não é visto pela maioria da população como apenas uma arena para satisfação de interesses particularistas".[78] Isso implica que os próprios órgãos estatais, em todos os níveis, orientem suas decisões pela Constituição, pela lei e por aquilo que foi determinado pelo Judiciário, nos casos de eventuais conflitos.[79] Entretanto, poderia ser objetado: Se no tópico anterior foi mencionado o problema da inflação legislativa e do surgimento daquilo que Garcia Herrera denomina "leis-medida", não seria justamente a lei o *locus* onde residiria a consagração daqueles interesses particularistas levantados por O'Donnell? Se compreendermos a legalidade e sua crise como algo que afeta simplesmente

---

[78] O'DONNELL, Guilhermo. Sobre o Estado, a Democratização e Alguns Problemas Conceituais. In: *Novos Estudos* – CEBRAP, n.º 36, julho-1993, p.128.

[79] Nessa medida, também as teses sobre a chamada "relativização da coisa julgada", capitaneadas por autores como Cândido Rangel Dinamarco, Humberto Theodoro Júnior e José Augusto Delgado (por todos, Cf. DINAMARCO, Cândido Rangel. Relativizar a coisa julgada material. *Revista de Processo*, n.109. São Paulo: RT, 2003) e que vem tomando força no Brasil desde a publicação do artigo citado, também pode ser mencionado como um fator constitutivo desta crise da legalidade. Isto porque, relativizar a coisa julgada material – que significa destruir a imunização da decisão judicial transitada em julgado – implica instaurar um ambiente de indeterminabilidade em relação à legalidade, algo inconcebível em um Estado Democrático de Direito (Neste sentido, Cf. NERY JÚNIOR, Nelson. *Teoria Geral dos Recursos*. 6.ed. São Paulo: Editora Revista dos Tribunais, 2004, p.509-510). Com efeito, como será abordado um pouco mais adiante, no caso brasileiro, não se trata de construir alternativas teóricas à legalidade, mas sim fazer com que a legalidade, em crise, possa verdadeiramente tomar o espaço público. As teorias da relativização acarretaram um movimento de retomada de ações que já haviam passado em julgado, nas quais o maior interessado é o próprio Poder Público. Ressalte-se, por fim, que uma posição contrária a este tipo de tese não implica na defesa de discricionariedades arbitrárias por parte do Judiciário.

a legislação, incorreríamos naquela dimensão simplificadora tradicionalmente reproduzida pela visão técnico-dogmática dos juristas. Neste aspecto reside, talvez, a maior diferença entre o problema da inflação legislativa e a crise da legalidade. Ou seja, que a crise da legalidade implica também uma crise de constitucionalidade, a não ser que admitamos o contra-senso de, num Estado democrático de Direito, ser possível uma legalidade inconstitucional.[80] A legalidade não se constitui apenas pelo requisito formal, mas recebe atributos de legitimidade material na medida em que ela mensura qualitativamente os meios de institucionalização da democracia de modo que poderíamos dizer, sem cindir estes dois âmbitos, que toda crise da legalidade é também uma crise de constitucionalidade[81] o que implica, em última análise, um problema de *legitimidade* e de *simetria* no cumprimento das decisões estatais.[82]

Segundo O'Donnell países como o Brasil, a Argentina e o Peru não são apenas vulneráveis a crises sociais e econômicas sucessivas, como também sofrem uma profunda crise em seus Estados que passa pelo problema da ineficácia da lei, entendida neste sentido amplo. Evidentemente, isso sucinta problemas históricos complexos, mas O'Donnell restringe sua análise aos movimentos que se instauram a partir do fim dos regimes ditatoriais que inauguram nestes países um processo de redemocratização. Essa crise implica pelo menos três dimensões: 1) do estado enquanto conjunto de burocracias capaz de cumprir suas obriga-

---

[80] Assim também Garcia Herrera, para quem o sentido da lei não se esgota em si mesmo, mas corresponde à materialização dos conteúdos constitucionais, à vinculação da administração e o controle judicial. Por certo, as circunstâncias que estamos abordando aqui apontam para uma complexa forma organizacional que não pode ser concebida em termos tão simplórios como estes. O próprio Garcia Herrera destaca esta questão, e a ressalta como um problema que também acarreta um certo protagonismo judicial e aumentaria, pelo menos em tese, a responsabilidade dos juízes em suas decisões, posto que a fundamentação de suas decisões definitivamente não pode ser mais colocada no plano restrito da lei. Essa dimensão extralegal das fundamentações judiciais é exatamente o que torna problemática nossa época e o que vai gerar as várias posições em torno do problema do conceito de princípio. Cf. GARCIA HERRERA, Miguel Angel. Op cit., p. 73.

[81] Cf. O'DONNELL, Guilhermo. Sobre o Estado, a Democratização e Alguns Problemas Conceituais. Op. cit., p. 123-145.

[82] A partir do que foi dito, é possível perceber que há uma dualidade entre o público e o privado. Mas essa dualidade nada guarda de relação com as clássicas dicotomias que marcaram a incorporação desta distinção em outros campos do conhecimento como é o caso do Direito. Com efeito, para Hanna Arendt, por exemplo, o privado é um espaço necessariamente assimétrico no que diz respeito ao convívio, enquanto que o espaço público deve ser, necessariamente, simétrico. O privado é o espaço da interiorização, da *labor* e da *fabricação*; ao passo que o público – que é o universo da política e do direito – é necessariamente *simétrico*. Por isso, Arendt não aceita o econômico no âmbito político porque nele se dão relações indiscutivelmente assimétricas. Desta distinção entre público e privado (simétrico/assimétrico) aparece uma crítica de Hanna Arendt à contemporaneidade: *instrumentalisou-se a epistemologia política com a gramática do* Homo faber. Assim, o espaço público é inflado por relações privadas de barganha (economia de mercado), levada ao limite da própria manipulação do humano (Cf. ARENDT, Hanna. *A Condição Humana*. Tradução de Roberto Rapouso. Rio de Janeiro: Forense Universitária, 1993).

ções com eficiência razoável, que aparece como um encargo do regime anterior; 2) da *efetividade da lei*; e 3) da plausibilidade de que os órgãos do estado normalmente orientem suas decisões segundo alguma concepção do bem público. Sem desconsiderar as demais dimensões, nos ateremos à *crise da legalidade* e ao correlato problema da colonização do público pelo privado, no âmbito brasileiro especificamente. Como fizemos nos outros itens, ao final, identificaremos a conexão que pode ser estabelecida com o problema do conceito de princípio, da discricionariedade e da fundamentação das decisões judiciais.

Caracterizada a crise da legalidade como a incapacidade do Estado para tornar efetivas suas próprias realizações, foram exploradas algumas das conexões com as relações sociais em tais Estados. Há que se acrescentar, não que isso seja uma novidade, que a exclusão, a infinita distância que separa as classes sociais umas das outras e a sustentação de privilégios particulares, dão o tom da atividade estatal, de forma que se torna extremamente difícil separar o público do privado. Esses fatores passam a minar as instituições que representam o cerne de todo programa democrático e que deve(ria)m constituir-se como *espaço público*. A começar pelo Congresso, órgão supostamente responsável pelo debate e formação da lei em todos os níveis, que em geral está dominado pelo interesse dos seus legisladores, preocupados em sustentar o sistema de dominação e privatização que os elegeu e a canalizar para esse sistema tantos recursos estatais quanto possível. "A tendência de seus votos é, portanto, conservadora e oportunista. Para ter sucesso eles dependem da troca de 'favores' com o executivo e diversas burocracias estatais e, sob executivos enfraquecidos que precisam de algum tipo de apoio congressual, eles obtêm frequentemente o controle das agências estatais que fornecem estes recursos".[83] Esse tipo de relação torna impossibilitada qualquer noção de lei enquanto conjunto de decisões tomadas num espaço público.

Como já mencionamos em nota, a própria relação entre Estado e sociedade civil merece ser repensadas, diante desse quadro de *crise da legalidade*. Neste ponto, interessa transcrever algumas posições importantes. Gilberto Bercovici, por exemplo, apresenta esta questão da seguinte maneira:

> Apesar de ser considerado um Estado forte e interventor, o Estado brasileiro é, paradoxalmente, impotente perante fortes interesses privados e corporativos dos setores mais privilegiados. Esta concepção tradicional de um Estado demasiadamente forte no Brasil, contrastando com uma sociedade fragilizada, é falsa, pois pressupõe que o Estado consiga fazer com que suas determinações sejam respeitadas. Na realidade, o que há é a

---

[83] O'DONNELL, Guilhermo. Op. cit., p. 131.

inefetividade do direito estatal: o Estado, ou melhor, o exercício da soberania estatal é bloqueado pelos interesses privados.[84]

Se assim o é, e se a crise da legalidade é um fenômeno que nos atravessa enquanto brasileiros,[85] é preciso reconhecer como acertadas as afirmações de Marcelo Neves:

> No Brasil, não se trata primariamente do problema de esferas jurídicas alternativas em relação à legalidade estatal, mas sim da ausência ou fragilidade desta. (...) O que se observa é uma miscelânea social de códigos e critérios de comportamento, com efeitos autodestrutivos e heterodestrutivos em todas as esferas de ação, especialmente no que concerne ao direito. A situação é bem mais grave do que se pode inferir de conceitos como "direito alternativo", "uso alternativo do direito" (que implica uma visão instrumental do direito) e "pluralismo jurídico", os quais, no contexto da relação entre direito, Estado e sociedade no Brasil, transformam-se freqüentemente em meros *slogans*. Nessas circunstâncias, a cultura dominante é a da ilegalidade. *Por conseguinte, em vez de alternativa à legalidade, cabe antes falar da legalidade como uma alternativa.* (...) Não redunda na procura de alternativas à legalidade, pois esta – entendida como modelo geral e efetivo de estruturação das ações e comunicações jurídicas e políticas – ainda não é dominante no Brasil (por falta da generalidade da lei em relação à prática dos agentes estatais, indivíduos e organizações). Mas poderia, ao contrário, afirmar-se que *a legalidade (efetiva, a saber, dependente da concretização de uma ordem constitucional democrática) constitui uma alternativa para a cultura dominante da ilegalidade.*[86] (Grifei)

Portanto, a *legalidade* deve ser entendida como o universo do *público* que comporta o espaço de *decisões legislativas, administrativas* e *judiciais*, todas elas tomadas sob o marco da Constituição. A infiltração de interesses privados e particularistas neste espaço degenera a legitimidade e institui relações assimétricas no âmbito estatal o que, em um Estado Democrático de Direito é inconcebível.[87]

---

[84] BERCOVICI, Gilberto. Op. cit., p. 269.

[85] Nessa medida, faz sentido o manifesto de Fábio Konder Comparato publicado no dia 13.03.2007 no jornal Folha de São Paulo, no caderno "Tendências e Debates", no qual o jurista pergunta: "Quem tem medo do povo?". Para Comparato, o Brasil realizou "uma notável façanha política: instituiu e fez funcionar, por mais de um século, uma república de interesse privado e uma democracia sem povo. (...) Em 1980, metade da renda nacional era distribuída como remuneração do trabalho; agora, só um terço. Já temos 8 milhões de desempregados formais, sem contar a multidão de definitivamente excluídos do mercado de trabalho. O rendimento médio do trabalhador brasileiro, medido pelo Dieese e o Seade, caiu 33% entre 1995 e 2005. A classe média, isto é, o conjunto dos que ganham entre três e dez salários mínimos, segundo o Ministério do Trabalho, decresceu nada menos do que 46% entre 2000 e 2006. Alguma surpresa se tais fatos coincidiram com a vaga de violência e banditismo que se alastrou por todo o país?". COMPARATO, Fábio Konder. *Quem tem medo do povo?* In: Folha de São Paulo, Caderno A1 – Tendências e Debates, 17.03.2007.

[86] NEVES, Marcelo. *Entre Têmis e Leviatã: Uma Relação Difícil*. São Paulo: Martins Fontes, 2006, p. 256.

[87] Segundo O'Donnell: "Os estados se tornam ostensivamente incapazes de promulgar regulações efetivas da vida social em seus territórios e seus sistemas de estratificação. (...) Em muitas democracias emergentes, a efetividade de uma ordem nacional corporificada na lei e na autoridade do estado desaparece tão logo deixamos os centros urbanos nacionais. Mas mesmo nestes é visível a

Isso tudo parece ter ficado claro. O mais importante é o que aparenta permanecer ocluso: como a questão envolvendo o conceito de princípio, a discricionariedade e a fundamentação das decisões judiciais aparecem relacionadas ao problema desta crise? Quanto a isto, basta dizer que as estratégias para sair desta crise passam pela problematização da compatibilidade com uma cultura de legalidade e publicidade de decisões judiciais cunhadas sob o signo da discricionariedade. Desse modo, o conceito de princípio aparece como fator decisivo para se determinar tanto a forma de se conceber a legitimidade dessas decisões, quanto o conteúdo vinculado à sua fundamentação. A forma da legitimidade e o conteúdo da fundamentação implicam a caracterização de qual discricionariedade é possível e, no limite, se é possível falar em discricionariedade judicial nestes termos.

Nosso objetivo aqui não é apresentar soluções episódicas a nenhum destes problemas apresentados. Pretendemos, como já ressaltamos, abordar a questão do dos princípios num âmbito mais radical, procurando determinar e explorar os problemas que existem para que algo como um princípio se manifeste; como ele se manifesta? Em que momento e de que forma ele se articula? Desse modo, a fundamentação das decisões (momento de manifestação) e a discricionariedade judicial necessariamente precisam ser co-tematizados. Acreditamos que conseguir acessar tais problemas representa conquistar novas possibilidades para o direito. Esse é o único e específico sentido das aproximações fenomenológicas que no título destas reflexões foram mencionadas.

1.3. Uma interrogação filosófica sobre o conceito de princípio no direito a partir do paradigma da fenomenologia hermenêutica

Nossa investigação, portanto, não pretende resolver problemas políticos ou sociais com o modo como colocamos a pergunta pelo conceito

---

evaporação funcional e territorial da dimensão pública do estado. O crescimento do crime, as intervenções ilegais da polícia nos bairros pobres, a prática disseminada da tortura e mesmo a execução sumária de suspeitos pertencentes aos setores pobres ou estigmatizados, a negação de direitos a mulheres e a várias minorias, a impunidade do comércio de drogas e o grande número de crianças abandonadas nas ruas (tudo assinalando um escasso progresso em relação ao regime autoritário precedente) refletem não apenas um grave processo de decadência urbana. Elas também expressam a crescente incapacidade do estado para tornar efetivas suas próprias regulações. Muitos espaços públicos desaparecem, tanto devido a sua invasão pela miséria desesperada de muitos como pelo perigo envolvido em sua utilização. O medo, a insegurança, a segregação dos bairros ricos e a verdadeira tortura que é usar o transporte público encolhem os espaços públicos e levam a um tipo perverso de privatização" (O'DONNELL, Guilhermo. Op. cit., p. 125).

de princípio no direito. Na verdade, ela toca nestes problemas de forma indireta, na medida em que exploramos o âmbito no qual os princípios se dão e aparecem *como* princípios. Destes problemas políticos-sociais destacamos três: *a)* as constituições dirigentes; *b)* a inflação legislativa; e *c)* a crise da legalidade/constitucionalidade, e afirmamos que, embora a questão dos princípios e os correlatos problemas da fundamentação e da discricionariedade das decisões judiciais apareçam em todos, eles não fazem parte de nossos esforços reflexivos. Nosso *tema* é o *conceito* de princípio desenvolvido através do *como* da fenomenologia hermenêutica. Com a pergunta pelo conceito de princípio, nosso *objeto* se delimita trazendo consigo outras duas questões que lhe são inerentes e que deverão ser analisadas: a fundamentação e a discricionariedade nas decisões judiciais. Neste tópico pretendemos esclarecer estes pressupostos tendo como meta garantir o horizonte adequado para o tratamento da questão formulada.

De início é necessário operar uma "limpeza" semântica no âmbito das possíveis significações do conceito de princípio no direito. Isso porque não haveria sentido em explorar os três significados apresentados sem concluir pela prevalência de um deles no interior do discurso jurídico. Afinal, um conceito tão fundamental para o direito como é este de princípio não pode significar, ao mesmo tempo, três coisas tão distintas. Para garantir nosso sucesso e uma maior percuciência da investigação, cumpre desde já determinar qual dos três significados está em jogo na pergunta formulada e porque os demais significados devem ser excluídos desta abordagem.

O significado base de nossa pergunta (pelo conceito de princípio) é aquele apresentado por último e que nomeamos – com Esser – *princípios pragmático-problemáticos*, que estão ligados ao momento de concretização do direito, na decisão judicial e na problematicidade do caso concreto. Também as questões político-sociais apresentadas refletem para uma preponderância das discussões jurídicas no âmbito das decisões judiciais. Assim, a pergunta pelo conceito de princípio já recebe uma espécie de resposta parcial: o significado privilegiado para o conceito de princípio no momento atual das teorias e filosofias do direito é o *pragmático-problemático*. Mas essa resposta não se mostra assim, isenta de objeções. Em primeiro lugar: por que este significado prevalece em detrimento dos outros? Por outro lado, sendo justificada sua prevalência, em que sentido ela deve ser encarada? Ou seja: mesmo determinando qual dos significados será abordado pela investigação, a pergunta prevalece, pois, ainda não conquistamos o espaço onde a determinação do conceito de princípio no direito possa aparecer. Dessa segunda objeção, nos ocuparemos nas partes subseqüentes da pesquisa. Por hora, nossa ocupação será justificar a opção pelo terceiro significado em detrimento dos dois significados anteriores, quais sejam: os *princípios gerais do direito* e os *princípios epistemológicos*.

Foi mencionado muito rapidamente, quando tratamos do significado dos princípios jurídico-epistemológicos, o caráter essencialmente matemático de que se revestem. Isso em analogia à construção da Física moderna como matemática, que Heidegger realiza no seu texto *A Época da Imagem do Mundo*. Ficou claro, também, que os *princípios gerais do direito* se formam a partir de uma metodologia que é, em última análise, matemática. Agora é preciso desenvolver melhor essa idéia procurando mostrar o porquê da necessidade de sua ultrapassagem.

Em virtude da centralidade do problema da matematicidade dos significados do conceito de princípio destacados e, em última análise, do próprio pensamento jurídico moderno, devemos retomar Heidegger para esclarecer melhor a essência do matemático e seus vínculos com a ciência moderna (inclusive o direito). Queremos aqui afirmar que o projeto matemático de exploração dos entes presente nas ciências naturais – principalmente na física – se estende ao direito devido ao estreito vínculo do direito com a Metafísica. Essa questão aparecerá melhor no segundo capítulo quando tratarmos do "discurso histórico-crítico" da relação entre filosofia e direito e da herança kantiana das teorias do direito até chegar a Alexy no final desta pesquisa.

Segundo Heidegger,

> A expressão "o matemático" tem sempre dois sentidos: significa, em primeiro lugar, o que se pode aprender do modo já referido e somente desse modo; em segundo lugar, o modo do próprio aprender e do proceder. O matemático é aquilo que há de manifesto nas coisas, em que sempre nos movimentamos e de acordo com o qual as experimentamos como coisas e como coisas de tal gênero. O matemático é a posição-de-fundo em relação às coisas que se nos pro-põem, a partir do modo como já nos foram dadas, têm de ser dadas e devem ser dadas. O matemático é, portanto, o pressuposto fundamental do saber acerca das coisas.[88]

É conveniente salientar que não estamos negando aqui a possibilidade do conhecimento matemático. Queremos apenas colocar em questão a matematicidade dos significados do conceito de princípio problematizando o rigor que esta por trás de uma tal suposição.

Trata-se de saber se colocar diante da questão para determinar em que medida queremos afirmar o caráter metafísico que se apresentar subterraneamente nas concepções de princípios gerais do direito e dos princípios jurídico-epistemológicos. Gadamer aponta claramente para esta direção metafísica que a matemática assume no contexto do pensa-

---

[88] HEIDEGGER, Martin. *Que é uma Coisa?* op. cit., p. 81-82.

mento moderno ao mostrar como o sentido da palavra se transforma dos gregos para os modernos: matemática, para os gregos significa "aquilo que se pode ensinar e aprender e que inclui o fato de a experiência não nos ser aí nem prestimosa, nem mesmo imprescindível. (...) O caráter modelar da matemática no saber grego tem em vista efetivamente o ideal da transmissão exata – e, com isto, o fato de a possibilidade de ensinar e de aprender estar inseparávelmente ligada ao conhecimento".[89] Ou seja, a exatidão e transparência deste tipo de saber se destinavam à sua transmissão e não à sua existência e comprobalidade como haverá de se revestir na modernidade. Este novo caráter da certeza matemática aparece com evidência na formação da subjetividade moderna e no caráter de substância que este conceito receberá em Descartes. Ora, como trataremos nos capítulos seguintes, a afirmação cartesiana da dúvida não obedece a um princípio cético, mas guia-se na direção de algo que seja tão absolutamente certo que já não se possa mais duvidar de sua existência. Algo que, em toda relação de conhecimento, sempre se apresenta, que subjaz: o eu que pergunta. A subjetividade, portanto, se afirma como algo que foi, matemáticamente, comprovado em sua existência. Desse modo, a matematicidade liga-se, de forma indissolúvel, à substância, ao Ser.

Pois não é matemático o caráter assumido pelos princípios gerais do direito e pelos princípios jurídicos epistemológicos? Em ambos os casos não estamos diante de uma representação teórica que visa a apreender aquilo que, de modo permanente, constitui a substancialidade (ou a posição-de-fundo) do direito? Vejamos o caso dos princípios gerais do direito. Segundo sua significação, construída sob os postulados do jusnaturalismo racionalista, são eles elementos latentes no direito codificado e que, quando não haja previsão expressa nos códigos para determinar a solução jurídica da questão de fato apresentada ao juízo, o julgador poderá encontrar, no contexto global da codificação, uma série de princípios gerais que o permitirão deduzir, silogisticamente, a decisão do caso concreto, aparentemente não previsto pela legislação. A possibilidade de acesso e de conhecimento destes princípios era dada pela doutrina, que fornecia todo material metodológico necessário para estabelecer a coerência formal do sistema. Ou seja, a doutrina dos "princípios ocultos" da qual nos falar Esser, ou o elemento latente que os reveste, aparentam que ao juiz é dado, nos casos de omissão do sistema de normas, a possibilidade de "sair à busca" de princípios gerais que possibilitarão o preenchimento da lacuna referida. Todavia, de acordo com sua matematicidade, tais princípios só podem ser articulados pelo

---

[89] GADAMER, Hans-George. *Hermenêutica em Retrospectiva. Hermenêutica e a Filosofia Prática*. Vol. III. Tradução de Marco Antônio Casanova. Petrópolis: Vozes, 2007, p. 12.

julgador porque este os conhece por antecipação, porque eles já são conhecidos a partir da sistematicidade do direito e do caráter essencialmente jurídico que eles possuem e que por isso podem ser assumidos hipoteticamente. Há, portanto, uma espécie de paradoxo na fórmula dos princípios gerais do direito: aquilo que aparente estaria oculto no sistema normativo positivado, é na verdade o que de mais manifesto nele se pode ter, na medida em que eles são justificados de modo matemático, tanto no conteúdo quanto na forma. Também os princípios jurídicos epistemológicos não são diferentes. Eles estruturam o estudo científico de um determinado ramo do direito (ou do direito como um todo, no caso de uma teoria jurídica geral) e continuam preservando o mesmo sentido: aquilo que, do direito, conhecemos com mais certeza e segurança; são a posição de fundo em relação à qual o direito se propõe. O princípio da imputação em Kelsen; os princípios do processo, do direito penal, do direito administrativo, do direito tributário etc. Todos eles determinam esse modo matemático de estruturação do conhecimento jurídico – baseado num sujeito epistemológico descolado da concretude da vida fática.

A pergunta que fica é: se os princípios naquele seu terceiro sentido (pragmático-problemático) podem continuar a ser estruturados nestas perspectivas e em que medida elas encobrem novas possibilidades de sentidos para o conceito de princípio? Parece-nos evidente que, quando os princípios são tematizados diretamente no âmbito da decisão judicial (ou da decisão legislativa) – ou seja, a reflexão é lançada na concretude do momento constitutivo do direito –, em que sua problematização polemiza com temas correlatos como a discricionariedade judicial e a fundamentação das decisões, há no mínimo uma mudança de perspectiva: o caráter de "teoria" é deslocado para o âmbito da "prática". Como sustentar um modelo epistemológico-matemático de conhecimento nestes termos? Parece evidente que, se insistirmos em construções teóricas sedimentadas sob os mesmos pressupostos ontológicos que se encontram na base deste modelo, não conseguiremos avançar qualitativamente na discussão.

Portanto, colocar corretamente a questão do conceito de princípio importa, num primeiro momento, em saber qual dos significados merece ainda ser colocado em questão. Isso nós já o fizemos: determinamos o significado pragmático-problematico como nosso objeto de análise. Também já anunciamos qual o horizonte em que a pergunta será projetada: um questionamento que dê conta da problematização não apenas dos resultados empíricos, mas também dos problemas filosóficos que estão envolvidos no conceito de princípio de forma a pensá-lo fora dos modelos matemáticos tradicionais.

A partir daqui nos ocuparemos de: 1) determinar o lugar a partir do qual operamos a desconstrução dos tradicionais significados do conceito de princípio e procuramos desobstruir novos projetos de sentido para ele; 2) a subseqüente direção para a qual procuramos apontar com nossa investigação.

O primeiro ponto destacado será nossa ocupação nos Capítulos II e III. Nele estabeleceremos os principais pontos de nossa argumentação: a) a colocação da pergunta pelo conceito de princípio deverá implicar uma radical reintrodução do modo de se conceber a relação ou o vínculo entre filosofia e direito; b) Isso implica determinar quais os vínculos do direito com a Metafísica e apresentar o ponto verdadeiramente capilar para as teorias do direito de toda primeira metade do século 20: a Filosofia de Kant. Isso se torna fundamental por dois motivos: primeiro porque Kant é o primeiro filósofo que explicitamente tentou impor limites à Metafísica, com o fito de superá-la; segundo porque é possível determinar um fio condutor que nos leva de Kant até Alexy, passando por Kelsen e Radbruch; c) este modo de se conceber a relação entre Filosofia e Direito, portanto, só ficará claro na medida em que, de posse de uma interpretação mais radical da Metafísica, compreendermos porque Kant – e todos aqueles que vieram depois – não superaram a Metafísica, mas pelo contrário, continuam imersos nela, comprometidos com o projeto de fundamentação matemático da modernidade; d) É preciso destacar e refletir sobre a impossibilidade de realização de uma passagem direta da filosofia para o direito, ou seja: que as soluções apresentadas por um filósofo para um problema filosófico não podem ser simplesmente acopladas ao discurso jurídico ou utilizadas como figuras retóricas na fundamentação jurídica; e) este modo de se pensar filosofia e direito, portanto, implica operar com paradigmas filosóficos ou *standards* de racionalidade, que nem todos os filósofos oferecem, mas apenas aqueles que legaram para a história da filosofia uma posição filosófica que contém: um modo de filosofar (método); uma teoria da racionalidade; uma teoria da verdade; e uma matriz lingüística; e f) nossa opção pelo paradigma heideggeriano da fenomenologia hermenêutica e a exposição das questões mais importantes para a pergunta guia da investigação.

A opção pelo paradigma heideggeriano vem ao encontro de nossa intenção de (re)colocar o conceito de princípio fora dos fundamentos matemáticos que descrevemos acima. A indicação para o caminho a ser seguido para esta tarefa nos vem de Ernildo Stein: "no momento em que o conceito de história substitui o modelo matemático, no momento em que o conceito de história nos servir de modelo, aí caímos necessariamente no movimento que teria que levar a Ser e Tempo".[90] Assim, chegamos a Heidegger, e mais particularmente a Ser e Tempo. Isto porque, em Heidegger, há um abandono do sujeito epistemológico em favor dos contextos práticos de ação em que se insere de forma habitual e corriqueira a vida humana. A lógica, a matemática, o conhecimento da história e a formação das estruturas comportamentais que compõem o direito têm suas raízes na vida mesma, na realidade diretamente vivenciada, no horizonte de sentido prévio em que se move o sujeito que pensa e julga (sem nenhuma alusão ao ato judicativo no âmbito jurídico). Isso tudo implica uma suspensão da primazia da atividade teórica e um "pôr entre parênteses" o ideal dominante das ciências físico-matemáticas – que determinaram a formação da epistemologia jurídica – vigente desde Descartes. Isto permite ao filósofo elaborar um conceito totalmente renovado de filosofia. Uma filosofia que se desliga do corte teórico que a oprime e, ao mesmo tempo, libera novas possibilidades para se pensar os problemas das próprias ciências, entre elas o direito. Mas do que uma reabilitação da filosofia em crise, Ser e Tempo estabelece um lugar onde a dignidade das ciências humanas (ou ciências hermenêuticas) pode ser pensada sem os padrões lógico-formais das ciências matemáticas da natureza.

Quanto à direção para a qual apontamos com nossa investigação, basta dizer que nos aproximamos do conceito pragmático-problemático de princípio procurando explorar as questões correlatas envolvendo a discricionariedade judicial e a fundamentação das decisões. Diante disso procuramos estabelecer uma relação (ou um confronto) entre as concepções de Ronald Dworkin e Robert Alexy. Novamente, não tomamos esta decisão de maneira aleatória. Além da projeção que cada um destes autores reflete no cenário jurídico brasileiro, também está em jogo o fato de que, em ambos, a temática do conceito de princípio está ligada, de alguma maneira, ao problema da discricionariedade e da fundamentação. E o mais importante: em cada um deles a resposta ao problema recebe um tratamento que opõe, diametralmente, um ao outro. Em Dworkin, os princípios são a via de acesso para determinação da resposta correta; em Alexy os princípios são conceituados como mandados de otimização. Para Dworkin, o problema da discricionariedade vem das regras e é enfrentado pela tese da resposta correta que se estabelece a partir de um argumento de princípios e integridade, sendo ela inapreensível por meio de uma postura mecânico-procedimental pré-definida; para Alexy a discricionariedade vem dos princípios e ela é um mal que só pode ser contido por um "procedimento": a ponderação. Em suma, podemos

---

[90] STEIN, Ernildo. *Sobre a Verdade. Lições preliminares ao parágrafo 44 de Ser e Tempo.* Unijuí: Ijuí, 2006, p. 103.

resumir todo esse impasse que se apresenta frente à posição de cada um destes autores na pergunta colocada por Lenio Streck: Afinal, os princípios "fecham" ou "abrem" a interpretação?.[91]

Não pretendemos aqui, simplesmente, expor cada uma destas posições para, ao final, nos perfilarmos ao lado de uma delas. Procuramos problematizar as duas concepções para abrir nelas possibilidades que se encontram encobertas. O corte filosófico de nossa pergunta implica não nos posicionarmos em favor de nenhuma das posições. Esse modo de se falar em filosofia e direito – que já há algum tempo vem sendo trabalhado por Lenio Streck naquilo que ele vem denominando Nova Crítica do Direito[92] – explorado no Capítulo III, deverá nos trazer outras possibilidades para pensar a questão dos princípios, mais além daquilo que já trataram Alexy e Dworkin.

---

[91] STRECK, Lenio Luiz. *Verdade e Consenso*. Op. cit..

[92] Ver para tanto principalmente o capítulo quinto e o capítulo final de STRECK, Lenio Luiz. *Jurisdição Constitucional e Hermenêutica*. Op. cit..

2. Discurso sobre a relação entre direito e filosofia antes e depois de Kant: anotações sobre os fundamentos metafísicos do direito – cosmologia, teologia, psicologia racional e matemática

Depois de termos colocado nossa pergunta sobre o conceito de princípio no direito, especificado o âmbito temático no qual está inserida e determinado o modo de abordagem a partir do qual nos aproximamos dela, podemos agora começar a explorar mais minuciosamente a relação que pretendemos estabelecer entre filosofia e direito tendo como direção o caminho aberto pela pergunta guia da investigação.

A tradicional expressão Filosofia do Direito, utilizada para indicar a reflexão filosófica que se produz sobre a experiência jurídica, não era conhecida antes da modernidade. Ela se forma, enquanto disciplina autônoma e escolar, a partir dos acontecimentos que marcaram o trânsito do jusnaturalismo racionalista ao positivismo jurídico no final do século XVIII – rapidamente descrito no primeiro capítulo desta investigação. Não deixa de ser instigante a coincidência da formação desta disciplina com a consumação do jusnaturalismo no direito da codificação. Essa coincidência serve de indício para se compreender que a proposta central da filosofia do direito não era desenvolver uma especulação regulativa do jurídico (como se dava com o direito natural clássico e racionalista), mas sim uma reflexão crítico-filosófica sobre o direito historicamente real.[93] Desse modo, tal qual o direito natural racionalista preparou a codificação e se consumou no direito positivo, a *iuris naturalias scientia*, que comandava os estudos sobre o direito natural desde a antiguidade clássica, se viu consumada na filosofia do direito. A Filosofia do direito, por sua vez, afirmada como reflexão crítica do direito historicamente real, permitiu sua própria superação, ou pelo menos substituição, pelas teorias do direito que passam a se afirmar a partir das epistemologias positivistas do século XIX.

---

[93] CASTANHEIRA NEVES, Antonio. *A Crise da Filosofia do Direito no contexto da crise global da Filosofia*. Op. cit., p. 27 e segs.

Deste modo, procuraremos distinguir, a partir de uma espécie de "discurso histórico", três possibilidades distintas da relação entre filosofia e direito. Apontamos desde logo que na primeira há quase uma identificação da filosofia com o direito; na segunda se dá uma autonomização da reflexão filosófica em relação ao direito, a partir da afirmação de objetivos específicos para a filosofia e para o direito, enquanto, na terceira, a necessidade da filosofia quase desaparece, com a consagração do direito como ciência positiva. Temos, assim, respectivamente: 1) a *Iuris Naturalis Scientia* no interior da qual a reflexão filosófica se confundia com a justificação do direito natural; 2) a filosofia do direito, que marca o cultivo de uma reflexão filosófica crítica sobre as condições de possibilidade do conhecimento jurídico, produzida a partir de uma emancipação com sua tarefa justificadora do direito natural; 3) a teoria do direito, no âmbito da qual a reflexão propriamente filosófica se dilui numa epistemologia do direito em geral ou de suas disciplinas particulares.

Ao mesmo tempo, procuraremos acentuar o papel primevo desempenhado pela filosofia de Kant e seu legado para as teorias do direito da primeira metade do século XX, com o objetivo maior de (re)construir um caminho que nos leva a Alexy de desemboca nas principias discussões filosóficas sobre o direito no nosso contexto atual.

Neste capítulo, procuraremos estabelecer como o direito guarda profundos vínculos com a Metafísica tendo como ponto de estofo o problema do fundamento. Esse vinculo é marcado também por sucessivas tentativas de superação destes fundamentos metafísicos. No capítulo seguinte, mostraremos por que tais tentativas foram frustradas. Para isso, precisamos dispor de uma interpretação mais radical da tradição metafísica tal qual é conquistada pela fenomenologia hermenêutica. Heidegger nos oferece uma possibilidade de refletir sobre a crise da metafísica e projetar sentidos, cravados na condição humana, e não em algum elemento artificial determinado por uma epistemologia, teoria do conhecimento, ou mesmo uma filosofia dogmática. A partir das contribuições heideggerianas se torna possível afirmar uma outra relação entre filosofia e direito, no interior da qual o direito não mais se apresenta como uma entidade natural ou uma técnica colocada à disposição dos operadores humanos, mas sim como um modo de ser que acontece num encontro.

Antes de seguir para esse "discurso histórico-crítico" tenhamos conosco a advertência de Martin Heidegger em suas interpretações fenomenológicas sobre Aristóteles: "A crítica da história é única e exclusivamente crítica do presente".[94]

2.1. Iuris Naturalis Scientia – um conhecimento metafísico do Direito

A expressão *Iuris Naturalis Scientia* é utilizada por Castanheira Neves[95] para designar a tradição filosófica ocupada em justificar o direito a partir de uma determinada "natureza", estando relacionada, portanto, a uma ontologia que, como diz Kaufmann,[96] põe o mundo como objetividade. Ou seja, trata-se de um discurso que pretende justificar o direito a partir de um princípio que é exterior ao sujeito e que existe independentemente do pensamento. Este princípio não se dirige à consciência, mas ao ser – entendido tradicionalmente como presença permanente de algo – que só está à disposição do homem, na medida em que respeita leis implantadas na "natureza". Aqui entra o argumento decisivo para a compreensão de todas as teorias do direito natural: conforme variar o conceito filosófico que responde pela condição suprema ou indepassável de "natureza", será alterado o princípio justificador, que serve como totalidade fundadora de todo o direito. Em Platão, a Idéia, e em Aristóteles, a Substância, são as formas eternas da natureza que irão justificar, em última análise, a essência do direito; em toda a Idade Média é Deus, enquanto contém em si a essência de todas as coisas. Nesse sentido, é comum se falar em direito natural com fundamento cosmológico e em direito natural com fundamento teológico todavia, ambos os casos estão unidos por uma ontologia objetivista a partir da qual as categorias estavam no ser e cabia ao conhecimento correto a elas se adequar.

Enquanto pensava o direito natural, a *scientia* trazia consigo uma dupla intenção: uma filosófica e outra normativa. Enquanto filosofia, propunha-se ao conhecimento essencial e absoluto do direito pela explicitação e explicação destes seus constitutivos fundamentos ontológicos; enquanto intenção normativa, estabelecia e definia os supremos princípios de um sistema de normas que se constituía tanto num cânone regulativo como num critério de validade de uma ordem histórica de convivência prática. Desse modo, e novamente com Castanheira Neves,

---

[94] HEIDEGGER, Martin. *Interpretaciones Fenomenológicas sobre Aristóteles. Indicación de la situación hermenéutica*. Madrid: Trotta, 2002, p. 33

[95] Cf. CASTANHEIRA NEVES, Antonio. *A Crise Actual da Filosofia do Direito no Contexto da Crise Global da Filosofia*. Op. cit., p. 24.

[96] Cf. KAUFMANN, Arthur. Op. cit., p. 37.

podemos resumir as duas intenções que destacamos no interior da *iuris naturalis scientia* como uma intenção teórica em sua fundamentação e definição dos pressupostos de validade do direito; e uma intenção prática enquanto normativa e regulativamente operante.[97]

Portanto, a intenção filosófica corresponde à teoria, no sentido do conhecimento dos fundamentos – constituídos por uma ontologia metafísica-essencialista entre os gregos e por uma metafísica-teológica na Idade Média cristã; e a intenção normativa à prática no sentido de uma filosofia prática normativa que já tinha por estabelecidos seus pressupostos através dos últimos e gerais princípios teoricamente afirmados e que procuravam objetivar-se no âmbito da convivência histórica. No entanto, no interior da iuris naturalis scientia essa relação não se dava de uma maneira concorrente com "outros tipos de direitos". É certo que se reconhecia um direito positivo, manifestado em sua contingência histórico-social e política. Mas este não deixava de ser pensado como um elemento integrado e hierarquizado do sistema normativo do direito natural, ao qual não cabia apenas uma função residual, mas também, e fundamentalmente, uma função normativa concreta: o contingente e variável historicamente (direito positivo) não poderia contrariar o essencial e imutável (direito natural). Nessa medida, o essencial e imutável fundamento teórico do direito natural se dava a partir de uma justificação:

Cosmológica – na tradição essencialista entre os gregos;

Teológica – na Idade Média Cristã

Já na modernidade, acontecem transformações importantes no interior da doutrina do direito natural que merecem uma maior atenção para que se compreenda bem como se dá isso tudo no interior da doutrina racionalista, construtora dos modernos sistemas de direito natural. No primeiro Capítulo de nossa investigação, tratamos rapidamente do direito natural moderno. Sabemos de sua pretensão sistemática retirada não de uma cosmologia (direito natural clássico) ou de uma teologia (direito natural medieval), mas sim de algo que podemos chamar psicologia racional, no interior da qual a razão aparece como fundamento último de todo direito. Desse modo, o conceito de "natureza" recebe uma nova e decisiva transformação para o direito natural: não mais uma "natureza do mundo"; também não uma "natureza divina", mas uma "natureza racional ou humana" (uma espécie de fundamento antropológico). Ou seja, é natural o direito capaz de ser entendido e estabelecido de modo sistemático pela razão. Esse sistema é constituído

---

[97] Cf. CASTANHEIRA NEVES, Antonio. *A Crise Actual da Filosofia do Direito no Contexto da Crise Global da Filosofia*. Op. cit., p. 24.

a partir de um modelo axiomático-demonstrativo na sua formação – de um problema particular se retira um axioma que passará a compor a estrutura do sistema, abstratamente livre de incoerências e contradições; e sistemático-dedutivo na sua operação. Assim, o jusnaturalismo racionalista constrói abstratamente um sistema cerrado de normas que aparece como uma espécie de direito ideal, em contraposição a um direito real histórico-social e político: o direito positivo. De se notar que essa contraposição entre um direito ideal (que podemos chamar natural) e um direito real (positivo), não era encarada nestes termos no interior da iuris naturalis scientia (grego-medieval). Ali, o direito essencial e imutável influía normativamente na concretização do direito histórico-social e politico. Havia uma espécie de interdependência entre "prática" e "teoria", embora houvesse um primado da teoria sobre a prática e essa relação não se desse de uma maneira livre de aporias. Em todo caso, sempre estavam em jogo ou poderiam ser articuladas questões a respeito do ser do direito natural (fundamentos teóricos) e os problemas de como deveriam ser articulados tais fundamentos (prática-normativa). Já no jusnaturalismo racionalista operou-se uma cisão radical entre "teoria" e "prática" que acabou por asfixiar toda dimensão prática do discurso filosófico-jurídico, uma vez que o direito natural se revestia de uma construção simplesmente teórica, dada a partir de um sujeito racional, colocada em oposição ao direito positivo.

Mas é preciso determinar, mais proximamente, os vínculos do direito natural moderno-racionalista com a transformação da filosofia que se opera na modernidade, uma vez que ele nada mais é do que um fruto desta transformação.

Heidegger identifica dois momentos essenciais para a configuração da metafísica moderna: 1) a representação cristã do ente enquanto ens creatum; 2) o traço matemático fundamental. Poder-se-ia dizer, de uma forma um tanto precipitada, que o primeiro momento determina o seu conteúdo, enquanto o segundo a sua forma. Mas o filósofo demonstra o equívoco que essa caracterização apressada pode apresentar. Para Heidegger, a estrutura determinada pelo cristianismo não constitui apenas o conteúdo daquilo que a metafísica moderna trata, mas determina igualmente a sua forma. Isto porque, Deus, como ente criador, é a causa e o fundamento de todo ente. O "como", o "modo de questionar" é orientado, antecipadamente, por este princípio. Da mesma maneira, o matemático não é apenas forma atribuída a um conteúdo cristão, mas pertence igualmente ao seu conteúdo, na medida em que o "cogito" se torna princípio último de todo saber, o eu, e, por conseqüência, o homem assume uma posição sem precedentes, no interior deste questionar acerca do ente, e "não designa apenas um domínio entre outros, mas sim aquele domínio para o qual todas as metafísicas reenviam e do qual todas elas saem".[98]

Tudo isso pode se apresentar de forma mais compreensiva se retornarmos àquele que é considerado o "pai da modernidade".

Descartes, pelo contexto opressivo e dogmático que o saber escolástico cristalizara, teve a intenção de libertar a filosofia desta situação indigna. Realizou isto a partir da afirmação da dúvida. Todas as afirmações e dogmas da tradição foram colocados em dúvida pelo cartesianismo, até que essa dúvida encontrou qualquer coisa que já não podia ser posta em dúvida: enquanto se duvida, não se pode duvidar que aquele que duvida ele próprio existe e que tem que existir para que possa duvidar. Na medida em que duvido, portanto, eu sou. O eu é aquilo que não pode ser colocado em dúvida. Desse modo, antes da teoria acerca do mundo (esse sim, objeto da dúvida), deve colocar-se a teoria acerca do sujeito. Daqui em diante a teoria do conhecimento é o fundamento da filosofia, o que a torna moderna, distinguindo-a da medieval. Todavia, o que Heidegger vem mostrar é que há elementos ontológicos da tradição medieval que continuam presentes em Descartes e, em última análise, em toda filosofia moderna.

Isto porque a afirmação da razão e de uma racionalidade absoluta e certa, não só interessava como era pretendida pela igreja católica na medida em que somente por essa afirmação é que ainda se mantinha a possibilidade de uma "prova" racional da existência de Deus. Não é à toa que todos os racionalistas dogmáticos, e mesmo depois a filosofia crítica de Kant, ocuparam-se deste tema. Isso significa que, a pretensão de descrever e apreender a totalidade desde fora, que caracterizava a Metafísica greco-medieval, continuava na modernidade tendo nela ingressado pelas vias do racionalismo dogmático de Descartes, Leibniz, Christian Wolff, Baugartem etc., com o deslocamento desta totalidade para o sujeito racional, o cogito de Descartes.

Desenvolver tal argumento foge das expectativas e possibilidades de nossa investigação. Para nosso trabalho, importa perceber como Descartes é parte essencial deste trabalho de reflexão acerca do matemático. É preciso compreender que o matemático, de acordo com a sua exigência mais íntima, quer fundamentar-se a si-mesmo. Descartes não duvida por ser um cético, mas deve tornar-se alguém que duvida porque coloca o matemático como fundamento absoluto e procura, para todo o saber, uma base que lhe corresponda. Já não se trata de encontrar uma

---

[98] Cf. HEIDEGGER, Martin. *Que é uma coisa?* op. cit., p. 112. Neste sentido conferir também HEIDEGGER, Martin. *Ser e Verdade*. Tradução de Emmanuel Carneiro Leão. Petrópolis: Vozes, 2007, p. 51 e segs.

lei fundamental para a natureza, mas o princípio mais universal e mais elevado para o Ser em geral, dirá Heidegger.

O direito natural moderno, portanto, se radica neste movimento que tem no cogito cartesiano seu desencadeamento. O eu que põe não se dirige a qualquer coisa previamente dada, mas que dá a si mesmo o que nela está. "O que nela está é eu ponho; sou aquele que põe e pensa"[99] o direito. É desse modo, assevera Kaufmann, que se postulava a possibilidade de se "estabelecer uma ordem jurídica, que, tal como a imutável razão dos homens, teria caráter universal, ou seja, seria necessariamente válida para todos os homens e para todos os tempos (...) a partir de alguns muito poucos e abstractos, princípios fundamentais do direito".[100] Neste momento ingressamos, de maneira radical, nos fudamentos matemáticos da metafísica.

De todo modo, podemos dizer, com Goyard-Fabre, que é no campo do direito que a transformação da razão e os postulados do racionalismo se manifestaram com maior nitidez.[101] Isso não se dá ao acaso: os vínculos entre direito e Metafísica se mostram de maneira mais ostensiva quando podemos perceber, como até aqui destacamos, que a divisão da metafísica tornada clássica por Christian Wolff em três dimensões do Ente: 1) a cosmologia; 2) a teologia; 3) a psicologia, que compunham a chamada *metaphysica specialis*, serviram de fundamento ontológico para o direito em toda a tradição que descrevemos até aqui (*iuris naturalis scientia*). Neste sentido, o vínculo entre direito e filosofia – ou máxime entre direito e metafísica – é tão estreito que o conteúdo e a forma do direito natural modificam-se na medida em que se altera o fundamento metafísico que aparece de modo predominante na antiguidade clássica; na Idade Média e na Modernidade. De comum, todos eles guardam o fato de afirmarem o fundamento na compreensão de uma totalidade que está para além dos limites do conhecimento: o mundo (cosmologia); Deus (teologia); e o homem (psicologia).

Com a consumação da *iuris naturalis scientia* na doutrina do direito natural moderno e o positivismo da codificação podemos dizer que se encerra o tempo da metafísica do conhecimento no direito. Mas é apenas com Kant que teremos a primeira revolução que romperá com os dogmatismos da tradição metafísica e sua ingenuidade objetivista no que atina às ontologias (Mundo, Deus, Homem). Com Kant, saímos da metafísica do conhecimento e ingressamos no conhecimento metafísico, ou seja, é apenas com Kant que a virada da subjetividade iniciada com a

---

[99] Cf. HEIDEGGER, Martin. *Que é uma coisa?* op. cit., p. 107.
[100] KAUFMANN, Arthur. Op. cit., p. 85.
[101] Cf. GOYARD-FABRE, Simone. Op. cit., p. 12.

dúvida e o cogito cartesiano terá se consumado, a partir da limitação da metafísica e da introdução do conceito de transcendental em oposição à transcendência medieval. Em Kant, ao contrário do que se pensava na tradição aristotélico-tomista, as categorias estão na mente e são as coisas que se conformam com essas categorias. Ou seja,"As categorias estão no entendimento, e não imediatamente no ser",[102] como afirmava a tradição anterior.

Embora nunca tenha usado essa expressão, a filosofia do direito começa efetivamente com Kant e sua Crítica ao direito natural levada a cabo na Doutrina do Direito que compõe a sua Metafísica dos Costumes. Desse modo, passaremos a analisar as principais características desta nova possibilidade de se estabelecer a relação entre filosofia e direito e que se nomeia propriamente como filosofia do direito.

2.2. Filosofia do direito – a inversão kantiana do dualismo clássico e a determinação da coisa em si como superação do conhecimento metafísico e a determinação de uma metafísica do conhecimento no direito

Dissemos que tal qual o direito natural se consuma com a codificação, a filosofia do direito aparece para ocupar o lugar da *iuris naturalis scientia*, que determinava os estudos do direito medieval e do direito comum (pré-codificação). Mas não sem alguma transformação. Para apresentar essa transformação, tivemos que realizar um pequeno incurso no interior da filosofia que inicia propriamente a modernidade: a de René Descartes. Destacamos, ainda, que a reflexão sobre o direito entre os gregos e os medievais se dava numa dupla intenção: filosófica (teórica) e normativa (prática). Na modernidade isso se altera radicalmente a partir de uma cisão entre teoria e prática. Isto levará a uma filosofia do direito que deixa de ter uma pretensão normativo-regulativa (prática) para assumir um papel crítico-filosófico do direito histórico real. Na modernidade, essa intenção normativo-regulativa será transferida, no continente, para aquilo que tradicionalmente se chama de filosofia política, ao passo que a filosofia do direito ficaria restritamente determinada pela sua função de fundamentação teórica do conhecimento jurídico. Portanto, a filosofia do direito, assim nomeada, deve atingir a conceitualização fundamental e a explicitação de suas decisivas implicações real-concretas, ou seja, deve garantir e determinar sua inteligibilidade

---

[102] STEIN, Ernildo. *Racionalidade e Existência. Uma introdução à filosofia.* Porto Alegre: L&PM, 1988, p. 21.

e nada mais. A filosofia do direito passava a ser teoria do conhecimento "aplicada" ao direito, se diluindo posteriormente nas epistemologias jurídicas positivistas, embora, como iremos demonstrar, haja sempre uma "teoria do conhecimento" servindo como fundamento de base das principais epistemologias construídas no continente, máxime Kelsen e Radbruch.

Kant fez filosofia do direito na sua Doutrina do Direito. Nela, se tem a tentativa de colocar a reflexão jurídica nos trilhos dos limites impostos à Metafísica pela reflexão transcendental. Mas o que significa isso? Para compreender a filosofia do direito kantiana é preciso perceber como ela se insere no contexto mais amplo de seu projeto filosófico como um todo, ou seja, como Kant pretende oferecer limites à Metafísica, instalando os procedimentos crítico-transcendentais da razão pura. A partir da realização destes procedimentos, entendia ele estar superada a metafísica e preparado o caminho para uma filosofia colocada nos trilhos de uma certeza matemática.

Na sua Crítica da Razão Pura, Kant se encontrava diante de um duplo impasse: o primeiro derivado do racionalismo dogmático, emblematicamente representado na escola de Christian Wolff; o segundo vinha de sua dedicação em refutar a atitude cética que se formava no ambiente anglo-saxão, cujo maior expoente era o empirista David Hume.[103] Com isso, Kant tocava no íntimo do grande problema filosófico de sua época: seria o conhecimento imanente, cujo fundamento é interior ao sujeito que conhece, ou viria ele de fora, da experiência? O racionalismo dogmático respondia, em continuação à tradição iniciada por Descartes, em favor da imanência do conhecimento e da subjetividade como fundamento; enquanto o empirismo humeniano, em continuação a Locke, levava às últimas conseqüências a idéia da mente como "folha de papel em branco" na qual a experiência imprime o conhecimento. Na tentativa de resolver esse impasse entre racionalismo e empirismo, Kant introduz o elemento da transcendentalidade[104] consumando com ele a chamada

---

[103] Isso não significa que Kant repudiasse o empirismo inglês *tout court*. Ao contrário, hoje já se sabe que os autores ingleses, de Hobbes a Hume, influenciaram substancialmente a obra kantiana a ponto de se falar atualmente na Alemanha em *o Outro da razão*, numa referência ao empirismo inglês como elemento oculto presente na *Crítica da Razão Pura* de Kant. Todavia, seu profundo enraizamento no racionalismo do *Aufklärung*, nunca lhe permitiu libertar-se completamente das pretensões de totalidade e unidade da razão que no contexto da sua crítica se manifesta no *eu transcendental*. Quanto a isso é importantíssimo o Capítulo "a Diferença Ontológica e os Vetores de Racionalidade" do livro *Pensar é pensar a diferença* de Ernildo Stein. (Cf. STEIN, Ernildo. *Pensar é pensar a diferença*. Ijuí: Unijuí, 2002, p. 169 e segs.).

[104] Importa, desde já, não confundir o *transcendental* de matriz kantiana com a *transcendência* clássico-medieval. Como vimos anteriormente, o *transcendente* da tradição greco-medieval é proveniente de uma ontologia dogmática que remete o domínio do real a um fundamento absoluto que é *transcendente* com relação à própria realidade. É o transcendente a melhor explicação para o meta-físico,

"revolução copernicana". Ou seja, com Kant não se trata de perguntar se o conhecimento é dado pela razão ou pela experiência, mas sim quais são os limites do conhecimento, seja ele racional ou empírico. Quando se coloca a pergunta pelos limites do conhecimento, o que se procura é determinar quais são as condições de possibilidade da razão pura e da experiência; como existem elas em nós e diante de nós? Ou seja, como pode o aparelho humano cognoscente, que é interior, afirmar ou negar algo exterior? Como é possível a passagem das categorias que se formam na subjetividade, para construir teoria do concreto fora dela? Encontradas as respostas a estas questões estaria resolvido, para Kant, o problema que estava realmente em jogo nas duas posições (na racionalista e na empirista): como é possível estabelecer uma ponte entre consciência e mundo? Para Kant, esse é o verdadeiro escândalo da filosofia: não ter ainda encontrado a ponte.

Mas não é somente neste sentido que Kant introduz o conceito de transcendental. Na esteira da emancipação das ciências naturais da Metafísica, Kant opera uma espécie de primeiro passo para a libertação da própria filosofia da Metafísica. "Através de sua Crítica da Razão Pura, deu ele fim à metafísica 'dogmática' criando, assim, a situação em que se

---

ou seja, aquilo que ultrapassa o ente em direção ao ilimitado e que responde pelo domínio do real e pela certeza do conhecimento. Evidentemente isso trás possibilidades de equívocos. Como anota Stein "essa concepção ontológica faz uso do método objetivo e absolutamente não problematiza a possibilidade de acesso à realidade transcendente ao sujeito. Na explicitação dessa realidade, ela facilmente poderá entrar em choque com as teorias científicas que também se ocupam de coisas objetivas, ainda que em outro plano". Vimos que, com Descartes e a fundação da modernidade, a subjetividade é posta como fundamento – o fundamento então deixa de ser *transcendente* e passa a ser *imanente* – e a realidade transcendente é posta em dúvida: "pela primeira vez, a ontologia do real objetivo parte do problema do conhecimento. O sujeito é condição de possibilidade do conhecimento do real". Mas não bastava afirmar a subjetividade como fundamento para resolver os problemas da transcendência e do dualismo. Porque permanecia como enigmática a passagem para o mundo exterior; como se dá afinal o conhecimento? Assim se encontra o debate entre empirismo e racionalismo que mencionamos no texto. No fundo, continuava em jogo o velho problema do conhecimento metafísico da transcendência e do dualismo. Kant procurou solucionar o problema a partir da construção do método transcendental. Para ele, "o objeto da interrogação não é o conteúdo do conhecimento, mas as formas em que ele nos é dado. E as formas são as condições que brotam da subjetividade. *O transcendental surge como problema crítico. O método transcendental deduz da subjetividade não apenas as condições de possibilidade do conhecimento, mas a própria condição de possibilidade dos fenômenos. O problema do singular e do universal é resolvido no interior da subjetividade*. Não há mais conhecimento metafísico, interessa apenas a metafísica do conhecimento" (STEIN, Ernildo. *Uma Breve Introdução à Filosofia*. Ijuí: Unijuí, 2005, p. 73-77). Esse é, em última análise, o sentido da inversão kantiana do dualismo metafísico: *a passagem de um conhecimento metafísico para uma metafísica do conhecimento*. Numa aproximação maior com o direito, Lenio Streck esclarece a questão a partir da distinção que realiza entre uma *metafísica clássica* (objetivista) e uma *filosofia da consciência* (subjetivista) procurando apontar para como nas duas existe o predomínio do dualismo sujeito-objeto e como a hermenêutica jurídica oscila ora em direção ao sujeito (filosofia da consciência); ora em direção ao objeto (metafísica clássica) (Cf. STRECK, Lenio Luiz. *Hermenêutica Jurídica e(m) Crise*. Op. cit., p. 65 e segs.)

encontram todos os filósofos".[105] Ou seja, Kant pretendeu ser um filósofo superador da metafísica, mas sua tentativa acabou fracassada terminando apenas por inverter a polaridade determinante do conhecimento: do conhecimento metafísico saltou para uma metafísica do conhecimento. Todavia, não podem haver dúvidas que, com Kant, há uma liberação parcial da filosofia da ingenuidade metafísica e, a partir de então, fazer filosofia é pensar transcendentalmente, ou seja, nas condições de possibilidade do conhecimento.

Isto porque, com seu conceito de transcendental, Kant rompeu com o dogmatismo racionalista bloqueando, na discussão de sua Dialética Transcendental,[106] a apreensão racional do que ele chamou de coisa em

---

[105] STEIN, Ernildo. *Melancolia. Ensaios sobre a finitude do pensamento ocidental*. Porto Alegre: Movimento, 1976, p. 108.

[106] É preciso lembrar, ainda que superficialmente, que a *Dialética Transcendental* apresentada por Kant em sua *Crítica da Razão Pura*, deve ser percebida a partir das suas distinções fundamentais entre *sensibilidade (receptividade)* e *entendimento (espontaneidade)*; juízos *analíticos* e juízos *sintéticos*; e entre *a priori* e *a posteriori*. A *sensibilidade* é a faculdade da intuição humana, sendo o intuir humano necessariamente *sensível* e se caracteriza pela representação imediata de algo dado pela experiência; ao passo que a faculdade de pensar, onde o objeto adquire posição de objeto, chama-se *entendimento*. Enquanto a sensibilidade é imediata, o entendimento é mediato. Aquilo que é capturado *receptivamente* pela intuição sensível, é pensado na *espontaneidade* do entendimento: a intuição e o pensar dizem respeito ao representado, enquanto tal, no objeto; a receptividade e a espontaneidade são os modos como o representar se comporta; sensibilidade e entendimento designam o representar como faculdade do espírito humano, como fonte do conhecimento. Ao mesmo tempo, *entendimento* significa o poder de ligar representações, ou seja, de representar a relação sujeito-predicado. Essa representação que liga um sujeito a um predicado é chamada de *juízo*. Kant estabelece uma relação entre dois tipos de juízos: os *analíticos* e os *sintéticos*. Analítico vem de análise, desligar, decompor; ao passo que sintético vem de síntese e significa o contrário, recompor, renunir. Os *juízos analíticos* são aqueles em que a ligação entre sujeito e predicado é pensada por identidade, quer dizer, o predicado está contido no sujeito, sem acréscimo de qualquer dado externo. Já nos *juízos sintéticos* o predicado traz uma nova informação sobre o sujeito, não sendo mais possível verificar a adequação do juízo a ele mesmo, mas necessita ser averiguado com o auxílio de elementos externos a ele. Explicando melhor: Quando se emite um juízo, como exemplifica o próprio Kant: "todos os corpos são extensos", realiza-se uma referência a algo universal (todos os corpos), que significa aqui o "corpo" no universal e no geral. Esta universalidade e generalidade é *representada no conceito* de corpo e a verdade de uma tal proposição poderá ser encontrada no próprio conceito, sem a necessidade de se dizer algo mais sobre o objeto. Quando a verdade do juízo se apóia apenas no desmembramento do puro conceito, este juízo é *analítico*. O juízo *analítico* possui então um papel apenas explicativo, não alargando o conteúdo do nosso conhecimento. Todavia, os juízos sintéticos dependem, para sua verificação veritativa, de um *ir além* do conceito na direção do próprio objeto que deve ser representado. Retomando outro exemplo de Kant, temos o juízo: "Alguns corpos são pesados", este é um juízo sintético, porque depende de algo a ser acrescentado a ele de modo exterior ao conceito dado (corpo), como substrato dele, que torne possível ultrapassá-lo com os predicados. Resta, por último, a distinção entre *a priori* e *a posteriori*. O Juízo *a priori* é determinado como aquele que independente de toda percepção e de qualquer experiência. É o que no sujeito, na *mente*, já está preparado, ou seja, o que pertence à subjetividade do sujeito; por outro lado um juízo *a posteriori*, é um juízo empírico, depende de sua confirmação pela experiência, isto é, torna-se acessível através de uma saída do sujeito e de uma penetração no objeto, através da percepção, a partir do sujeito, mas posterior, *a posteriori*. Todo juízo *analítico* é *a priori*. Porém, na sistemática da crítica, nem todo juízo *sintético* é *a posteriori*. Esse é o núcleo problemático de toda *Crítica*: os juízos

si.[107] Esse bloqueio é tão importante para sua Crítica que já se afirmou não ser possível entrar na Crítica da razão pura sem a coisa em si.[108] Portanto, precisamos compreender o que é a coisa em si de Kant; determinar porque ela oferece limites para a metafísica (embora não sem problemas) e quais as conseqüências que essa operação da filosofia kantiana traz para a filosofia do direito então nascente.

Foi Kant mesmo que, em um trabalho que escreveu para um concurso promovido pela Academia Real de Ciências de Berlin, determinou os "três estágios" pelos quais teve que passar a evolução da metafísica européia: 1) o dogmatismo de Christian Wolff; 2) o ceticismo de David Hume; e 3) o criticismo transcendental da Crítica da razão pura. Isso tem algo a dizer sobre a história da coisa em si. Como já mencionamos, Christian Wolff ficou famoso e fez escola, entre outras coisas, pelos seus manuais escritos em latim e alemão onde se ambicionava realizar uma unificação essencial entre a fundamentação da filosofia realizada por Descartes e a tradição da Escolástica Medieval e, ao mesmo tempo, uma nova reconciliação entre Platão e Aristóteles. Nestes manuais apareciam as três dimensões fundamentais do questionar metafísico que

---

sintéticos a priori. Isto porque, segundo Kant, há juízos sintéticos, para os quais a atenção é despertada pela experiência, mas que, ao serem conhecidos, revelam uma base outra que não está contida na percepção sensível. Quer dizer, que é *a priori*, que já pertence ao aparelho cognitivo, à subjetividade do sujeito. É para nomear estes juízos que Kant emprega o termo *transcendental*, já que eles não propriamente transcendem a experiência, pois começam com ela. Ou seja, é transcendental o conhecimento que não prescinde da experiência, mas que a ela não se reduz. Tudo isso resumido na questão fundamental de toda *Crítica*: como são possíveis juízos sintéticos *a priori*? (Cf. KANT, Immanuel. *Crítica da Razão Pura*. 5 ed. Lisboa: Calouste Gulbenkian, 2001; HEIDEGGER, Martin. *Que é uma Coisa?* op. cit., principalmente o segundo capítulo da parte principal; ADEODATO, João Maurício. *Filosofia do Direito. Uma crítica da verdade na ética e na ciência*. 3 ed. São Paulo: Saraiva, 2005, p. 25-34)

[107] Assim afirma Kant na introdução da *Crítica*: "O que é mais significativo ainda (do que as precedentes considerações) é o fato de certos conhecimentos saírem do campo de todas as experiências possíveis e, mediante conceitos, aos quais a experiência não pode apresentar objeto correspondente, aparentarem estender os nossos juízos para além de todos os limites da experiência. *É precisamente em relação a estes conhecimentos, que se elevam acima do mundo sensível, em que a experiência não pode dar um fio condutor nem correção, que se situam as investigações da nossa razão, as quais, por sua importância, consideramos eminentemente preferíveis e muito mais sublimes quanto ao seu significado último*, do que tudo o que o entendimento nos pode ensinar no campo dos fenômenos. Por esse motivo, *mesmo correndo o risco de nos enganarmos*, preferimos arriscar tudo a desistir de tão importantes pesquisas, qualquer que seja o motivo, dificuldade, menosprezo ou indiferença. (Estes problemas inevitáveis da própria razão pura são *Deus*, a *liberdade* e a *imortalidade* e a ciência que, com todos os seus requisitos, tem por verdadeira finalidade a resolução destes problemas chama-se *metafísica*. O seu proceder metódico é, de início, *dogmático*, isto é, aborda confiadamente a realização de tão magna empresa, *sem previamente examinar a sua capacidade ou incapacidade*)" (KANT, Immanuel. *Crítica da Razão Pura*. Op. cit., Introdução – grifamos).

[108] Assim anota Ernildo Stein citando Jacobi: "Sem a coisa em si não se entra na *Crítica da razão pura* e com a coisa em si não se pode permanecer nela". (Cf. STEIN, Ernildo. *Pensar é pensar a diferença*. Op. cit., p.173).

acabaram por se tornar clássicas nos trabalhos acadêmicos a partir de então. Nestas três dimensões, em cada caso, é um ente que está em causa: Deus, Mundo e Homem. Na Idade Média essa tríade aparecia da seguinte maneira: Deus como criador; Mundo como criado; o Homem e sua salvação eterna. Na modernidade, a soma deste traço medieval com a matematicidade ínsita ao pensamento moderno, colocou também a metafísica a partir dos princípios da razão. Desse modo, a metafísica sobre Deus se tornou teologia, mas teologia racional; a teoria do mundo, cosmologia racional; e a teoria do homem se tornou psicologia racional. Estas seriam, portanto, as últimas questões da metafísica, afirmadas a partir da razão pura do iluminismo e do humanismo. Para Kant, no plano da razão pura, estas questões só são viáveis no âmbito do como se, ou seja: se a razão pura pudesse conhecer o todo representado nestas questões, o que ela pesquisaria? Definitivamente não seria conhecimento efetivo para Kant, pois não há experiência humana possível de captar estes entes. O conhecimento das questões metafísicas seria, então, como se fosse conhecimento efetivo, mas não propriamente conhecimento da razão pura. Isto é, não se chega a um conhecimento efetivo de tais entes porque não é possível aplicar as categorias do entendimento à coisa em si. Falta à coisa em si a condição de possibilidade fenomênica para ser objeto da razão pura. A Dialética Transcendental, como campo da razão sintética, exclui das condições de possibilidade do conhecimento as simples intuições que o ser humano tem do mundo, de sua liberdade ou livre-arbítrio e de Deus e da imortalidade, isto é, das idéias de que se ocupam as perguntas últimas das três dimensões do questionar metafísico: a teologia; a cosmologia; e a psicologia. Para Kant, é certo que a razão leva à constituição destas idéias, mas não consegue tratá-las com certeza filosófica (certeza entendida a partir do traço matemático que compõe o pensar moderno e que, a partir de Heidegger, estamos insistindo em ressaltar desde o início da investigação).

Mas, se Kant colocou na coisa em si tudo aquilo que fundamentava o direito natural e, em última análise, o próprio direito positivo, o que sobra como fundamento para o direito? Já foi referido que os traços racionalistas do direito natural moderno começavam a apontar para uma ruptura entre um direito ideal, fundamentado metafisicamente nos últimos princípios da razão, e um direito real, historicamente situado e operacionalizado. A introdução kantiana da coisa em si, literalmente destruiu os fundamentos metafísicos do direito natural (direito ideal), sobrando apenas o direito histórico, real. Esse é um ponto a partir do qual, depois de Kant, não temos mais como retornar sem cair nas ingenuidades metafísicas já verificadas anteriormente.[109] Se é certo que os fundamentos kantianos de uma subjetividade transcendental para o direito devem ser colocados em questão dado o comprometimento com uma totalidade inapreensível e da própria aporia da dialética transcendental entre fenômeno e coisa em si; também é certo que os fundamentos dogmáticos da tradição não podem ser retomados, a não ser que ignoremos a revolução copernicana. Por isso que qualquer tipo de "regresso" ao direito natural, tem que acertar contas com Kant e sua filosofia do direito. Estes problemas retornaram no contexto do pós-guerra e nas tentativas ali desenvolvidas no sentido de uma repristinação do fundamento natural do direito, a partir de outras perspectivas. Disso, trataremos oportunamente. Aqui ainda se fazem necessários alguns esclarecimentos.

Foi dito que Kant destruiu os fundamentos do direito natural a partir da determinação da coisa em si. Não sendo eles possíveis de serem aprendidos com certeza pela razão pura, são elevados à condição de mera idéia da razão, devendo ser excluídos da reflexão filosófica. Ao mesmo tempo, a inversão kantiana do dualismo metafísico, levou a uma plenipotenciária subjetividade transcendental que se preocupa apenas com a análise do positivo, e dos processos a priori de sua constituição efetiva.

Mas o que fará Kant, então, para fundamentar racionalmente o direito? Qual será a tarefa da filosofia do direito, já que a dupla intencionalidade da *iuris naturalis scientia* se perdeu junto com a coisa em si? Por que continuamos a afirmar, mesmo com Kant, uma totalidade Metafísica para a fundamentação do direito?

Em Kant, sempre partiremos do positivo para desenvolver a reflexão crítico transcendental. Portanto, não é que o direito se esgote em sua veiculação estatutária como "direito positivo" – o que acontecerá posteriormente na tradição das Teorias do Direito. Afinal, o caráter transcendental do conhecimento do direito preserva nele algo mais que a pura experiência. Todavia, a reflexão crítica jamais poderá ser instalada em algum princípio dogmático exterior como se fazia antes, mas será o direito estatuído, positivado, o elemento determinante a partir do qual os procedimentos trancendentais sobre o direito serão instalados. Retomando o dilema racionalismo v.s. empirismo: não se trata nem de uma

---

[109] Assim também afirma Kaufmann quando diz que "ele (Kant) provou não ser possível deduzir o conteúdo de uma metafísica – de um direito natural – simplesmente a partir de princípios formais aprioristicos, sem recorrer ao empírico, e que, por isso, uma metafísica com conteúdo jamais poderá ter validade universal e ser matematicamente exata. Deste modo, foi rejeitada a pretensão de se poder fundar, a partir da 'natureza', um direito natural com um conteúdo inequívoco igual para todos os homens e para todos os tempos. *Esta descoberta de Kant é incontornável*" (KAUFMANN, Arthur. Op. cit., p. 98 – Grifamos).

insondável consideração empírico-prática sobre as figuras e origens de uma ordem jurídica, como no caso do empirismo; nem tampouco de uma racionalidade especulativa, vazia e formal do modelo axiomático-dedutivo dos sistemas do direito natural racionalista. Na reflexão crítica sobre o direito, na colocação da ordem jurídica sob os auspícios do "tribunal crítico da razão", cumpre definir, "através das disposições do direito estatutário (ou positivo), as condições que possibilitam sua inteligibilidade e sua validade".[110] E a pretensão de totalidade, própria da Metafísica, é dada pelo eu transcendental e as fórmulas a priori da razão pura.

Podemos encontrar em Goyard-Fabre uma boa síntese da tarefa da filosofia do direito a partir de Kant:

> A "doutrina do direito", ao realizar pelo juízo reflexivo o projeto crítico da filosofia, não visa o conhecimento do direito, mas a instauração do fundamento racional puro que lhe confere sentido e valor. Este questionamento novo tem como ponto central o entrelaçamento do direito e da filosofia. (...) Por isso não se deve esquecer que a *atividade reflexionante da razão é essa experiência específica e decisiva do pensamento que, liberto das certezas indevidas vinculadas aos absolutismos lógicos e aos dogmatismos metafísicos, encontra em si mesmo seu ponto de apoio; contém em si suas próprias leis*; carrega-as, como regras de ouro, em toda ação; mas não poderia superar suas capacidades.[111]
> (...) Para a filosofia crítica, o importante não é que o direito deite suas raízes na natureza racional do homem (a totalidade metafísica do direito natural moderno – acrescentei), mas que encontre sua fundação e sua legitimação no caráter *a priori* dos princípios universais aos quais recorre a razão prática em todas suas manifestações. Assim, é por uma verdadeira conversão epistêmica que o criticismo de Kant, nisso despertado pela meditação de Rousseau, pretende transformar, logo seguido por Fichte nessa empreitada, *o significado e o alcance seculares da noção de direito natural ao desvelar o a priori da racionalidade pura que está no fundamento do direito*.[112]

Fica claro, portanto, como há em Kant uma pretensão Metafísica de abarcar o todo, e que no direito isso repercute a partir das fórmulas *a priori* do *eu transcendental* e na certeza do fundamento racional encontrado. Também fica evidenciado como esse fundamento se dá através do matemático. Ou seja, para Kant o direito e a dogmática jurídica só podem ser praticados – de maneira filosoficamente *certa* – na medida em que aí se encontre matemática.[113] Com isso, outro ponto também decisivo deve ser mencionado: *a verdade deixa de ser adequação com o real e passa a ser construção*. Dito de outro modo, a filosofia transcendental inaugura aquilo que se pode chamar de *crise do fundamento* da filosofia, repre-

---

[110] GOYARD-FABRE, Simone. Op. cit., p. 73.
[111] Ibid., p. 74 – Grifamos.
[112] Ibid., p. 149 – Grifamos.
[113] Neste sentido, também KAUFAMANN, Arthur. Op. cit., p. 98-99.

sentada pela perda dos fundamentos últimos da metafísica da natureza (Deus, Mundo e homem) e impossibilitando conceber a verdade como adequação entre a inteligência e a coisa (o fundamento da adequação havia se perdido com a determinação da *coisa em si*). A verdade, naquilo que Stein chamou de "a era do niilismo",[114] passa a ser construída a partir de hipóteses das quais se ergue, por sua vez, todo progresso da ciência e da técnica.

Com isso estava preparado o terreno para a invasão que as epistemologias positivistas operariam no interior do direito. A verdade como construção e o advento da era do niilismo também produziram um tipo de transformação da *praxis* ou da técnica muito comum no âmbito do direito contemporâneo: *a tecnocracia*. O papel exclusivamente teórico-crítico da filosofia do direito, com os olhos voltados pura e simplesmente para o direito *real* – vale dizer positivo – acabou por levar à identificação do direito com a lei, ou com o conjunto de leis num dado território onde vive e se relaciona um povo que então se afirmara como Estado-nação. Desse modo, o positivismo jurídico entra em cena e a caracterização do direito como ciência passa a reivindicar cada vez menos uma filosofia do direito. Esta, de disciplina auxiliar preocupada em garantir a inteligibilidade do direito *real*, passa para disciplina cosmética, um mero apêndice daquilo que a partir de então se afirmava como "teoria do direito", um espaço no interior do qual se formavam as epistemologias jurídicas que haveriam de monopolizar as reflexões em quase toda primeira metade do século 20. Entretanto, em todas elas, paira difusamente uma sombra: a teoria do conhecimento de matriz kantiana ou neokantiana.

2.3. A teoria do direito e a afirmação de um fundamento metafísico a partir da matemática

Na *iuris naturalis scientia* temos o desenvolvimento de uma reflexão jurídica fundamentada dogmaticamente num conhecimento metafísico, no conhecimento objetivo da "natureza", seja ela mundana, divina ou humana. A tradição da *Filosofia do Direito* representa uma primeira tentativa de se retirar o pensamento do direito do atoleiro dogmático da Metafísica e temos, com o criticismo transcendental de Kant, a inauguração de uma metafísica do conhecimento no direito. Desse modo, deixou-se de fazer metafísica do direito, preocupada com os modos de sua manifestação e fundamentação a partir de processos "naturais" e

---

[114] Cf. STEIN, Ernildo. *Melancolia*. Op. cit., em especial o ensaio intitulado: "A ontologia da finitude e a Tarefa da Verdade na era do Niilismo", p. 102-116.

passou-se a perguntar pelas condições de possibilidade do conhecimento racional do direito, o que implica uma teoria do conhecimento, no interior da qual se quer saber sobre o que se passa na mente, em nossos juízos, naquilo que fundamenta, subjetivamente, o discurso jurídico. Com a *Teoria do Direito* faz-se a passagem da teoria do conhecimento, preocupada em descrever e apreender os processos internos da consciência no momento do conhecimento das regras jurídicas, para uma epistemologia jurídica que – baseada em um conceito de verdade como construção, próprio da matematicidade moderna – passa a oferecer tentativas de se mostrar as estruturas de método e de objeto daquilo que passará a ser chamado de *ciência do direito*. Na teoria do conhecimento de corte kantiano temos, então, uma tentativa de descrição dos processos internos do conhecimento; na epistemologia jurídica se dá a descrição e o aparelhamento de algo que é exterior, sem perder de vista o fundamento subjetivado que a sustenta. Ou seja, *não se faz epistemologia sem uma teoria do conhecimento, pois a teoria do conhecimento passa a ser a garantia de que não se está a fundar a ciência do direito numa pura psicologia ou numa pura sociologia.*

Assim, se Kant retirou o direito de seus vínculos com a metafísica ingênua, as epistemologias jurídicas que se constroem a partir do século XIX terão como meta a exclusão do pensamento jurídico de tudo aquilo que não seja especificamente direito. Isso acontecerá das mais diversas formas, desde a delimitação de epistemologias ditas "gerais" (que procuravam dar conta do direito como um todo) quanto das "especiais" (que exploravam um ramo específico do direito, cujo exemplos principais são, indubitavelmente, o direito penal, o processo civil e o direito administrativo-constitucional).

No campo das epistemologias específicas, temos no direito processual civil um exemplo privilegiado. Não apenas pelo caráter rígido que esta disciplina passará a assumir a partir de então, mas também, pela verdadeira batalha que se travou para delimitação de sua autonomia frente ao chamado direito material (civil, comercial etc.). A construção do processo como ramo autônomo do direito, com especificidade epistemológica, desprendido do direito material, remonta também ao século 19, sendo tributária da obra do jurista alemão Oskar Bülow, *que pela primeira vez destacou ser o processo uma relação de direito público desenvolvida progressivamente entre o Estado (tribunais) e as partes*, em oposição às teses que predominavam até então e que se limitavam a ver no processo apenas uma série de atos e formalidades a serem cumpridos, pelos sujeitos que dela participavam, como mera conseqüência da relação litigiosa.[115]

---

[115] Cf. SILVA, Ovídio A. Baptista da Silva. *Curso de Processo Civil*. Vol. I. 7. ed. Rio de Janeiro: Forense, 2006, p. 4-5. No mesmo sentido preleciona Arruda Alvim para quem a obra de Bülow foi

Assim, com Bülow, se dava por iniciada a revoada científica do Direito processual,[116] inserido-o nos padrões modernos de ciência; ou seja, princípios antecipadamente objetivos que representam um recorte de uma determinada região do ente, e uma arquitetônica experimental baseada na representação de uma categoria central que, neste primeiro momento, será a ação.

É certo que a obra de Bülow representa/representou apenas um episódio dos vários outros por meio dos quais a autonomia científica do processo foi sendo, paulatinamente, construída. Assim é que a problemática envolvendo a delimitação do conceito de ação, certamente ocupa lugar central nos debates que lhe sucederam. Isto porque desde os primeiros estudos científicos sobre o processo, a discussão acerca da ação processual foi sempre tema de sucessivas discórdias a ponto de – não é exagero afirmar – ainda hoje causar embaraço à doutrina sua teorização e classificação. Todo motivo da discórdia certamente se dá em virtude da discrepância como cada *uma destas epistemologias representam aquilo*

---

a que primeiro distinguiu, com nitidez, o direito material controvertido e o processo, através do qual aquele se resolvia. Para ele, antes de Bülow o processo era concebido como um contrato, ou um quase contrato, sem colocar em relevo a evidente atuação estatal que nele se desenrolava, o que o distinguia, por si só, da relação de direito privado pré-existente. A partir de Bülow, a relação material litigiosa passou a ser vista como algo diferente da relação jurídica processual, na qual o processo passou a identificar-se predominantemente com a principiologia do Direito Público – na medida em que a atuação do poder estatal é vital para o desempenho da atividade jurisdicional. Nessa medida, o processo passa a ser visto como verdadeiro "continente" e a lide como o seu conteúdo, ou, nas palavras do professor paulista, o "retrato do direito material expressado no processo". (ALVIM NETO, José Manuel de Arruda. *Manual de Direito Processual Civil*. Vol. 7. ed. São Paulo: Revista dos Tribunais, 2001, p. 101-102).

[116] Cf. SILVA, Ovídio A. Baptista da. *Processo e Ideologia*. Rio de Janeiro: Forense, 2004, p. 01-56. Na linha daquilo que vem sendo dito nesta investigação a respeito do modo plástico-matemático como procede a ciência moderna, Ovídio preleciona que nosso sistema processual se edificou sob um modelo racionalista de Ciência – que aplica métodos das ciências naturais (mormente a matemática e a física) nas ciências do espírito – construindo uma racionalidade pautada nos ideais de *certeza* das decisões e *neutralidade* do Estado tendo como fim último a materialização de uma *segurança jurídica* serviente ao capitalismo então nascente. Esse modo-de-ser do processo, que se dá como normalidade científica, constitui-se em um verdadeiro *paradigma* (Thomas Kuhn) sendo que, tal qual descreve Kuhn, a pesquisa científica, laborando em seu interior, não tem uma função questionadora, mas sim de *produzir os ajustes necessários para explicar os fenômenos segundo o paradigma*. O Processo Civil se estabiliza como "Ciência normal" a partir da *universalização do procedimento ordinário, da abstração do conceito de ação e da mercantilização da jurisdição* que, devido à estrutura dada ao processo executivo, transforma todos os atores do processo em *credores* e *devedores*. A processualística, por sua vez, faz a necessária "limpeza" dos fenômenos para manter intactos seus pressupostos paradigmáticos. Essa conservação do paradigma racionalista, operada a partir de uma *distorção da realidade* que mantém velado o caráter anacrônico das referidas instituições processuais, dá ao processo nítido tom de *ideologia* (Mannheim). Embora nosso trabalho se encaminhe numa perspectiva mais ampla procurando dar conta do conceito de princípio, as pesquisas de Ovídio são de grande valia na medida em que nos permitem perceber, com bastante clareza, como o fundamento subjetivista e o modo matemático de ver o mundo da modernidade se espalha pelo direito. No primeiro capítulo desta investigação, foi possível perceber como o conceito de princípio está imerso nesta matematização do pensamento. No decorrer da exposição esse ponto ficará ainda mais claro.

que, antecipadamente já conhecem do processo (antecipação entendida naquele seu sentido matemático), como é o caso da ação; da relação jurídica no interior da pandectística; e da jurisdição como querem alguns processualistas contemporâneos como o italiano Elio Fazzallari e o brasileiro Cândido Dinamarco.

No direito constitucional e administrativo isso fica claro pela emancipação destas disciplinas da chamada Teoria Geral do Estado e repercute em grande medida as transformações sociais do século XIX principalmente com a formação de um modelo estatalista de garantia das liberdades, que, no continente, assumirá um forte conteúdo burocrático derivado do administrativismo que surgiu com ele. Da burocracia administrativista deste Estado Liberal nascente, pelo menos duas conseqüências são decisivas: a especialização de funções e o surgimento de uma *tecnocracia* no nível da *praxis*; e uma especialização do conhecimento que determina o surgimento das epistemologias setoriais. Não é por acaso que, de todas as disciplinas jurídicas tradicionais, as primeiras a se constituírem como Ciências especiais, ou epistemologias especializadas foram o direito *administrativo-constitucional*, que deveria dar conta de todo aparelho estatal, sua criação, organização e operacionalização; o *processo civil*, como disciplina sistematizadora do exercício especializado da jurisdição estatal; e o *direito penal*, enquanto braço repressor do Estado, destinado a manter a ordem social e zelar para que a estrutura burocrática funcionasse corretamente.[117] Portanto, o movimento positivista ganha força juntamente com a formação das disciplinas do chamado direito público e com a tendência de especialização do conhecimento, que o sucesso e o progresso das ciências naturais passam a impor a todos os outros campos do conhecimento humano.

Para compreender de maneira mais radical as intenções das teorias do direito (epistemologias) positivistas, precisamos retornar às revoluções científicas operadas no âmbito das ciências naturais e da sua progressiva emancipação com relação à metafísica ingênua. Emancipação que não se realizou ao modo de uma ruptura total. Embora as ciências naturais rejeitassem o fundamento dogmático e a especulação transcendente (não confundir com transcendental) da filosofia clássico-medieval, elas continuavam a contemplar a natureza apenas como objeto de seus experimentos, permanecendo, de alguma maneira, ainda ligadas ao objetivismo-realista que caracterizava a postura filosófica anterior. Todavia, algo de distinto se acrescia ao seu modo de proceder: a fundamentação da natureza como objeto passível de ser manipulado, de

---

[117] Para percuciente análise do desenvolvimento teórico do direito constitucional no século XIX. FIORAVANTI, Maurizio. *Los Derechos Fundamentales. Apuntes de historia de las Constituciones.* 4. ed. Madrid: Trotta, 2003.

modo matemático, pela razão e pela técnica. Tudo isso acontece a partir do século XVII e tem na Física de Galileu, Newton e Kepler o seu momento desencadeador, daí que a Física-matemática representará o modelo científico de todas as ciências na modernidade.

Desse modo, recorremos novamente à interpretação que Heidegger faz da ciência e da técnica modernas, procurando esclarecer alguns pontos que ficaram obscuros desde o início da investigação, principalmente no que toca à matematicidade que atravessa toda a modernidade.

Certamente, a questão da ciência e da técnica é um tema recorrente em Heidegger (além, é claro, os temas filosóficos tradicionais como o sentido do *ser*, a teoria da realidade e da verdade, do fundamento etc.). Em várias oportunidades, Heidegger nos oferece uma interpretação da ciência moderna, como podemos encontrar nos textos *A Ciência e o pensamento do sentido*[118] e *O Fim da filosofia e a tarefa do pensamento*.[119] Contudo, é no ensaio *O Tempo da imagem do mundo* de 1938 e publicado nos *Caminhos da Floresta* (*Holzwege*) que temos a interpretação mais profunda e as críticas mais radicais. Neste texto, Heidegger identifica quatro fenômenos que caracterizam radicalmente a modernidade: 1) a sua *Ciência*; 2) a sua *Técnica*; 3) o modo de pensar *a Arte como estética*; 4) o *fazer humano concebido como cultura*.

Na caracterização heideggeriana da ciência moderna, já mencionamos a determinação de seu traço fundamental como matemática e já explicamos, de uma maneira genérica, o que isso significa. Mas, somado ao traço matemático das ciências, o filósofo acrescenta o fenômeno igualmente importante da *técnica de máquinas* (*Maschinentechnik*).[120] A técnica de máquinas aponta para uma transformação autônoma da *práxis* de um modo tal que ela exige, para sua realização, o emprego da ciência natural matemática.[121] Com diz Heidegger: "A natureza é pro-

---

[118] Cf. HEIDEGGER, Martin. A ciência e o pensamento do sentido. In: *Ensaios e Conferências*. 2 ed. Petrópolis: Vozes, 2002, p. 39-60.

[119] Cf. HEIDEGGER, Martin. O Fim da filosofia e a tarefa do pensamento. *Conferências e escritos filosóficos*. Tradução de Ernildo Stein. São Paulo: Abril Cultural, 2005.

[120] Importante anotar, com Ramiro Floréz, que "seria malintrepetar este fenómeno verlo como mera aplicación de la ciencia matemática. Más bien sucede lo contrario. La técnica maquinista es la que reclama atención y el quehacer de aplicación de la matemática. Ocupa el puesto de avanzada más visible de la essencia de la Técnica moderna, que se identifica con la de la Metafísica moderna. La que manda es la Técnica; y la ciencia debe servila para obviar los obstáculos o facilitar los procesos de su dominación impositiva" (FLÓREZ, Ramiro. *Ser y Advenimiento. Estancias en el pensamiento de Heidegger*. Madrid: Fundación Universitaria Española, 2003, p. 173-174).

[121] Cf. HEIDEGGER, Martin. O tempo da imagem do mundo. Op. cit., p. 97. Como é comum no pensamento heideggeriano, como conclusão da relação entre ciência moderna e técnica de máquinas, o filósofo oferece a identificação de seus vínculos com a metafísica que, paradoxalmente, elas pretendem renunciar: "A técnica de máquinas permanece o rebento até agora mais visível da essência da técnica moderna, *a qual é idêntica à essência da metafísica moderna*" (Grifamos).

vocada, isto é, *interpelada*, a mostra-se como objetividade calculável".[122] Os dois elementos fundamentais da ciência passam a ser o *experimento* e seu caráter de *investigação*, sendo que o *experimento* apenas se dá onde se tornou possível o conhecimento da natureza em *investigação*. Experimento e investigação se determinam numa circularidade que tem como ponto de estofo a matematicidade da ciência. Isto porque a *investigação* somente é possível onde se determinou um *projeto matemático* sobre o ente, sendo que este projeto matemático é determinado pelo *antecipadamente conhecido do ente*. (veja-se o exemplo do processo civil: o que primeiro se conhece do processo e que lhe marca como característica mais certa e universal? A ação? A relação jurídica? Ou a jurisdição?). O fator da *investigação*, portanto, é determinante para que se dê, gradativamente, o processo de especialização do conhecimento (Heidegger dirá que a especialização é o fundamento do progresso de toda investigação) e, num segundo momento, determina, através de hipóteses, as verdades científicas que pretende construir.[123] A partir da determinação da *investigação* – que conquista de modo matemático o espaço prévio em que se desdobrará o conhecimento a partir da articulação das hipóteses – é instalado o *experimento* caracterizado pelo procedimento que, no seu planejamento e na sua execução, é levado e conduzido, a partir de uma lei posta em sua base (aberta pela investigação) no sentido de obter os fatos que verifiquem a lei ou lhe neguem a verificação. "Quanto mais exatamente for projetado o plano da natureza (matematização-investigação), tanto mais exata se torna a possibilidade do experimento", arremata Heidegger.[124]

---

[122] HEIDEGGER, Martin. Carta resposta a um professor japonês. In: STEIN, Ernildo. *Uma Breve Introdução à Filosofia*. Ijuí: Unijí, 2005, p. 194.

[123] O leitor já pôde perceber que naquilo que descrevemos até aqui sobre o direito há um nítido caminho que vai da sua emancipação com relação à metafísica dogmática (cujo ponto de referência é Kant), até a constituição de suas disciplinas particulares como epistemologias específicas. Também em relação à construção das verdades já apontamos o exemplo das epistemologias processuais que procuram mostrar a estrutura de método e objeto da ciência processual a partir da representação de uma categoria que se apresenta como ponto central – o já conhecido do ente processo, aquilo que de mais universal há nesta região do ente. Também aquilo que chamamos princípios jurídico-epistemológicos possuem esse recorte, assumindo o papel do "matemático" no âmbito de cada disciplina jurídica específica. Isso já nos deve servir de alerta, a partir de agora, para que não soframos o impulso de tratar dos chamados princípios constitucionais (ou princípios pragmático-problemáticos) com este mesmo modo de pensar. A partir disso a intenção da investigação bem como seu maior desafio, começa a aparecer com maior clareza.

[124] HEIDEGGER, Martin. O tempo da imagem do mundo. Op. cit., p. 104. Ilustra muito bem toda essa configuração da ciência moderna e seu contraponto com as experiências científicas anteriores, uma história contada pelo filósofo e que remete a Galileu: "De acordo com a representação aristotélica, os corpos movimentam-se sempre segundo a sua natureza; os pesados, para baixo, os leves, para cima. Quando ambos caem, os corpos pesados caem mais depressa que os leves, dado que os leves têm a tendência de se mover para cima. Galileu obteve o conhecimento decisivo de que todos os corpos caem à mesma velocidade e que a diferença dos tempos de queda resulta somente da

É interessante que, ao acompanhar a descrição de Heidegger sobre o modo de estruturação das *ciências naturais*, somos impelidos a aproximá-la do direito. Basta dizer que as discussões metodológicas no âmbito das pesquisas jurídicas giram em torno da delimitação de objetivos e probabilidade das hipóteses com as quais se pretende operar. Isso é no mínimo inquietante, posto que, desde o século XIX, as ciências humanas e sociais já se mostravam não apreensíveis por estas estratégias metodológicas das ciências matemáticas. Nem mesmo o conhecimento matemático lhes é familiar, por lhes faltar o caráter de certeza, que necessariamente está em jogo no conhecimento matemático. Tendo mais claro: ninguém pode duvidar que *dois livros* nos remete à dualidade do número dois. Mas muitos podem contestar a respeito do caráter feudal ou escravagista do Brasil colonial; não se tem – no sentido da certeza que reveste o número dois – a precisão do que significa um conceito como o de princípio jurídico, como estamos mostrando neste trabalho etc. Como afirma Heidegger:

> A investigação matemática da natureza não é exata porque calcula com precisão, mas tem que calcular desse modo porque a ligação à sua área de objectos tem o caráter de exatidão. Pelo contrário, todas as ciências do espírito, até mesmo as ciências do vivente (dentre as quais podemos incluir o direito – acrescentei), têm de ser necessariamente inexatas, precisamente para permanecerem rigorosas. (...) O inexato das ciências do

---

resistência da atmosfera, e não, da diferença de natureza. Para apoiar a sua afirmação, Galileu projetou uma experiência na torre inclinada de pisa, cidade onde era professor de matemática. Nessa experiência, diferentes corpos pesados não caíram da torre exatamente ao mesmo tempo, mas com pequenas diferenças e, portanto, *contra* a própria evidência da experiência, Galileu manteve a sua afirmação. Mas as testemunhas da experiência tornaram-se, com razão, por causa dela, perplexos com a afirmação de Galileu e agarraram-se, com tanto mais obstinação, ao antigo ponto de vista. Com base nesta experiência, agravou-se tanto a oposição a Galileu que ele teve de resignar do seu cargo de professor e abandonar Pisa. Galileu e os seus opositores tinham observado o mesmo "facto"; mas ambos tornaram diversamente observável e interpretaram de modo diverso o mesmo facto, o mesmo acontecimento. O que apareceu a cada um como facto e verdade autênticos foi uma coisa completamente diferente. Ambos pensaram qualquer coisa a propósito do mesmo fenómeno, mas pensaram coisas diferentes, não acerca de aspectos particulares, mas, fundamentalmente, em relação à essência do corpo e à natureza de seu movimento. *Aquilo que Galileu pensava antecipadamente, acerca do movimento era que a determinação de cada corpo é uniforme e em linha recta, sempre que ele não encontra qualquer obstáculo, e que se modifica uniformemente, sempre que uma força constante actua sobre ele.* (...) Os corpos não têm propriedades, forças e poderes escondidos. Os corpos da natureza são apenas como se *mostram* no domínio do projeto (matemático da investigação). Agora, as coisas mostram-se somente nas relações de lugar e de tempo, de quantidade de massa e de actividade das forças. O modo como se mostram é pré-indicado pelo projecto; deste modo, ele determina também a forma do tomar e do reconhecer aquilo que mostra por si mesmo a experiência, o *experiri*. Mas, na medida em que agora o reconhecimento está pré-determinado pelo esboço do projecto, o questionar pode ser determinado de tal modo que põe antecipadamente as condições a partir das quais a natureza deve responder de tal ou qual modo. Com base no matemático, a *experientia* tornou-se experimentação, em sentido moderno. *A ciência moderna é experimental na base do projecto matemático. O impulso experimentador em direção aos factos é uma conseqüência necessária do ultrapassar matemático antecipado, de todos os factos"* (HEIDEGGER, Martin. *Que é uma Coisa?* Op. cit., p. 94-97.).

espírito historiográficas não é uma deficiência, mas apenas o cumprimento de uma exigência essencial para este modo de investigação.[125]

Mas a Ciência moderna, além da investigação e experimento, acumula um terceiro procedimento: a *empresa* (*Betrieb*). Isso significa que ela somente terá autoridade de ciência quando a produção estiver capacitada institucionalmente. Mas a investigação não se formaliza como empresa porque seu trabalho é realizado em institutos, mas seu trabalho é realizado em institutos porque a ciência em si, enquanto investigação, tem o caráter de empresa. Nestes processos da *empresa*, "o procedimento da ciência é circunscrito através dos seus resultados. O procedimento orienta-se cada vez mais para as possibilidades do avançar abertas por ele mesmo".[126]

Enquanto *investigação*, *experimento* e *empresa*, a ciência moderna abre, matematicamente, os espaços que serão explorados pela técnica de máquinas. Desse modo, "O traço básico é o elemento técnico, que, pela primeira vez apareceu, em sua forma nova e própria, através da física moderna. Pela técnica moderna é descarregada a energia oculta na natureza, o que se descerra é transformado, o que se transforma é reforçado, o que se reforça é armazenado, o que se armazena é distribuído".[127]

Neste contexto global, Heidegger então poderá afirmar que, como *empresa*, as ciências exatas da natureza se movimentam a partir do *modelo da máquina* ao passo que, as ciências humanas se caracterizam pelo *jornal*, onde predomina a opinião vaga e imprecisa sobre as coisas. Sabe-se de tudo, fala-se de tudo, mas tudo é ambíguo, tudo é superficial.

Mas e o Direito, onde entra nisso tudo? Podemos dizer que o Direito representa, estranhamente, um meio caminho entre a *máquina* e o *jornal*; uma espécie de "terceira margem do rio" na qual os procedimentos da máquina, do empresamento, da investigação e do experimento podem ser retratados pelas teorias do direito,[128] que procuram emancipá-lo de

---

[125] HEIDEGGER, Martin. O Tempo da Imagem do Mundo. Op. cit., p. 101.

[126] Ibid., p. 106-107. Em outra passagem Heidegger afirma que "o desenrolar-se decisivo do caráter de empresa moderno da ciência cunha também, por isso, uma outra espécie de homem. O erudito desaparece. É rendido pelo investigador que está nos seus empreendimentos de investigação. Estes, e não o cuidado de uma erudição, dão ao seu trabalho o ar fresco. O investigador já não precisa de nenhuma biblioteca em casa. Ele está aliás constantemente em viagem. Discute em colóquios e informa-se em congressos. Vincula-se a encargos de editores. Estes co-determinam agora que livros têm de ser escritos".

[127] Cf. STEIN, Ernildo. *Uma Breve introdução à filosofia*. Op. cit., p. 195.

[128] Veja-se, por exemplo, que a última tendência das teorias do direito contemporâneas é o estudo do processamento eletrônico de dados, também chamada *informática jurídica* (Cf. KAUFMANN, Arthur. Op. cit..)

sua dependência "toxicológica" da Metafísica através de uma epistemologia positivista; a isso se agrega uma *praxis* cada vez mais constituída sob o império da tecnocracia e operacionalizada no modelo da racionalidade instrumental. Ao passo que, a *dogmática jurídica* – composta pelo aparato que instrumentaliza o agir dos técnicos que engloba a *doutrina* (enquanto interpretação especializada do direito positivo vigente) e a *jurisprudência* (enquanto manancial das interpretações realizadas pelos tribunais) – se constitui pelo modelo do *jornal*. A doutrina se apresenta como o *locus* onde é desenvolvida uma opinião muito generalizada e abstrata do quadro legislativo vigente num país como o Brasil, muitas vezes discutindo qual a correta interpretação (*in abstrato*) da lei e, em outras tantas, se limitando a repetir o que se afirma acriticamente desde o século XIX.[129]

Mas, de que modo o caráter matemático da ciência moderna se manifesta na Teoria do Direito?

No fundo, também as teorias do direito que começam a se formar a partir do século XIX, tinham a mesma pretensão de superação da Metafísica que verificamos em Kant e sua filosofia do direito. Mas essa superação era pensada de um modo equivocado porque não se compreendia exatamente a Metafísica, ignorando que o próprio fundamento matemático também era uma manifestação desta tradição. Isso se deve, em alguma medida, a Kant. Como foi dito, a virada kantiana e sua critica transcendental ao direito haviam colocado a reflexão jurídica no nível

---

[129] Um bom exemplo dessa constatação é trazido por Lenio Streck, que há tempos denuncia a eterna reprodução daquilo que Luis Alberto Warat chama de *senso comum teórico dos juristas*: "Ocorre, assim, uma ficcionalização do mundo jurídico, como se a realidade social pudesse ser procustianamente aprisionada/moldada/explicada através de verbetes e exemplos com pretensões universalizantes. Alguns exemplos beiram o folclórico, como no caso da explicação do "estado de necessidade" constante no art. 24 do Código Penal, não sendo incomum encontrar professores (ainda hoje) usando o exemplo do naufrágio em alto-mar, em que duas pessoas (Caio e Tício, personagens comuns na cultura dos manuais) "sobem em uma tábua", e na disputa por ela um deles é morto (em estado de necessidade, uma vez que a tábua suportava apenas o peso de um deles...!) Cabe, pois a pergunta: por que o professor (ou o manual), para explicar a excludente do estado de necessidade, não usa um exemplo do tipo *"menino pobre entra no Supermercado Carrefour e subtrai um pacote de bolacha a mando de sua mãe, que não tem o que comer em casa?"* Mas isto seria exigir demais da dogmática tradicional. *Afinal de contas, exemplos deste tipo aproximariam perigosamente a ciência jurídica da realidade social...!* Na mesma linha: em importante concurso público realizado no Rio Grande do Sul, perguntou-se: Caio quer matar Tício, com veneno; ao mesmo tempo, Mévio também deseja matar Tício (igualmente com veneno!). Um não sabe da intenção assassina do outro. Ambos ministram apenas a metade da dose letal (na pergunta não há qualquer esclarecimento acerca de como o personagem Tício – com certeza um idiota –, bebe as duas porções de veneno). Em conseqüência da ingestão das meias-doses, Tício vem a perecer... Encerrando, a questão do aludido concurso indagava: Caio e Mévio respondem por qual tipo penal? Em outro concurso, de âmbito nacional, a pergunta dizia respeito à solução jurídica a ser dada ao caso de um gêmeo xifópago ferir o outro (com certeza, gêmeos xifópagos andam armados, em cada esquina encontramos vários deles)". STRECK, Lenio Luiz. *Hermenêutica Jurídica e(m) crise*. Op. cit., p. 85.

da pura positividade a partir da exclusão da *coisa em si*. Neste nível de fundamentação, dada a conhecida proximidade de Kant com as ciências exatas da natureza e a certeza matemática de sua filosofia, a passagem para um modelo positivista de ciência, inspirado nas ciências naturais e a afirmação do positivismo jurídico, não tardaria acontecer.

De todas as teorias do direito produzidas no século XX não restam dúvidas de que a de Hans Kelsen foi e continua sendo a mais influente.[130] Influência esta entendida aqui não apenas num sentido positivo de adoção explícita de sua teoria por outras posições sobre o direito, mas também no sentido negativo, ou seja, numa tentativa de crítica ou superação. No fundo, tanto uma filiação teórica quanto uma crítica – quando realizadas de uma maneira temática ou consciente – só são possíveis pelo confronto que se estabelece com um determinado autor. Não é preciso muito esforço para mostrar como Kelsen se encontra presente em quase todos os diálogos teóricos sobre o direito na contemporaneidade. Para nossa investigação, a teoria kelseniana se apresenta de maneira muito tenaz dada a influencia que ela exerce no pensamento de Robert Alexy, estando presente de algum modo em todos os debates das

---

[130] Neste ponto, é preciso entender as grandes questões e transformações a que estão submetidas a filosofia e a ciência entre o final do século XIX e o início do século XX. Esse período marca a eclosão de uma crise filosófica que certamente ainda repercute em nossos dias. Crise que marca o desenvolvimento das neo-filosofias (neokantismo; neohegelianismo; neomarxismo; neoaristotelismo etc..) e das diversas tentativas de afirmar um método autônomo para as ciências humanas e sociais (como pode ser percebido em Dilthey, Droysen e outros autores que compõem a chamada *escola histórica*). É deste ambiente que emergirá também a fenomenologia. No direito há um profundo impacto das chamadas neo-filosofias. De todas as orientações desenvolvidas, aquela que marcara, definitivamente, as teorias do direito produzidas no século XX foi, sem dúvida nenhuma, a kantiana, ou, melhor dizendo, neokantiana. Mas o neokantismo não era todo ele uniforme, comportando uma divisão radical entre pelo menos duas escolas: a de Baden e da de Marburgo. Podemos destacar como grandes representantes da escola de Marburgo Cohen e Nartop que, no nível da teoria do direito, influenciaram fortemente Kelsen e Stammeler. Na escola de Baden, Windelband e Rickert eram os grandes nomes e influenciaram decisivamente a tentativa de restabelecimento do direito natural no segundo pós-guerra principalmente através da obra de Radbruch. Quanto à filosofia propriamente dita, a escola de Marburgo voltavam suas preocupações para o conhecimento nos seus quadros e nas suas leis gerais *a priori*, vinculando-se à *Razão Pura Teórica*; ao passo que, os neo-kantianos de Baden, como *idealistas da cultura*, se preocupavam mais com a questão dos valores e com aquilo que eles têm de individual e intuitivo, voltando-se com maior vigor para a *Razão Pura Prática*. No fundo, a escola de Marburgo deixou-se influenciar, em grande medida, pelo *naturalismo* do século XIX dando seguimento ao projeto técnico-científico construído pela modernidade; enquanto que a escola de Baden afirmava que o pensamento teórico não cria por si só seu objeto, mas que acima dele há necessariamente alguma coisa em harmonia com a qual pensamento se move e se rege para atingir o valor da verdade. Este *alguma coisa* não é, evidentemente, uma pura realidade empírica, mas algo transcendental. Para os *neo-kantianos* de Baden esse alguma coisa era um *dever-ser* puro, um valor. Para eles, são os valores, enquanto produtos do fazer humano concebido como cultura, que regem o pensamento e lhe permitem alcançar objetividade (Cf. ADEODATO, João Maurício. Op. cit., p. 41 e segs; RADBRUCH, Gustav. *Filosofia do Direito*. Tradução de Cabral de Moncada. 6 ed. Coimbra: Universidade de Coimbra, 1979).

teorias do direito produzidas em tempos de *pós-positivismo*.[131] Por isso, analisaremos aqui mais detidamente o positivismo jurídico kelseniano, deixando o positivismo de Herbert Hart para ser abordado no nosso capítulo final, em virtude de seu debate com Ronald Dworkin e sua explícita intenção de elaborar um "positivismo brando" ou "aberto". Advertimos, destarte, que não se pretende aqui uma análise minuciosa dos aspectos epistemológicos da *Teoria pura do direito*, mas sim apanhar seus pressupostos filosóficos e o desvelamento do "matemático" que nela se acha expresso.

Tradicionalmente são elencadas duas influências básicas que compõem, dialeticamente, a *Teoria pura do direito*: o *neokantismo* de Marburgo[132] e o *positivismo lógico* do Círculo de Viena. Dito de outro modo: como *teórico do conhecimento*, Kelsen é um kantiano de Marburgo; como *epistemólogo* ele é um positivista lógico.

Como kantiano, Kelsen se filia ao criticismo transcendental da *Razão pura teórica* e, a partir dos procedimentos críticos da dialética transcendental, determina as condições de possibilidade do fenômeno jurídico operando o processo de especialização daquilo que, no interior do *conhecimento efetivo* (entendido kantianamente), há de jurídico. Neste nível ele efetua o corte radical entre direito e moral, ou qualquer outro tipo de manifestação ético-valorativa ao mesmo tempo que exclui qualquer tipo de abordagem psicologicista sobre o direito. Desse modo, o objeto de sua epistemologia jurídica se apresenta exclusivamente dado pelo sistema de *normas jurídicas*, que imprimem sentidos nos atos sociais.[133] A *norma jurídica* funciona, neste caso, como *esquema de interpretação*, que

---

[131] O *pós-positivismo* como alternativa teórica que se apresenta para o direito no segundo pós-guerra é um ponto importante para a discussão sobre o conceito de princípios. Dele já tratamos varias vezes nesta investigação. As questões envolvendo o *pós-positivismo* serão desenvolvidas melhor no último capítulo da pesquisa, depois de termos colocado corretamente as principais questões filosóficas envolvidas na problemática do conceito de princípio e de termos explorado suficientemente o paradigma da fenomenologia hermenêutica.

[132] Já mencionamos em nota anterior o ambiente cultural em que se desenvolve o neo-kantismo. É importante anotar agora algumas coisas em torno do que o neokantismo de Marburgo representou para a experiência jurídica. Seu primeiro representante de projeção foi Rudolf Stammler que conservou do kantismo a necessária distinção entre a fenomenalidade do direito positivo e o conhecimento que o filósofo dele pode obter mediante um juízo de reflexão. O direito positivo é da ordem do fato e do *a posteriori*. Em compensação, ele observa que uma ciência do direito necessita elevar-se ao conceito de direito considerado em sua validade universal. Esse procedimento permite observar nele a "idéia" que o anima *a priori*. Como Kant – e posteriormente Kelsen – Stammler estima que a pureza do direito (exigência racional *a priori*) deve ser a busca fundamental da ciência do direito e que é indispensável expurgá-la de toda contaminação pela moral ou pela história (Cf. GOYARD-FABRE, Simone. Op. cit., p. 228). Isso decorre, numa perspectiva mais ampla, da própria orientação predominante em Marburgo como foi ressaltado na nota anterior.

[133] Cf. WARAT, Luis Alberto. *Epistemologia Jurídica e Ensino do Direito*. Florianópolis: Fundação Boiteux, 2004, p. 241 e segs.

determina o sentido deôntico dos fatos sociais. Como explicita Warat: *"Apoyándonos en los presupuestos gnoseológicos del neokantismo de Marburgo, podemos suponer que para Kelsen el conocimiento científico del Derecho, sólo es posible em base a una estructura deôntica precisa y preexistente.*[134] Ao mesmo tempo, a partir de uma operação epistemológica determinada pela norma jurídica enquanto modelo de interpretação e objeto da ciência do direito, Kelsen garante a especificidade e a autonomia do direito frente à política, à sociologia e à ideologia.

Também no plano da *validade* do direito (entendida tanto como obrigatoriedade quanto existência) esta não será garantida de uma maneira simplesmente factual, como querem os partidários do realismo jurídico (também chamado "positivismo fático"), mas sim num nível de idealidade *a priori* desta estrutura deôntica, que será constituída a partir de uma ordenação normativa encadeada hierarquicamente que tem como ponto de interrupção uma criação gnoselógica de Kelsen, chamada *norma fundamental*. A grande inovação kelseniana, contudo, reside em introduzir, no nível desta estrutura deôntica, uma lógica de "proposições jurídicas" e não simplesmente de "normas jurídicas". A norma jurídica se mantém como esquema de interpretação, porém apenas para apoiar a construção de uma linguagem rigorosa que pode assumir as estruturas formais *a priori* exigidas pelo conhecimento científico efetivo. Assim, Kelsen constrói uma metalinguagem (proposições) – ao estilo do positivismo lógico do círculo de Viena – para resolver os paradoxos lógicos da linguagem objeto que são as normas jurídicas. Mas como reproduzir isso numa ciência como o direito? Primeiro é preciso saber qual o princípio que determina este tipo de investigação que esta ciência realiza. Evidentemente, Kelsen dirá que não é o princípio da causalidade, que rege o estudo das ciências naturais. Como já vimos, para a *Teoria pura do direito*, o princípio que rege o estudo científico do direito é o *princípio da imputação*, cuja diferença primordial reside em que nele está em jogo um ato de vontade.

Novamente, a questão envolvendo os princípios parece esclarecer tudo o que foi dito até aqui. Em ambos os casos o conhecimento de tais princípios se dá segundo um modelo matemático, tanto no que diz respeito ao método quanto ao seu conteúdo. Portanto, o modo matemático de ver o mundo que a ciência moderna passa a impor ao ocidente, não deixa de fora o direito que, enquanto epistemologia, se torna essencialmente em conhecimento matemático. Mais uma vez com Warat, podemos afirmar que "la ciencia del Derecho es concebida por Kelsen como una especie de geometría jurídica, que como fiel secuaz de la escuela de Marburgo, poniendo de lado los contenidos de las normas jurídicas y

---

[134] WARAT, Luis Alberto. *Epistemologia e Ensino do Direito*. Op. cit., p. 243.

la idéia de justicia, se ocupa exclusivamente de delimitar el campo de acción y las formas dentro de las cuales todo orden jurídico debe necesariamente desenvolverse".[135]

Desse modo, torna-se compreensível porque, em praticamente todas as teorias jurídicas do primeiro quarto do século XX, o problema do fundamento era colocado de maneira quase exclusiva no âmbito da lógica interna do sistema normativo – máxime do sistema positivo de normas jurídicas – sendo que a decisão judicial apareceria tão-só como apêndice de tais teorias. O exemplo mais marcante é, sem dúvida, a *Teoria Pura do Direito*, que dedica apenas o último capítulo ao tema "interpretação", no qual fica nítida a cisão kelseniana entre direito e ciência do direito: a Teoria Pura deve cuidar das condições de inteligibilidade da *ciência do direito* (no plano de uma teoria do conhecimento) e resolver os paradoxos lógicos a partir de uma lógica deôntica rigorosamente pré-determinada (no plano de uma rígida estrutura epistemológica), enquanto o *direito* se auto-regula, sofrendo os influxos políticos e ideológicos da sociedade.

De toda sorte, é preciso reconhecer que há uma espécie de "acerto filosófico" em Kelsen, na medida em que ele percebeu que o direito não é uma mera realidade factual, mas que há um elemento transcendental que o compõe. O problema surge quando este elemento transcendental é reduzido à subjetividade e organizado de modo matemático dedutivo a partir de sua lógica deôntica de proposições. Também o problema da separação entre ciência do direito e direito; ou ainda, entre ato de conhecimento e ato de vontade, mereceria ser melhor discutida. Porém, isso ultrapassa nossa intenção filosófica e nos levaria a um debate epistemológico cuja profundidade esta investigação não exige. Damo-nos por satisfeitos com a determinação da transcendentalidade subjetivista da *Teoria pura do direito* e com o fundamento matemático que a reveste.

Justamente este modelo matemático é que se coloca em xeque quando, a tradição jurídica que se edifica a partir do segundo pós-guerra, passa a articular os argumentos que darão origem ao significado do conceito de princípio pragmático-problemático. A crise do modelo matemático de se fazer direito e teoria do direito coincide com aquilo que em filosofia se chama de "crise do fundamento" que abala o contexto filosófico dos anos 20. Mas é preciso entender em que medida as teorias do direito que englobam os significados do conceito de princípio como *princípios gerais do direito* e *princípios jurídico-epistemológicos*, são matemáticas. A referência ao texto *O Tempo da Imagem do Mundo* de Heidegger nos deu uma indicação para a formulação deste problema.

---

[135] WARAT, Luis Alberto. *Epistemologia e Ensino do Direito*. Op. cit., p. 247.

2.4. O segundo Pós-guerra como momento desencadeador de novos paradigmas para o direito e o "segundo momento" neokantiano da teoria do direito: tentativas de reconstrução do direito natural ou de um positivismo axiológico?

É no marco inexorável do segundo pós-guerra que emerge o significado do conceito de princípio *pragmático-problemático*. Isso é significativo, porque, a partir de então, é possível notar uma retomada da filosofia do direito num sentido diretivo, regulativo e normativo, através das diversas tentativas que se instalaram de resgate da filosofia prática, ou da racionalidade prática. Certamente, o movimento determinante para esse rumo da reflexão jurídica se dá a partir da experiência judicial do Tribunal Constitucional Federal alemão. Como afirma Castanheira Neves, tais princípios aparecem no interior de um acontecimento maior a partir do qual a tradicional interpretação jurídica muda de rumo e a própria teoria do direito passa a ser problematizada tendo em vista um horizonte de sentido que se capilariza a partir de uma determinada *idéia de razão prática*. Do direito identificado com a lei, passa-se ao direito enquanto direito. Isto quer dizer: ultrapassa-se a simples interpretação textual da lei em direção à interpretação do direito.

O problema interpretativo se torna mais complexo do que nas epistemologias anteriores, na medida em que não mais está em jogo apenas o entendimento daquilo que os textos legais comunicam, mas também, e principalmente, o conhecimento, ou melhor seria dizer, a compreensão do sentido do direito. Temos neste sentido a experiência da jurisprudência dos valores. É importantíssimo tê-la em conta posto que, como dissemos, a partir de Kant não nos é dado retornar a um fundamento puramente dogmático que não remeta, em alguma medida, para uma experiência capaz de gerar conhecimento efetivo. Isso no contexto da revolução transcendental e de tudo o que ela representa. Desse modo, as transformações pelas quais passaram a filosofia e a teoria do direito no segundo pós-guerra, não se deram a partir de uma pura especulação lógico formal. Mas pelo contrário, os impulsos que elas recebem se originam da experiência dos Tribunais e da ascensão daquilo que se pode chamar de *judicialismo*, numa clara oposição ao *legalismo* anterior. Ou seja, essas transformações representaram uma radical mudança de postura daqueles que refletem sobre o direito na tradição continental, a partir de uma maior atenção despendida à decisão judicial propriamente dita.

Já falamos sobre o problema que o Tribunal Constitucional alemão enfrentava nos anos que se seguiram à promulgação da Lei Fundamental no que atina ao julgamento de casos que tinham como objeto relações jurídicas constituídas ainda sob a égide das leis nazistas.[136] Dissemos também que, para solucionar estes casos e outros similares, o Tribunal começou a lançar mão de uma série de novos instrumentos conceituais que permitiam uma justificação da decisão descolada da simples interpretação textual da lei e da própria Constituição. Desse modo, *princípios, cláusulas gerais, e enunciados abertos* eram invocados pelo tribunal para que fosse possível legitimar suas decisões ainda que, num sentido estrito, fossem contrárias à lei. Isso surge no contexto das atividades jurisdicionais do Tribunal e não simplesmente de uma justificação filosófico-cultural de tais mecanismos. No momento em que o Tribunal começa a decidir assim, tem-se por aberto um espaço positivo para a reflexão filosófica sobre o direito e, a partir de então, passaram a ser exploradas posições filosóficas que fundamentassem a utilização de tais mecanismos.

Por certo, colocar as questões desta maneira seria, de certo modo, simplificar demais o complexo quadro que se instalou não apenas no momento subseqüente ao final da segunda guerra, mas a todo período de crise pelo qual passaram a filosofia e o direito desde os anos 1920. Nesse contexto, assume fundamental importância Gustav Radbruch e seu axiologismo jurídico-cultural. Isso é importante para nós, na medida em que Radbruch influenciou fortemente Robert Alexy. Para Radbruch, seguindo a orientação dos neokantianos de Baden, a transcendentalidade do direito era encontrada nos valores que verdadeiramente regem a objetividade do pensamento. Autores como Kaufmann vêem em Radbruch uma terceira via em relação à velha oposição entre *jusnaturalismo* v.s. *juspositivismo*: "Foi Radbruch o primeiro a superar as trincheiras entre direito natural e positivismo".[137] No entanto, num sentido mais radical, o direito natural já havia sido superado por Kant, paradigma filosófico a partir do qual Radbruch assenta sua reflexão sobre o direito. Isso fica claro quando o próprio Kaufmann afirma que Radbruch, tal como Kelsen, era kantiano, na medida em que só considerava possíveis proposições aprioristicas, inequívocas, concludentes do ponto de vista da forma, não quanto ao conteúdo. Mas, enquanto por esta razão Kelsen se cingia ao formal, Radbruch filosofava também sobre conteúdos, em especial sobre valores.[138] Isso leva, evidentemente, à configuração de um relativismo axiológico.

Nessa medida, Castanheira Neves afirma que, com Radbruch começa a ter expressão algo que podemos nomear como "neojusnatura-

---

[136] Neste sentido ver, por todos, LARENZ, Karl. Op. cit.
[137] KAUFMANN, Arthur. Op. cit., p. 135
[138] KAUFMANN, Arthur. Op. cit., p. 154.

lismo", só que não mais *cosmológico; teológico; ou psicológico* (que, como vimos, foram destruídos pela crítica kantiana), mas sim *axiológico*, fundado na leitura neokantiana da razão pura prática da escola de Baden. Desse modo, temos um direito fundado *a priori* não no *cosmos*, nem na vontade de Deus, nem na universalidade da razão, mas simplesmente na própria *essência objetiva dos valores*. E arremata Castanheira Neves: "pensamento este de uma jusnaturalista afirmação de um super-positivo conteúdo axiológico ou ético-material (uma pré-dada ordem de valores), enquanto fundamento constitutivo do direito (...) que repercutia inclusive na jurisprudência jurisdicional alemã".[139] É importante ressaltar que com fundamento neste direito axiológico e supralegal, Radbruch considerava a lei positiva como não-direito, nos casos extremos de violação deste "direito natural dos valores" retirando-lhe, por isso sua própria validade de direito. Essa posição se tornou famosa como "fórmula Radbruch" e influenciou consideravelmente Robert Alexy e sua defesa de uma moral corretiva para o direito.[140]

Diante de tal posição e da inclinação dos Tribunais europeus (principalmente o Alemão) para utilização de conceitos ditos "valorativos" como é o caso do conceito de princípio, não tardaria a encontrar como problema a acusação de *relativismo*. Assim, problemas derivados da utilização de tais mecanismos como a perda da segurança jurídica em virtude do exacerbado relativismo que uma argumentação neste sentido acarretaria, passaram a receber tratamento no nível de outras discussões

---

[139] CASTANHEIRA NEVES, Antonio. *A Crise actual da filosofia do direito no contexto da crise global da filosofia. Op. cit.*, p. 38.

[140] Esse elemento corretivo da moral sobre o direito plasmado na "fórmula Radbruch" vem assim justificada em sua *Filosofia do Direito*: "O direito é apenas a possibilidade da moral e por isso mesmo também a possibilidade da imoralidade. Ele torna possível a moral. Não a torna forçosamente necessária, porque o acto moral, por natureza de seu próprio conceito, não pode ser senão um acto de liberdade. Mas porque o direito apenas torna *possível* a moral, por isso mesmo deve também tornar possível a negação da moral. Desta maneira a relação entre a moral e o direito apresenta-se-nos como uma relação muito especial. O direito começa por se encontrar ao lado da moral, mas estranho a ela, diferente dela até, possivelmente, oposto a ela, como acontece com os 'meios' colocados ao lado dos 'fins'. *Posteriormente, como meio para a realização de certos valores morais, o direito toma, porém, parte no valioso deste fim. Deste modo, embora com reserva da sua autonomia, é absorvido pela Moral*" (RADBRUCH, Gustav. *Op. cit.*, p. 112-113). Neste sentido, Robert Alexy traz, em seu *O conceito e a validade do direito*, um exemplo retirado de uma decisão do Tribunal Alemão que se utiliza da fórmula Radbruch para justificar sua decisão de não aplicação de uma lei criada ao tempo do nazismo e que, por motivos racistas, privava da cidadania alemã judeus emigrados. Trava-se de um advogado que emigrara de Amsterdam e que havia perdido sua cidadania de acordo com a lei emitida pelo regime, tendo sido deportado em 1942. Ocorre que, neste tramite, o advogado acabou por falecer e isso significava a impossibilidade de recuperar a cidadania alemã de acordo com o artigo 16, § 2º da Lei Fundamental. Mas o Tribunal chega a conclusão de que o advogado nunca havia perdido a cidadania alemã por que a lei que assim estipulava era *extremamente injusta*, sendo, portanto, nula *ab initio* (Cf. ALEXY, Robert. *El concepto y la validez del derecho*. Tradução de Jorge M. Seña. 2 ed. Barcelona: Gedisa, 1997, p. 15 e segs.)

filosóficas sobre o direito. Desse modo, recorria-se a posições filosóficas que fossem capazes de debelar esse relativismo advindo de argumentos de princípios ou cláusulas gerais baseados em valores, como no caso de Max Scheler e Nicolai Hartmann,[141] ambos com propostas de realização de uma análise objetiva dos valores. Não é nosso objetivo aqui analisar em pormenores o que cada uma destas posições estabelecia com respeito ao problema dos valores, mas simplesmente apontar para a construção deste "direito natural axiologista" e como ele é distinto de toda tradição jusnaturalista anterior. Neste caso, o esforço é encontrar um fundamento não dogmático para o direito e justificar o caráter de conhecimento efetivo dos valores, vale dizer, uma condição de validade *positiva* para determinação destes valores ético-materiais que condicionam o direito.

Destarte, isso que se postula como um "renascimento do direito natural" a partir de uma *axiologia jurídica* (afora esta orientação estar pautada na "natureza das coisas"), no fundo pode ser encarado, em última instância, como um *positivismo axiológico* que, tal qual o positivismo normativista, deita suas raízes em Kant, com a diferença de que ele se afirma a partir da razão pura prática, enquanto que o normativismo parte da razão pura teórica.[142]

De todo modo, todas estas questões são extremamente importantes de serem colocadas visto que é a partir destes acontecimentos que as atenções do *jusfilósofos* se voltaram para a prática interpretativa do direito, ou seja, para a decisão judicial, em detrimento do momento lógico-matemático preocupado com a arquitetônica de um sistema jurídico num nível meramente semântico. Por certo que toda essa discussão se aprofunda e se torna mais complexa no interior do chamado *pós-positivismo* e das diversas posições que ali se manifestam no sentido de criar anteparos para a atividade do juiz. Dito de outro modo: o que fazer

---

[141] Como afirma Adeodato, "A *teoria dos valores* de Hartmann segue as linhas básicas da ética de Max Scheler e teve grande repercussão, sendo até hoje um dos maiores exemplos da *doutrina axiológica objetivista*, segundo a qual os chamados valores não são criação humana mas existem no universo independentemente de serem ou não realizados, compreendidos ou sequer percebidos por quem quer que seja". Apesar de Scheler e Hartmann postularem, na mesma linha de Radbruch, uma "objetividade dos valores", é preciso ressaltar que, diferentemente deste, eles não aceitavam acriticamente a noção de *dever puro* presente na ética kantiana. Tanto Scheler como Hartmann criticavam a ética kantiana em pelo menos três pontos principais: *o subjetivismo, o formalismo e o intelectualismo* (Cf. ADEODATO, João Maurício. Op. cit., p. 153 e segs.)

[142] Veja-se, neste sentido, o que afirma Kaufmann a respeito de Radbruch: "Em contrapartida, a impressão causada pelo Estado de não direito nacional-socialista nunca levou Radbruch a desligar-se totalmente do positivismo; ele nunca sacrificou a segurança jurídica como elemento da idéia de direito a um vago conceito de direito natural. Não existem quaisquer indícios de que Radbruch alguma vez tenha tido em mente uma renovação da idéia de direito natural 'clássica', de acordo com a qual se pode deduzir todo um sistema de proposições jurídicas objetivas e eternamente verdadeiras a partir de um conceito substancial de natureza" (KAUFMANN, Arthur. Op. cit., p. 136-137).

com a discricionariedade judicial, nos termos que se estabelecem a partir desta revoada judicialista que toma o direito a partir do segundo pós-guerra? Esta investigação aponta para o fato de que o cerne deste problema está no conceito de princípio e que o acontecimento determinante para apresentar como este conceito se manifesta deve emergir da estrutura do pensamento. Isto quer dizer que somente será possível determinar, de uma maneira profícua, em que sentido podemos colocar o significado destes princípios pragmático-problemáticos, na medida em que estivermos seguros de que não estamos caindo naqueles significados já sedimentados pela tradição e por tudo que ela representa. Já sabemos que, a partir de Kant, procurou-se pensar o direito de um modo não metafísico. Evidentemente os princípios também terão que ser pensados neste sentido. Todavia, o não metafísico da tradição kantiana é dado a partir de um fundamento matemático firmado na subjetividade do *eu transcendental*. Mas com Heidegger nós vimos que a Metafísica moderna é, inerentemente, matemática. Se, por tudo que dissemos até aqui, o conceito princípio é tratado de modo matemático, tanto no seu significado de *princípios gerais do direito*, quanto no significado dos *princípios jurídico-epistemológicos*, não seria isto uma manifestação metafísica de se pensar o conceito de princípio? Não estaríamos, do mesmo modo, incorrendo em um tipo de dogmatismo metafísico?

2.5. Balanço intermediário: a saída heideggeriana do beco dogmático da metafísica

Kant pretendeu libertar a filosofia dos dogmatismos da metafísica racionalista e, ao mesmo tempo, garantir sua efetividade enquanto conhecimento em face do ceticismo empirista. O fez a partir do esquematismo e da dialética transcendental da crítica da razão pura, julgando que, com isso, havia superado a metafísica. Porém, a simples exclusão da *coisa em si* e a inversão do dualismo clássico a partir do esquematismo da crítica, não garantiram para Kant seu sucesso na sua intenção de superar a Metafísica. A *coisa em si* foi excluída e com isso se fez a *Crítica da razão pura*. Todavia, para que a crítica se mantenha de pé ela necessita da *coisa em si*. Não haveria crítica sem o *homem* e, a despeito disso, ele a crítica não tematiza; a inversão do dualismo a partir do esquematismo e da dialética transcendental não retira a problemática envolvendo o *mundo*. Ou seja, como é possível fazer teoria do mundo natural a partir do aparelho humano interno do conhecimento. No fundo, Jacobi, citado por Stein, tinha razão ao dizer que "sem a coisa em si não se entra na crítica da razão pura. Com a coisa em si não se permanece nela". Desse modo, a *coisa em si* é como uma sombra que paira difusamente sobre toda a crítica o que a leva em direção a aporia entre fenômeno e coisa em sai, que nela permanece latente.

Em todo caso, a partir de Kant podemos dizer que fomos libertados das ontologias ingênuas da tradição metafísica e ingressamos, com sua teoria do conhecimento, na era da reflexão transcendental. Mostramos já como isso repercute no direito. Depois de tudo o que foi dito neste capítulo, é possível agora traçarmos uma linha direta que vai de Kant até o ressurgimento do direito natural no segundo pós-guerra, passando pelo normativismo kelseniano. Em toda essa linha, temos, como marca registrada, a matematicidade que já atingia o pensamento kantiano em virtude de que, a própria modernidade é, essencialmente, matemática.

Mas essa matematização do pensamento não se faz sem inconvenientes. Há um dogmatismo no "matemático" que se manifesta no fato de que, com ele nos contentamos com o já conhecido a respeito dos entes e, com isso, não tornamos problemática, para nós mesmos, sua validade e os seus significados já sedimentados. O matemático é, por excelência anti-histórico, não apenas porque ele se pretenda universalmente atemporal, mas porque a crítica histórica do pensamento é por ele refutada. Afinal, não há certezas na história. Desse modo, o significado do conceito de princípio firmado de modo matemático, torna-se, em alguma medida, indiscutível, um ponto a partir do qual se deve necessariamente partir, dado que de todo o direito eles são aquilo que desde sempre já se conhece (*princípios gerais do direito*); ou então são eles aquilo que antecipadamente precisamos conhecer para fazer epistemologia de uma disciplina jurídica ou do próprio direito como um todo (*princípios jurídico-epistemológicos*).

Portanto, a libertação da reflexão jurídica dos dogmatismos da tradição metafísica, bem como deste modo matemático de pôr o mundo, deverá vir de uma filosofia que supere a Metafísica sem fugir da pergunta pelo homem e pelo mundo e que, ao mesmo tempo, torne possível a caracterização de um modo não-matemático de pensar. Esse espaço pode ser encontrado na fenomenologia hermenêutica de Martin Heidegger. Mas como podemos dizer que a fenomenologia pode nos dar tudo isso no âmbito do direito? Para respondermos a esta pergunta teremos primeiro que compreender, de uma maneira mais radical, por que todas as tentativas desenvolvidas na filosofia e na teoria do direito de superar a metafísica foram frustradas. Isso será conquistado a partir da interpretação que Heidegger faz da própria metafísica, interpretação esta em que o próprio Kant aparecerá, não como um autor que pretende fundamentar as ciências naturais, mas como aquele que fundamentou a metafísica. Depois que tornarmos claro o que significa para Heidegger Metafísica, poderemos passar adiante para a caracterização das principais transformações que seu paradigma filosófico nos legou, para aproximá-las sobre a temática desta investigação no último capítulo, quando trataremos especificamente do conceito de princípio.

3. Fenomenologia hermenêutica e direito: a indicação da situação hermenêutica da investigação

3.1. Considerações preparatórias

Duas citações são particularmente importantes para aquilo que iniciamos nesta etapa de nossa investigação. A primeira nos remete a Heidegger no período de gênese de *Ser e Tempo* em texto publicado com o título: *Ontologia – Hermenêutica da Faticidade*. O contexto desta citação permanece inserido nas discussões acerca do matemático que predomina no ambiente da ciência moderna e que penetra na própria filosofia, apontando para uma crítica fenomenológica desta problemática (neste tempo, Heidegger já anunciava profundas discordâncias com relação à fenomenologia de Husserl). Desse modo, temos as seguintes palavras de Heidegger:

> Para *Husserl* en la *matemática* y en la ciencia matemática de la naturaleza venía predefinido un determinado ideal de ciencia. La matemática era el modelo para toda ciencia en general. Y este ideal de ciencia ejerció su influencia en cuanto que se intentó elevar el rigor de la descripción al rigor que posee la matemática.
> En tal absolutización no podemos detenernos aquí. No surge aquí por primera vez, sino que domina desde hace tiempo a la ciencia y encuentra una aparente fundamentación en la idea de ciencia en general, tal como esa idea aparece entre los griegos, en donde se cree encontrar el conocimiento entendido a éste como conocimiento de lo universal, y (cosa que se considera equivalente) como conocimiento de lo universalmente válido. Y esto es un simple error. Y en cuanto que no se alcanza el rigor de la matemática, se renuncia a presentar como conocimiento el conocimiento de que se trate.
> En principio no se tiene claro que aquí se encierra un prejuicio. Pues, ¿hay alguna razón para suponer que la matemática haya de presentarse a todas las ciencias como un modelo?, o ¿no sucede, más bien, que mediante tal pretensión, las cosas quedan cabeza abajo? La matemática es la ciencia menos estricta de todas, pues, el acceso a ella es el más sencillo. Las ciencias del espíritu presuponen una existencia científica en mucho mayor grado que lo que nunca podrá conseguir un matemático. Pues no debe considerar-

> se a la ciencia como un sistema de enunciados y de contextos de fundamentación, sino como algo en lo que la existencia fáctica entre en discusión consigo misma. Empezar proponiendo algo así como un modelo representa una vulneración del propósito mismo de la fenomenología; lo que más bien hay que hacer es extraer del tipo e objeto y, por tanto, del tipo de acceso que le es adecuado, el sentido del rigor y el tipo de rigor que la correspondiente ciencia ha de tener.
> La *fenomenología* es, por tanto, un *cómo de la investigación*.[143]

Por outro lado, temos o testemunho de Hans-Georg Gadamer, que aponta para o impacto que causara a linguagem de Heidegger nos anos que sucederam a realização do curso *Hermenêutica da Faticidade* e que nos serve para perceber em que direção se encaminha o pensamento heideggeriano e *como* podemos pensar sua relação com o direito:

> Quando cheguei em 1923 a Freiburg, tive o privilégio de ser convidado por Heidegger para ler Aristóteles com ele uma vez por semana. (...) Ele começou com a seguinte proposição: *"To on legetai,* o ente é..." – Como tinha aprendido antes disso em Marburgo, era claro que se tinha de traduzir aqui: "O ser é compreendido, ou concebido ou pensado". Em Heidegger, tínhamos: "Ele é falado", ou seja, "é assim que se fala sobre isso". Portanto, se levava a sério o *legesthai,* o *legein, ta legomena,* e, com isso, tudo aquilo que seguiu a partir de Platão e de seu Sócrates como fuga em direção aos *logoi.* Tudo isso designa a linguagem e aquilo que se diz. De uma vez só a lógica da tradição, uma lógica que ainda se achava à base do idealismo alemão, se transformava na vitalidade de uma realidade ligada ao mundo da vida. Essa lógica vem ao nosso encontro na linguagem. (...) No caso apresentado estava claro para nós que se compreende melhor qual é a essência do ser quando se pensa a propriedade presente (*Anwesen*) e os alunos de Heidegger tinham aprendido a reconhecer na "questão do ser" uma questão autêntica. O fato de se aprende a pensar a vida em todas as suas muitas direções de auto-interpretação e de experiência lingüísticas representa naturalmente uma tarefa genérica. *A isso pertence a experiência da transcendência, a experiência da poesia, da arte, do culto, do rito, do direito – tudo isso precisa ser pensado de maneira nova. Esse era o interesse de Heidegger.* Ele sempre retomou uma vez mais esse caminho. Nós podemos nos perguntar o que, em nossa cultura marcada pela ciência, nosso pensamento tem a aprender com essas experiências. Tenho em vista aqui o seguinte: *é preciso conquistar um novo equilíbrio, de modo que nosso pensamento não se esgote apenas no domínio (e exploração) da natureza, isto é, na disponibilização de tudo, nós mesmos inclusive.*[144]

Estas duas citações são importantes porque, com Heidegger aprendemos a colocar em questão a matematização das ciências, problematizando, assim, a constituição matemática da ciência do direito, enquanto ciência do vivente. Ao mesmo tempo, com Gadamer, visualizamos o modo correto de se caminhar junto ao pensamento heideggeriano em direção a um pensar que não se limite ao matemático; um pensar ligado

---

[143] HEIDEGGER, Martin. *Hermeneutica de la Faticidad.* Texto disponível em www.heideggeriana.com.ar/hermeneutica/indice.htm. Acessado em 27 de julho de 2007.

[144] GADAMER, Hans-Georg. *Hermenêutica em Retrospectiva: Heidegger em retrospectiva.* Tradução de Marco Antônio Casanova. Petrópolis: Vozes, 2007, p. 35 – Grifamos.

à existência e sua precariedade contingente que exige, como diz Heidegger, um rigor de pensamento muito maior do que aquele exigido pelo pensamento matemático. E o filósofo desenvolve várias estratégias para demonstrar como as ciências positivas (cunhadas sobre o modelo matemático) produzem, para garantir a certeza e exatidão de seus resultados, uma limitação de seu objeto de investigação de modo a abandonar tudo aquilo que, embora lhe seja incontornável (as estruturas da existência fática), é para elas inacessível. Na famosa preleção de 1929 intitulada *Que é Metafísica?* lê-se, já em seu final, a seguinte passagem:

> A existência científica recebe sua simplicidade e acribia do fato de se relacionar com o ente e unicamente com ele de modo especialíssimo. A ciência quisera abandonar, com um gesto sobranceiro, o nada. Agora, porém, se torna patente, na interrogação, que esta existência científica somente é possível se se suspende previamente dentro do nada. Apenas então compreende ela realmente o que é quando não abandona o nada. A aparente sobriedade e superioridade da ciência se transforma em ridículo, se não leva a sério o nada. Somente porque o nada se revelou, pode a ciência transformar o próprio ente em objeto de pesquisa.[145]

Evidentemente, o *nada*, do qual fala Heidegger, não pode ser compreendido como o *não-ser* da tradição. Não é pura negação de algo ou a ausência de matéria (*Substância*) que determina a negatividade do nada no pensamento heideggeriano. Com seu modo de colocar a questão do nada como uma questão Metafísica – esse o objetivo da preleção: levar a uma compreensão do que seja Metafísica a partir da experiência de uma questão metafísica (*por que existe afinal o ente e não antes o nada?*) – o filósofo procura jogar com a *positividade* das ciências e com o nada do âmbito transcendental tematizado pela filosofia. As ciências tratam do *positivo*, daquilo que, seu projeto de investigação positivou e que poderá ser *objeto* de experimento. Sigamos o exemplo do direito – que já foi exposto no capítulo antecedente: A transição do jusnaturalismo racionalista para o direito da codificação implicou também na transformação da *juris naturalis scientia* em filosofia do direito cujo objeto de reflexão era o direito estatuído, ou seja, o direito *positivo*. Posteriormente, a reflexão científica sobre o direito se aperfeiçoa e se transforma em epistemologia jurídica. O direito positivo continua sendo o objeto de sua análise, mas se cria um conceito mais sofisticado para dar conta de determinar, com certeza e exatidão, o que de direito há na realidade observada: *a norma jurídica* do positivismo normativista. No pós-guerra, toda problemática envolvendo a questão do *judicialismo* que tem como centro de atenções o Tribunal Constitucional Alemão, passa a tematizar – também como uma ordem *positiva* – os valores, que passam a ser entendidos como uma

---

[145] HEIDEGGER, Martin. Que é Metafísica? In: *Escritos e Conferências Filosóficas*. Tradução de Ernildo Stein. São Paulo: Abril Cultural, 2005, p. 62.

ordem ético-material que se apresenta como condição de possibilidade da reflexão jurídica. O traço matemático-kantiano pode ser observado em todas estas experiências científicas do direito que se preocupam com o *positivo*; mas por quê? Por que o direito estatuído? Por que a *norma jurídica*? Por que os *valores*? Por que afinal é o ente e não antes o nada? A *positividade da ciência* só aconteceu, porque antes experimentou sua suspensão no interior do nada.

Mas, como então deve ser compreendido o *nada*?

No *posfácio* escrito em 1943 – do qual um dos objetivos era exatamente sanar alguns problemas referentes à interpretação do *nada* – o filósofo afirma que *"o nada é o véu do ser"*. Ou seja, enquanto a ciência se ocupa com o *positivo*, estritamente delineado pela moderna ciência matemática e pela técnica de máquinas, ela vela o *ser*: *O que há além do direito positivo?* Além dele não há nada, dirá a ciência do direito. Como afirma Heidegger: *"Em qualquer lugar e em qualquer amplitude em que a pesquisa explore o ente, em parte alguma encontra ela o ser"*.[146]

Quanto à redução da reflexão jurídica ao direito positivo, as teorias do direito (ciência do direito) do segundo pós-guerra, passarão a postular uma ordem ético-material de valores, denunciando, assim, a insuficiência das posturas positivistas frente a terrível experiência dos regimes totalitários do entre guerras. Novamente aqui, cabe a pergunta: *Por que há os valores e não antes nada?* Por mais que as teorias do direito busquem outros entes para projetar sua investigação, ela sempre irá esbarrar na experiência do nada como véu do ser: "Ela (a ciência – acrescentei) atinge sempre o ente porque, antecipadamente, já na intenção de sua explicação, permanece junto do ente. O ser, porém, não é uma qualidade ôntica do ente. O ser não se deixa representar objetivamente à semelhança do ente".[147]

Por certo que, em Heidegger, quando se fala em objetividade e abandono do ser, não nos limitamos ao comportamento estritamente científico no trato dos entes, mas está presente também o problema da filosofia enquanto Metafísica e da própria filosofia e sua pretensão em se constituir como ciência rigorosa. A própria leitura que Heidegger faz da tradição Metafísica, leva a aparecer nela o primado da objetificação, da reflexão do *ente enquanto ente*. "Sempre o ente enquanto ente aparece na luz do ser. Em toda parte, se iluminou o ser, quando a metafísica representava o ente".[148] Tudo isso, indica de forma contundente a divergência central entre a *fenomenologia transcendental* husserliana e a *fenomenologia*

---

[146] HEIDEGGER, Martin. Que é Metafísica. Op. cit., p. 69.

[147] Idem, p. 69.

[148] Idem, p. 77.

hermenêutica heideggeriana, o que implicará numa (re)definição da própria tarefa da filosofia para cada um dos filósofos. Husserl concebia sua *fenomenologia transcendental* cravada na distinção entre *atitude natural* e *atitude transcendental*. A *atitude natural* representa o homem em seu movimentar-se cotidiano, no seu trato com as coisas de um modo natural. Por outro lado, a *atitude transcendental* deveria ser *produzida* metodicamente a partir da ruptura com o mundo natural, para atingir a dimensão transcendental pelo processo de redução, a chamada *epoché*. Para Husserl, portanto, a fenomenologia era a própria filosofia, enquanto a partir dela se *produzia* a dimensão transcendental que instalava no homem uma dimensão rigorosa de pensamento distinta do mundo natural. No § 14 de seu *Ontologia – Hermenêutica da Faticidade*, Heidegger faz uma dura crítica a essa concepção husserliana de fenomenologia: "hablar de una 'filosofía fenomenológica' es en el fondo um malentendido. Es como si el historiador del arte quisiera acentuar expresamente que lo que él hace es historia científica del arte".[149] Com Heidegger, nós não buscamos instalar um procedimento para alcançar a transcendentalidade porque, desde sempre, nós já nos achamos nela enquanto somos-no-mundo e projetamos sentidos no horizonte do tempo. O esforço da filosofia, portanto, não será produzir uma dimensão que descole o homem de sua postura natural, mas sim descrever o exercício da transcendentalidade a partir da existência concreta.[150] Isso parece esclarecer melhor a intenção de Heidegger com o *nada* da preleção *Que é Metafísica*: a descrição de um comportamento humano (a pesquisa, a ciência) onde já é exercida a transcendentalidade, cuja experiência é marcada pela nadificação do nada; pelo abandono do ser. Portanto, a colocação da questão do nada como uma questão metafísica se dá através de um pensamento que, ele mesmo, já superou a metafísica, na medida em que conseguiu colocar tal questão. Na tradição filosófica que Heidegger chama de Metafísica, "em toda parte se iluminou o ser enquanto ela representava o ente" e Husserl não escapa desta constatação no momento em que, ao instaurar um processo de redução, ele objetifica a transcendentalidade e nadifica o ser. Portanto, a própria filosofia – como ciência rigorosa – é um lugar

---

[149] HEIDEGGER, Martin. *Hermeneutica de la Faticidad*. Texto disponível em www.heideggeriana.com.ar/hermeneutica/indice.htm. Acessado em 27 de julho de 2007.

[150] Assim, temos as palavras de Stein, nas notas introdutórias da preleção *Que é Metafísica?* "Para Heidegger não há propriamente um comportamento natural do homem. Em todo o comportamento humano já é exercida a transcendentalidade. O que importa é mostrar tal comportamento pela analítica existencial. A fenomenologia não será um método que busca a transcendentalidade pelo processo redutivo; para Heidegger ela consiste em desvelar o que propriamente sempre está em marcha. A transcendentalidade não reside na intelectualidade do sujeito, mas na pré-compreensão do ser pelo ser-aí no homem" (STEIN, Ernildo. Nota do Tradutor. In: HEIDEGGER, Martin. Que é Metafísica. Op. cit., p. 46-47).

onde a experiência do nada acontece, mas só um pensamento que já superou a metafísica pode ver isso e colocar essa questão.

Desse modo, nossa intenção com a citação inicial de Gadamer parece agora fazer mais sentido. Isto porque, nela é apontado o fato de que há, no direito o emergir da experiência da *transcendência*. Não só no direito, Gadamer cita também a arte, o culto, o rito,[151] como outros comportamentos que expressam, de forma mais evidente, o exercício da transcendência. Mas como fica a transcendentalidade do comportamento humano frente à moderna ciência jurídica e sua posição-de-fundo matematicizante? Ela está nadificada pelo emaranhado de objetos, normas jurídicas, princípios e valores que objetificam o pensamento do direito, de modo que ele apenas *é* em seu sentido positivo. Daí a atualidade da pergunta formulada por Heidegger na sua preleção de 1929: *Por que afinal existe o ente e não antes o nada?* Se é certo que as transformações que o direito e a filosofia sofreram na modernidade são indepassáveis, precisamos encontrar, em meio ao próprio projeto técnico-científico da modernidade, um modo para encaminhar nosso pensamento, de maneira que ele não se perca em objetos e na mera positividade do comportamento científico. Como afirma o filósofo:

> Devemos armar-nos com a disposição única de experimentarmos no nada a amplidão daquilo que garante a todo ente (a possibilidade de) ser. Isto é o próprio ser. Sem o ser, cuja essência abissal, mas ainda não desenvolvida, que o nada nos envia na angustia essencial, todo ente permaneceria na indigência do ser. Mas mesmo essa indigência do ser, enquanto abandono do ser, não é, por sua vez, um nada nadificador, se é certo que à verdade do ser pertence o fato de que o ser nunca se manifesta (*west*) sem o ente, de que jamais o ente é sem o ser.[152]

Desse modo, enquanto nos movemos no universo ôntico do direito – já positivado como ciência pelas diversas teorias do direito – precisamos ter em conta que carregamos conosco, no nosso comportamento científico ou mesmo técnico-dogmático o exercício da transcendentalidade visto que se o ser, velado pelo nada, é *inacessível* para o comportamento científico, ele também o é, ao mesmo tempo, *incontornável*, pois tal comportamento somente se instalou no momento em que o ser se manifestou.

Destarte, nossa tarefa tem, em primeiro plano, o compromisso de alertar para

---

[151] É importante lembrar que há no também direito uma profunda dimensão ritualística. O que dizer do Tribunal do Júri, em sede de processo penal; ou ainda, dos rituais solenes de julgamento nos tribunais superiores; e o processo civil, que nomeia expressamente os seus principais procedimentos como *rito ordinário* e *rito sumário*?

[152] HEIDEGGER, Martin. Que é Metafísica. Op. cit., p. 69.

A limitação que a ciência sofre em ter que aceitar o *incontornável como o inacessível* que é a diferença ontológica – "que já o ente é pensado e dito no ser". Aprender a guardar (proteger) essa diferença é o que preserva a ciência da total objetificação, o que somente resulta da destruição, desconstrução e superação da metafísica, que entificou o ser e assim encobriu a diferença ontológica, sobretudo na modernidade.[153]

Precisamos, agora, entender o que significa essa superação e destruição da metafísica.

3.2. Aproximações sobre a interpretação heideggeriana da metafísica e sua superação através da fenomenologia hermenêutica

Comecemos pela compreensão de como Heidegger interpreta a Metafísica procurando atentar para pelo menos dois aspectos fundamentais: a) de como o filósofo identifica na metafísica equívocos e mal-entendidos que levam os autores desta tradição a se movimentar num nível estritamente ôntico, não colocando a pergunta filosófica no âmbito propriamente ontológico; e b) qual o caminho que ele oferece para a superação deste problema.

Para Heidegger a expressão Metafísica designa um estado fundamental de embaraço filosófico. Embaraço quer dizer aqui: Um problema instalado na autocompreensão da Filosofia, implicando em confusão com relação à tarefa e ao destino do discurso filosófico.[154] Isto quer dizer que, desde os gregos – principalmente Platão e Aristóteles – há uma in-decisão fundamental quanto ao objeto da Filosofia; uma indecisão com relação àquilo que essencialmente define a Filosofia visto que sempre se procurou definir a Filosofia a partir de um objeto, de um campo

---

[153] STEIN, Ernildo. *Diferença e Metafísica*. Op. cit., p. 97.

[154] D'AGOSTINI, Franca. *Analíticos e Continentais*. Tradução de Benno Dischinger. São Leopoldo: Editora Unisinos, 2003, p. 175 e segs. A referência a esta obra não é aleatória ou casual. A autora desenvolve nela um guia enciclopédico de toda Filosofia produzida nos últimos trinta anos, procurando pontuar as principais diferenças e divergências entre os modos de fazer Filosofia: *a) Analítico* – mais próximo aos autores da tradição anglo-saxônica; e *b) continental* – que se expressa principalmente nos filósofos oriundos da Europa continental. Existem pontos de convergência que em alguns momentos aproximam as duas tradições, que se dão nos temas da superação da metafísica e da colocação da reflexão filosófica no âmbito da linguagem de modo a não admitir mais a dissociação entre pensamento e linguagem (movimento conhecido como *lingüistic turn* – giro lingüístico). Contudo, cada uma delas apontará caminhos diferentes tanto no que atina à questão da linguagem, ou ao papel da Filosofia em relação à linguagem, quanto em relação à superação da metafísica. Pelos limites desta investigação não abordaremos todo este debate. Nos limitaremos a expor aqui como a tradição que D'Agostini chama *continental* – representada por Martin Heidegger – interpreta a questão.

objetivo do ente no qual deveria se instalar a reflexão Filosófica. Ora, também as ciências tratam de objetos. Isso, por si só, aponta para um problema: Qual o espaço da Filosofia e qual o espaço das Ciências tendo em vista o âmbito de abordagem do objeto (ente) que cada qual deveria realizar? Isso sempre gerou embaraço, criando uma espécie de "cabo de guerra" entre a Filosofia e os diversos campos específicos do conhecimento, como é o caso do Direito; das Ciências Matemáticas; da Biologia; da Antropologia; da Sociologia etc. Nesta disputa, não era raro que, por vezes, fosse atribuída à Filosofia uma responsabilidade maior do que ela própria podia suportar, servindo de fiadora de teorias produzidas nestes campos específicos do conhecimento, do mesmo modo que – principalmente a partir da revolução científica do século XVII – as Ciências passaram a reivindicar um espaço que excluía a Filosofia do campo de "ação" do conhecimento. A Filosofia, então, passava a ser vista como algo inefetivo, incapaz de transformar o mundo real, algo que só as Ciências – entendidas no sentido que lhes dá a modernidade – poderiam efetuar.

Heidegger identifica neste ponto, o impasse fundamental da Metafísica. Impasse esse que se mostra presente já na formação do termo, que nos remete à Filosofia Primeira de Aristóteles. O filósofo mostra como a Filosofia se encaminha até o surgimento da academia com Platão e Aristóteles. Com a consagração da academia, estava preparado o terreno para a formação das disciplinas escolares da Filosofia. Da sistematização operada em torno do estudo acadêmico da Filosofia, se formam três disciplinas: a lógica – enquanto disciplina da correta ordenação do pensamento, da argumentação e da retórica; a física – onde estavam presentes os estudos sobre o mundo físico, o mundo sensível, a natureza; e a ética – enquanto disciplina ligada ao agir humano. Em conjunto com estas disciplinas "específicas", havia uma quarta que Aristóteles chamava de Filosofia Primeira e que possuía como essência a pergunta do ente enquanto ente. Era neste âmbito que Aristóteles colocava a questão posta pela primeira vez pelo pré-socrático Parmênides: a pergunta pelo ser. Portanto, a Filosofia Primeira de Aristóteles se apresenta como aquilo que mais tarde seria denominado de ontologia,[155] como pergunta pelo ser que assume a forma da pergunta do ente enquanto ente. Não cabe aqui tratar minuciosamente o que cada uma destas disciplinas aborda.

---

[155] Importante destacar, com Ernildo Stein, que ontologia não era um termo conhecido pelos gregos e tampouco pelos medievais. O termo "ontologia" foi criado no renascimento e não existia na Idade Média. Foi criado por Klauberg e é usado corriqueiramente para designar o estudo do ser enquanto ser, vindo a substituir os termos anteriores reservados a designar esse campo de investigação do conhecimento, entre os quais podemos destacar: Metafísica, Teologia e Filosofia Primeira Cf. STEIN, Ernildo. *Racionalidade e Existência. Uma introdução à Filsofia*. Porto Alegre: L&PM, 1988, p. 77.

Importa apenas perceber como surge o termo Metafísica, em que contexto ele assume um sentido técnico e qual o impasse que se apresenta nesta formação.

3.2.1. O impasse fundamental que determinou o surgimento do termo metafísica e como este impasse já aponta para um equívoco na definição de filosofia

Passado o período de declínio da filosofia grega em que muitos escritos se perderam, são retomados os esforços de compilação escolar dos escritos aristotélicos que permaneceram conservados. Alguns destes escritos nem sequer chegaram a ser publicados por Aristóteles, tendo sido conservados na forma de manuscritos, esboços de preleções e anexos. Dessa maneira, os compiladores se viram diante da tarefa de reunir e ordenar em conjunto a parte subsistente dos tratados aristotélicos. Como parece evidente, tais esforços foram conduzidos na perspectiva do horizonte que se encontrava à disposição, ou seja, sob o fio condutor das três disciplinas acadêmicas: lógica, física e ética. Foram os próprios coletores, então, que dividiram os escritos e procuraram acomodá-los em cada uma destas disciplinas. Aquilo que Aristóteles chamava propriamente de Filosofia, a Filosofia Primeira, contudo, não se enquadrava em nenhuma das três disciplinas. Diante desse impasse, os coletores catalogaram todo material referente à Filosofia Primeira em um livro separado e a ele chamaram *Tà metà tà physiká* que em grego significa: "o que está ao lado", "o que vem depois" da Física. Assim, Heidegger poderá dizer que, "diante do filosofar a filosofia escolar cai em um impasse" que termina por colocar a Filosofia autêntica (a Filosofia Primeira, a ontologia e a pergunta pelo ser) por detrás da física.[156]

Desse impasse fundamental ante o filosofar que desemboca na formação técnica do termo metafísica (que por si só é vazio de conteúdo, não quer dizer nada), a progressiva interpretação passa a transformar esse sentido técnico do termo e o *metà* – que a princípio designa o "perseguir alguma coisa", "ir atrás dela" etc. –, dando-lhe um sentido de transformação, de "sair de uma coisa para outra", de "ir para um outro lugar". Com isso, o termo *Tà metà tà physiká* que, a princípio era destitu-

---

[156] Cf. HEIDEGGER, Martin. *Os Conceitos Fundamentais da Metafísica: Mundo – Finitude – Solidão*. Tradução de Marco Antônio Casanóva. Rio de Janeiro: Forense Universitária, 2003, p. 42 e segs. O filósofo alerta, ainda, que "o essencial aqui é que nos coloquemos diante da situação fatal: através desta designação, não se caracteriza a filosofia propriamente dita segundo o conteúdo, segundo sua problemática particular, mas segundo um título que deveria indicar sua posição na ordenação dos escritos: *Tà metà tà physiká*. O que denominamos 'metafísica' é uma expressão que emerge de uma perplexidade, um termo para um impasse, um termo puramente técnico que, por si só, quanto ao seu conteúdo não diz absolutamente nada".

ído de conteúdo, passa a receber um preenchimento substancial a partir de sua síntese no vocábulo latino metaphysica, não designando mais apenas "o que está atrás da física", mas aquilo "que se lança para fora da física", que se direciona para um outro ente, o ente em geral e para o que é verdadeiramente ente. Esta mudança radical acontece dentro da filosofia propriamente dita e é neste sentido que a Filosofia Primeira de Aristóteles é Metafísica.[157]

É interessante notar como Heidegger aponta sutilmente para uma série de equívocos que acompanha o filosofar desde sua consagração acadêmica; de como há uma série de mal-entendidos que, por conta de uma ausência de uma interrogação crítica da tradição, passaram a acompanhar a Filosofia mesmo que desvirtuando aquilo que propriamente caracteriza a atitude filosófica.[158] Note-se: aquilo que Aristóteles chamou de Filosofia Primeira, que de alguma forma tornava possível e servia de fundamento para todas as demais disciplinas filosóficas, por um motivo estritamente técnico (ordenar os escritos que não se enquadravam nas disciplinas "escolares" da filosofia), foi designado como *Tà metà tà physiká* "aquilo que está por trás da física". Posteriormente, a tradição interpreta a expressão *Tà metà tà physiká* como aquilo "que se lança para além do ente", ou seja, como aquilo que trata do supra-sensível, de uma espécie de "mundo paralelo". Essa lição do filósofo nos permite perceber que, tanto na primeira, quanto na segunda destas significações, aquilo que nos foi legado pelo termo latino Metafísica aponta para um equívoco que acaba por encobrir o que há de mais essencial na Filosofia.[159]

---

[157] Cf. HEIDEGGER, Martin. *Os Conceitos Fundamentais da Metafísica*. Op. cit., p. 47.

[158] Cf. HEIDEGGER, Martin. *Ser y Tiempo*. Tradução de Jorge Eduardo Rivera. Madrid: Trotta, 2003, p. 45. Neste ponto é importante fazer menção desde já ao § 6° de *Ser e Tempo* em que o filósofo expõe a tarefa de "destruição das ontologias da tradição" que ele se propõe a efetuar. Procurando desenvolver esta questão, Heidegger afirma que o "mundo", a tradição, produz reflexos em nosso ser de modo que muitas vezes o compreendemos prisioneiros da própria tradição. Ela não se mostra desde sempre acessível ao *Ser-aí* de forma clara e transparente. Pelo contrário, a tradição, que desse modo o *Ser-aí* chega a dominar, não faz propriamente acessível o "transmitido" por ela, mas, imediata e regularmente o *encobre*. "Converte o legado da tradição em coisa óbvia e obstrui o acesso às fontes originárias de onde foram tomadas". Mais adiante, o filósofo afirma também que: "La tradición nos hace incluso olvidar semejante origen. Ella insensibiliza hasta para comprender siquiera la necesidad de un tal retorno. La tradición desarraiga tan hondamente la historicidad del Dasein, que éste no se moverá ya sino en función del interés por la variedad de posibles tipos, corrientes y puntos de vista del filosofar en las más lejanas y extrañas culturas, y buscará encubrir bajo este interés la propia falta de fundamento. La consecuencia será que el Dasein, en medio de todo ese interés histórico y pese a su celo por una interpretación filológicamente 'objetiva', ya no comprenderá aquellas elementales condiciones sin las cuales no es posible un retorno positivo al pasado, es decir, una apropiación productiva del mismo".

[159] Em outra obra, o filósofo aponta para o compulsivo elemento teológico presente na formação histórica da metafísica e que se apresenta como fator determinante para o aperfeiçoamento latino do termo (*metaphysica*) que se apresenta verdadeiramente como *trans physicam*, ou seja, aquilo que

Deste problema técnico e filológico, o filósofo aponta para um outro impasse – não necessariamente vinculado ao primeiro – mas que, de alguma forma, aponta para o estado de embaraço filosófico que permeia toda tradição metafísica.

3.2.2. O impasse ante o mais digno de ser pensado: de como a filosofia como metafísica deixou algo essencial impensado.

No tópico anterior demonstramos como que o surgimento e as transformações que se operaram no termo Metafísica já apontam para uma compreensão equivocada, um mal entendido fundamental, ante o filosofar propriamente dito. Agora, trataremos de explorar um outro impasse que compõe aquilo que Heidegger identifica como o problema da Metafísica. Esse segundo impasse se apresenta em pelo menos dois pontos, mas que permanecem intimamente interligados: a) o primeiro no que tange a uma concepção dualista da realidade: o sensível e o supra-sensível, que acaba por levar a todos os demais dualismos que classicamente povoam a tradição filosófica, tais quais: conceito e objeto; palavras e coisas; intuição e pensamento etc.; b) o segundo diz respeito àquilo que, na fenomenologia hermenêutica, se menciona como objetificação ou entificação. Procuraremos esclarecer estes dois movimentos, na perspectiva de perceber como que eles deixam de fora algo fundamental de ser pensado.

De tudo que foi dito anteriormente parece ficar claro pelo menos duas coisas: a) que há um problema fundamental na relação entre filosofia e os campos específicos do conhecimento (Ciências) em virtude de uma disputa pela delimitação do objeto investigativo; b) que a Filosofia não é uma matéria auxiliar ou que se ocupe apenas de um mundo descolado do real, do supra-sensível ou coisa assim. Antes disso, a Filosofia parece se ocupar de algo que possibilita o conhecimento da própria realidade. É possível perceber em toda tradição metafísica – seja em sua vertente clássica e medieval, seja na sua vertente moderna em que passará a se chamar Teoria do Conhecimento – que há uma intuição fundamental que nos permite dizer que toda filosofia se ocupa, em alguma medida, do problema do conhecimento.

Já em Aristóteles – que, como diz Tugendhat, é quem sistematiza da idéia de ser posta por Parmênides procurando introduzir um conceito de Filosofia em geral como ontologia, ou seja, como a pergunta do ente

está *além da natureza* – acessível pelos sentidos – e se apresenta como o *supra-sensível* que durante a Idade Média receberá como interpretação o conteúdo da Divindade. "O título de uma perplexidade torna-se, então, o nome para a espécie mais elevada possível do conhecimento humano" dirá Heidegger (Cf. HEIDEGGER, Martin. *Ser e Verdade*. Op. cit., p. 37)

enquanto ente, a pergunta pelo ser – a Filosofia reunia em si de maneira suprema aquelas qualidades que são constitutivas para o saber.[160] Portanto, o grande problema da Filosofia é o problema do conhecimento. Isso porque, na Filosofia sempre está em jogo a resposta da pergunta de como é possível que nós, enquanto seres humanos, podemos conhecer algo e como se dá este conhecimento.

O que entre os gregos foi levantado desde os pré-socráticos – principalmente em Parmênides e Heráclito – e que em Aristóteles atinge seu apogeu é que todo problema do conhecimento se relaciona de algum modo com a idéia de ser. Isto porque, sempre que referimos a algo – e, portanto, o conhecemos – precisamos dizer que esse algo é. Um conceito ou uma definição do conceito de princípio, por exemplo, começa sempre com: "princípio jurídico é...". Ao mesmo tempo, o princípio se mostra com um ente, como um objeto disponível do conhecimento. Mas para poder mencioná-lo na expectativa de que o próprio jurista se compreenda ou mesmo que aqueles com quem ele dialoga o compreendam, ele necessariamente terá que dizer que "o princípio jurídico é...". O fato de que o ente é no seu ser espantava os gregos fazendo emergir entre eles a pergunta propriamente filosófica: Como pode isto? Todo ente ser? Qual é o sentido deste ser? Que tipo de conceito é esse de ser? É o ser apreensível como categoria?[161]

O que Heidegger vem demonstrar é que, com a Filosofia socrático-platônica – que determinará todo pensamento da tradição metafísica – a questão fundamental do ser, sumariamente descrita acima, passa a ser esquecida, pela referência que se faz a um ente. O ser passa a ser visto como um fundamento objetivo de todas as demais ontologias regionais, como causa primeira. Dito de outro modo, quando a metafísica se vê diante do enigma do ser, ela foge para um ente que terá como missão ocupar a lacuna deixada pelo ser. É assim que a Metafísica deixará impensado aquilo que há de mais fundamental para o pensamento: o sentido do ser, pois o explicará a partir de um ente, transformando o ser em um objeto. Isso é o que propriamente se quer mencionar quando se fala em objetificação ou entificação: é a explicitação do ser através de um ente, que assume um caráter (arbitrário) de totalidade, de fundamento no qual todo conhecimento se atrela.

Diante disso, e a partir dos procedimentos da fenomenologia hermenêutica, Heidegger passará a identificar em toda tradição filosófica que ele chamará de metafísica, um destes entes que assume o lugar do

---

[160] Cf. STEIN, Ernildo. *Diferença e Metafísica: Ensaios sobre a Desconstrução*. Op. cit., p. 245.

[161] Cf. HEIDEGGER, Martin. O que é isto – A Filosofia? In: *Conferencias e Escritos Filosóficos*. Tradução de Ernildo Stein. São Paulo: Nova Cultural, 2005.

ser na Filosofia enquanto metafísica. Assim, ele irá mostrar que em Platão a Idéia representa aquilo que pretende responder o enigma do ser; em Aristóteles a Substância; na Idade Média Deus – o ente criador que nos dá sentido e nos cuida enquanto criaturas; em Descartes, o Cogito *ergo sum*; em Kant, o Eu Penso que coordena todos os nossos juízos; em Hegel, o Absoluto; e em Nietzche, a Vontade de Poder. Em todos estes casos há um ente que aparece como o "mais ente dos entes" que responde por aquilo que deveria ser pensado com ser. Este "ente dos entes" se apresenta como princípio fundante, como fundamento causal de todo conhecimento. Daí que tais modalidades de ente que representam o esquecimento do ser, serão chamados de princípios epocais,[162] pois contém, decisivamente, uma determinação sobre o ente e uma decisão sobre a verdade numa determinada era.[163] [164]

É assim que, na metafísica, se dá o encobrimento do ser, ou daquilo que Heidegger chamará esquecimento do ser, que implica no esquecimento da diferença que existe entre ser e ente; entre o ontológico e o ôntico.

Esse esquecimento, contudo, não é para Heidegger um erro cabal de toda Filosofia enquanto Metafísica. Nem implica isso um apagamento de toda tradição com um possível recomeço, situado na filosofia pré-socrática. Para Heidegger, a questão está em perceber o equívoco cometido pela tradição metafísica e retirar o mais digno de ser pensado do esquecimento a que foi submetido. Isso poderá ser feito pela fenomenologia hermenêutica, em que se procura desenvolver um modo de acesso ao ser e se possa pensar o seu sentido.

Portanto, na metafísica se instala um estado de profundo embaraço filosófico porque, em primeiro lugar, remete o que é propriamente filosófico para um âmbito de obscuridade, fazendo com que aquilo que é fundamental, seja encarado como "o que fica por trás" ou, como será transformado posteriormente, como aquilo que remete para um lugar além do ente, para uma espécie de "mundo paralelo". Em segundo lu-

---

[162] Cf. STEIN, Ernildo. *Diferença e Metafísica*. Op. cit., p. 67-77.

[163] Cf. HEIDEGGER, Martin. O Tempo da Imagen do Mundo. Op. cit., p. 145 e segs.

[164] Na conferência *Tempo e Ser*, proferida em 1962 e que recebe o título da não publicada Terceira Seção da primeira parte de *Ser e Tempo*, o filósofo faz referência aos princípios epocais. Heidegger afirma que *época* se refere a uma espécie de *retenção*. Há uma retenção do Ser efetuada pelo próprio pensamento que permanece explorando o ente. *Princípios epocais*, portanto, nada tem a ver com um lapso de tempo na seqüências de fatos e pensamentos que compõem a história da Metafísica. Deriva da palavra grega *epoché* que significa *reter-se*. Assim, epocal diz aqui "um traço fundamental do destinar, a constante retenção de si mesmo em favor da possibilidade de perceber o dom, isto é, *o ser em vista da fundamentação do ente*" (grifei). HEIDEGGER, Martin. Tempo e Ser. *Conferencias e Escritos Filosóficos*. Tradução de Ernildo Stein. São Paulo: Nova Cultural, 2005, p. 256-257. Quanto à questão do destino do ser, voltaremos a tratar adiante.

gar, porque confunde aquilo que é especificamente filosófico, com um objeto, um ente, esquecendo-se do ser e instalando uma espécie de competitividade com os demais campos do conhecimento que tratam, igualmente, de objetos, entes.

3.3. Como Heidegger vê um caminho para sair do problema da metafísica

Para Heidegger, a solução do problema da Metafísica está em pensar aquilo que ficou impensado: o sentido do ser. Trata-se de um pensar que dê conta não apenas dos objetos disponíveis, dos entes em geral, mas da dimensão de ser que atravessa todas as nossas relações com os entes. Mas essa solução não pode receber os contornos que já foram dados a ela nas outras filosofias da tradição. Não se deve mais buscar o sentido do ser num ente além de nós mesmos, mas se trata de cravar as bases da reflexão, da pergunta pelo ser no território precário e contingente da existência, da condição humana. Dito de outro modo, não será possível mais instalar a reflexão filosófica numa busca do ilimitado, de uma transparência do conhecimento, num conhecimento que vá além dos entes e, portanto, fora do ser. A resposta ao problema da Metafísica reivindica uma filosofia da finitude, radicada na própria condição humana.[165]

Já mencionamos de passagem o que significa esse teorema, a diferença ontológica. Em breves palavras ele significa a diferença que há entre o ser e o ente e que representa o impensado pela Metafísica e que está na origem dos impasses abordados no tópico anterior. É preciso ter presente desde já: trata-se de uma diferença e não de uma fratura (cisão/separação) entre ser e ente. E para Heidegger é mais que isso. É uma diferença que se dá numa unidade, numa totalidade que é a compreensão. É a partir da diferença ontológica e da constituição do Ser-aí como ser-no-mundo que Heidegger rompe com os dualismos que povoam toda a tradição metafísica e que estão presentes já na idéia do ir

---

[165] Para uma análise pormenorizada: STEIN, Ernildo. *Compreensão e Finitude: Estrutura e Movimento da Interrogação Heideggeriana*. Ijuí: Editora Unijuí, 2001, em especial a Introdução – "A questão do Ser e da Verdade", neste trabalho o filósofo gaúcho chama atenção para o seguinte: Em Heidegger, "a busca da verdade do ser, do sentido do ser, começa pela analítica existencial. Nas estruturas da finitude e da temporalidade do ser-aí, Heidegger procura desvelar o horizonte em que se manifeste o sentido do ser". Segundo Stein a filosofia da fintude que Heidegger inaugura opera um "encurtamento hermenêutico" que exclui da reflexão filosófica aquilo que a tradição metafísica nunca conseguiu explicar: o conceito natural de mundo e Deus que, segundo o autor, teria entrado pelas "portas dos fundos" na filosofia.

além do ente, do "mundo paralelo" que demonstramos na formação conceitual do termo. Na diferença ontológica há um jogo de um fundo e um raso; do objeto (ente) e aquilo que o transcende, possibilitando sua compreensão (ser) e interpretação.

É importante ter presente o sentido deste giro ontológico para que o esplendor da filosofia heideggeriana possa ser bem compreendido. Trata-se da grande revolução – a mais decisiva pelo menos – que Martin Heidegger legou para a Filosofia. Mais além de possíveis desacordos, o certo é que, depois de Heidegger, essa questão não pode ser ignorada por nenhum estudioso interessado em compreender a fundo o problema do conhecimento. Isto porque, toda tradição anterior – que Heidegger denomina Metafísica – relegou a um plano ôntico um problema que é necessariamente ontológico, isto é, investigou objetivando o ente algo que pertence à esfera do ser. Mas isso se deu de diversas maneiras e de nenhuma delas pode-se dizer que estavam erradas. Há equívocos, mal-entendidos, que levam a metafísica a pensar o ente ao invés do ser. Também isso não quer dizer que inexistiu um sentido do ser em toda história da Metafísica. O que o filosofo percebe a partir de sua intuição fundamental é que a compreensão do ser é algo inerente à condição humana, que desde sempre nos acompanha ainda que dela não necessariamente estejamos conscientes. Desse modo, o conceito de ser se torna um conceito operativo a partir da determinação de um vínculo necessário entre homem e ser, na medida em que para mencionar e se relacionar com algo, é preciso dizer que esse algo é. E esse vínculo a Metafísica não pensou. Ora, quem diz o é do ser é este ente chamado homem, ser humano e que em Heidegger responde pelo termo alemão *Dasein*. Portanto, toda problemática ontológica (a pergunta pelo sentido do ser) passa pela compreensão deste ente que pode dizer é porque compreende o ser. Assim, surge o que o filósofo denomina ontologia fundamental. É ela fundamental porque ela possibilita todas as demais ontologias porque compreende as estruturas do ente que, existindo, compreende o ser. O Dasein existe porque compreende o ser e, compreendendo o ser se compreende, lançando-se para adiante de si mesmo.

Mas essa compreensão do ser não diz respeito ao mero conhecimento de um objeto. O ser não é algo assim como um objeto, tampouco um gênero a partir do qual se subsumem diversas espécies de entes, objetos. Com sua idéia de ser, Heidegger consegue ter acesso a uma dimensão que é antepredicativa, possibilitadora, portanto, de qualquer discurso sobre objetos. Ou seja, há uma dimensão que antecede qualquer enunciado assertórico que produzimos.

Mas isso não quer dizer que essa dimensão antepredicativa que se caracteriza pela ocupação e que implica, necessariamente na lida com algo (que Heidegger chamará de como Hermenêutico) tenha uma precedência temporal em face do discurso mostrativo, enunciativo que Heidegger chamará de como apofântico. Há uma primazia, algo com um privilégio que não se determina numa simples relação entre instantes presentes: agora compreende-se o hermenêutico e agora passo a expor o apofântico. Como assinala Günter Figal:

> A formulação heideggeriana de que o "como" hermenêutico se acha "antes" da predicação também não pode ser compreendida de maneira ingenuamente temporal. Heidegger certamente não quer dizer que se domina inicialmente a lida com as coisas de uso e desenvolve, então, a partir dela a capacidade de construir enunciados. O que lhe interessa é muito mais o fato de toda e qualquer predicação sempre envolver o "como" hermenêutico, uma vez que é "predicação em meio a um experimentar: aquilo sobre o que se constroem enunciados pertence correntemente a um contexto que já é familiar como tal a alguém e essa familiaridade não apenas não ganha expressão em enunciados, mas enunciados só podem ser construídos se a familiaridade do contexto da experiência estiver ao menos minimamente perturbada. Heidegger tenta elucidar tal estado de coisas a partir do exemplo de um pedaço de giz: "Esse enunciado 'o giz é muito arenoso' não é apenas uma determinação do giz, mas ao mesmo tempo uma exegese de meu comportamento e de minha impossibilidade de comportar-me – de não poder escrever 'corretamente'. Nesse enunciado, não quero determinar essa coisa que tenho na mão como algo que possui a propriedade do arenoso. Ao contrário, quer dizer: ela me impede de escrever. Portanto, o enunciado está ligado de maneira interpretativa ao comportamento referente à escrita, isto é, à lida primária do escrever".[166]

Assim, Heidegger se movimenta numa dimensão originária que é a própria existência do humano. Como o *Ser-aí* (*Dasein*) é o único ente que existe – os demais entes intramundanos subsistem – a ontologia fundamental, que é condição de possibilidade de todas as demais ontologias, receberá a forma de uma *analítica existencial*, porque pretende compreender, fenomenologicamente, as estruturas deste ente que existe.

Essa a revolução: toda a tradição anterior pensou a ontologia fora do homem. O próprio homem aparecia como objeto desta ontologia. Era uma *ontologia da coisa*, de essências, de objetos, portanto uma ontologia que, paradoxalmente, se dirigia ao *ente*, e não ao *ser*. Heidegger não afirma um erro peremptório nesta tradição; apenas diz que essa problematização tem um caráter ôntico e não ontológico. É preciso recolocar a pergunta no nível ontológico para retirar do impensado o mais digno de ser pensado: *o sentido do ser*. Dessa forma, Heidegger desloca o homem para dentro da ontologia incluindo o seu modo-de-ser na problemática ontológica e transforma a reflexão filosófica em uma *ontologia da compreensão*. É assim que Heidegger recolocará a pergunta capilar de Kant: o que é o homem? numa dimensão existencial. Através de sua fenomeno-

---

[166] FIGAL, Günter. Op. cit., p. 55-56.

logia, Heidegger mostra como não é possível *explicar o que é* o homem, mas apenas *compreender como* ele *é*. Portanto, na ontologia fundamental procura-se constituir um horizonte a partir do qual se possa pensar o *ser enquanto ser*, ao invés do *ente enquanto ente* que caracterizava a ontologia desde Aristóteles. Diante da ontologia fundamental importa pensar a diferença que existe entre *ente* e *ser*; uma diferença constituidora de sentido na qual desde sempre nos movemos ainda que dela não tenhamos nos dados conta: a *diferença ontológica*.

Conforme esclarece Stein, há dois níveis que, desde Aristóteles, estão consagrados na ontologia:

> o nível do *ente enquanto ente* e o nível do *ser do ente*. A tradição metafísica aborda esses níveis de maneira objetivística. Ela trata os dois níveis como objetos a serem conhecidos. Os diversos autores, até a Idade Média, dão formas várias ao conhecimento deste objeto, mas sempre se examina o modo como são conhecidos, mas não se pergunta porque eles não são questionados enquanto são condições de possibilidade, razão pela qual Aristóteles permanece nos dois níveis. Quando Heidegger introduz um ente privilegiado, o *Dasein*, aparece outro nível de problematização do ser. O ser não se dá isolado como objeto a ser conhecido; mas ele faz parte da condição essencial do ser humano. O *Dasein* compreende o ser e por isso tem acesso aos entes. Sem essa compreensão nada se move no conhecimento, tudo permanece opaco. Mas assim como pelo ser compreende os entes, compreende-se também como ente; e não apenas isso. Compreende o ser porque compreende a si mesmo e se compreende porque compreende o ser.[167]

Desse modo, podemos perceber que é pelo teorema da *diferença ontológica* que o filósofo retoma como questão aquilo que foi deixado de lado pela Metafísica: o *ser*.

Mas essa retomada não se dá de uma forma, por assim dizer, aleatória. Há uma movimentação estrutural de pensamento que permite ao filósofo retratar a *diferença ontológica* de uma forma muito própria, inteiramente nova na história da filosofia. Isso se dá porque Heidegger introduz o *Ser-aí* (*Dasein*) na pergunta pelo sentido do ser. A introdução do *Ser-aí* só é possível pela apropriação que o filósofo faz da tradição hermenêutica, dando a esta uma roupagem fenomenológica. Nas linhas que seguem, procuraremos explicitar essa transformação.

3.3.1. Heidegger e a "era da hermenêutica" (Stein)[168]

Tudo o que foi mencionado anteriormente somente pôde-se dar a partir de uma transformação fundamental da compreensão que tradicionalmente se tinha de *Hermenêutica*. É uma transformação na qual

---

[167] STEIN, Ernildo. *Diferença e Metafísica. Ensaios sobre a desconstrução. Op. cit.*, p. 103 (itálicos do original).

[168] Cf. STEIN, Ernildo. *História e Ideologia*. Porto Alegre: Movimento, 1972, p. 11-19.

Heidegger ocupa, novamente, um lugar central. Com efeito, tal qual se dá com o giro ontológico, também a hermenêutica é tomada por Heidegger num sentido totalmente novo na História da Filosofia. Não seria exagero dizer que é a apropriação que o filósofo faz da hermenêutica que o possibilita realizar o giro ontológico, de modo que é possível falar em um *giro ontológico-hermenêutico*.

Dada a centralidade que essa forma de compreender a hermenêutica assume em nossa reflexão, é importante discorrermos um pouco mais sobre essa transformação.

Hermenêutica é tradicionalmente vista como teoria ou arte da interpretação e da compreensão, sendo comum encontrar nos livros sobre hermenêutica que a origem da palavra deriva do grego *hermeneuein* que, por sua vez, guarda uma estreita relação com um semideus da mitologia grega, *Hermes*. De acordo com a estória, *Hermes* era "o mensageiro" e intérprete dos Deuses: sua missão era traduzir para linguagem humana, aquilo que era dito em linguagem divina. Assim, *Hermes* não era nem humano, nem divino; encontrava-se numa espécie de meio caminho que o possibilitava transitar pelos dois mundos, pois conhecia ambas as linguagens. Disso, decorre algo importante: *Hermes* não apenas anunciava textualmente a mensagem dos deuses, mas *agia* também como *intérprete*, o que acarreta uma clarificação, num ou noutro aspecto, ou até mesmo em um comentário adicional. Assim, a *hermenêutica* tem como tarefa *mostrar* o conteúdo correto de uma palavra, frase, texto etc.; bem como descobrir as instruções que compõem as formas simbólicas através das quais se articula a cultura.

Teoricamente, a hermenêutica assume especial relevo no contexto da Reforma Protestante e do Humanismo Renascentista, sendo empregada – como técnica interpretativa – na exegese dos textos bíblicos e na leitura dos clássicos da literatura grega. Procurava-se, a partir destes estudos hermenêuticos, desenvolver um espaço teórico que descrevesse como se dá o processo interpretativo-compreensivo para que, a partir disso, fosse possível apresentar um conjunto mais ou menos coerente de regras e métodos que tornasse claro e seguro o ato de interpretar e compreender tais textos. Isso implicava: interpretar e compreender *corretamente* os diversos textos que povoam o cenário cultural humano, seja no âmbito da arte (literatura, poesia etc.), seja no âmbito religioso (na interpretação dos textos sagrados), seja no âmbito jurídico (na interpretação dos textos de leis, decretos, jurisprudências etc.). Desse modo, temos por esboçados os três campos do conhecimento que irão se interessar, de maneira mais direta, pelos problemas hermenêuticos: *a)* a Filologia; *b)* a Teologia; *c)* o Direito.

Evidentemente, na esteira do *matemático* próprio da modernidade, esse ideal de *correção* da interpretação e da compreensão dos textos, já era antecipado pela características substancialistas da *certeza* matemática.

Nessa medida, o romantismo alemão dará à hermenêutica seus contornos mais sofisticados (ainda que permaneça como uma disciplina auxiliar para interpretação de textos), chegando a ser tematizada expressamente como filosofia dotada de uma universalidade. Novamente um teólogo, Schleiermacher, é quem efetuará esta tarefa. O que estava na linha de frente de Schleiermacher era o problema dos mal-entendidos que poderiam surgir na compreensão de um texto. Mal-entendidos estes que poderiam levar a uma interpretação completamente distinta do sentido que o autor do texto imprimiu. Era preciso então criar algo que permitisse que a interpretação preservasse o sentido correto, tal qual o autor determinou ao texto. Como já acontecia nas tentativas de seus antecessores, a saída de Schleiermacher se deu pela via do método. Mas o método de Schleiermacher era sensivelmente distinto de todos aqueles previstos pela tradição anterior. Era um *método circular*, através do qual o intérprete se movimentaria do todo para a parte e da parte para o todo, de modo a apurar sua compreensão a cada movimentação efetuada. Ao final deste procedimento, que Schleiermacher denominou *Círculo Hermenêutico* o sentido original estaria preservado e a compreensão encontraria nele aquilo que o próprio autor imprimiu. A ênfase no "sentido do autor" levará os comentadores de Schleiermacher a classificar sua teoria da interpretação como *hermenêutica psicológica*. A universalidade da hermenêutica estaria garantida pelo método: era uma universalidade procedimental.[169]

Não é neste sentido que Heidegger faz uso da hermenêutica. A interpretação que ele efetuará é tão violenta que o fundo metodológico que reveste o sentido da hermenêutica na tradição será destruído. Em um pequeno livro que documenta um ciclo de palestras proferido no

---

[169] Para uma ampla exploração histórica da hermenêutica, do romantismo alemão até Dilthey: GADAMER, Hans-Georg. *Verdade e Método. Traços Fundamentais de Uma Hermenêutica Filosófica.* Tradução de Flávio Paulo Meurer. 3 ed. Petrópolis: Vozes, 1999, p. 237-353. É importante salientar que no plano da hermenêutica jurídica as conquistas de Schleiermacher permaneceram inexploradas durante muito tempo. Ao contrário das outras disciplinas hermenêuticas (Teologia e Filologia), o Direito permaneceu recluso nos padrões tradicionais de exegese que foram constituídos no interior da interpretação canônica da bíblia compilados por Savigny no seio do historicismo. São de todos conhecidos os tradicionais métodos de interpretação: gramatical; histórico; lógico-sistemático. Posteriormente, Jhering – para muitos o fundador intelectual da chamada *jurisprudência dos interesses* – introduz o método *teleológico*. É só com o jurista italiano Emílio Betti que o circulo hermenêutico de Schleiermacher será introduzido no pensamento jurídico, assim mesmo, procurando criar cânones específicos para o desenrolar a interpretação jurídica. Para um contexto geral de tudo o que foi dito Cf. LAMEGO, José. Op. cit..

início da década de 1920 – no qual o filósofo antecipara muito do que seria tratado depois em sua obra máxima: *Ser e Tempo* –, Heidegger estabelece um novo lugar para a hermenêutica e para o *Circulo Hermenêutico* de Schleiermacher. O nome da obra já causa impacto: *Hermenêutica da Faticidade*.[170] A partir deste livro a hermenêutica, até então utilizada exclusivamente para interpretação de textos, passa a ter como "objeto" outra coisa, a *faticidade*.

Mas, o que é *faticidade*?

Linhas acima, para explicar o giro ontológico de Heidegger, afirmamos que o filósofo dá ao homem o nome de *Ser-aí* e que o modo de ser deste ente é a *existência*. Todavia, dissemos também que este ente – que somos nós – chamado *Ser-aí é o que ele já foi, ou seja: o seu passado*. Podemos dizer que isso representa aquilo que desde sempre nos atormenta e que está presente em duas perguntas: de onde viemos? Para onde vamos? A primeira pergunta nos remete ao passado, a segunda ao futuro. O passado é selo histórico imprimido em nosso ser: *Faticidade*; o futuro é o ter-que-ser que caracteriza o modo-de-ser do ente que somos (*Ser-aí*): *Existência*. Portanto, a hermenêutica não é artificialmente cultivada e imposta desde fora à existência; mas a faticidade mesma é desde onde há que se averiguar em que medida e quando esta faticidade exige algo assim como uma compreensão/interpretação hermenêutica. Em outras palavras, compreender o ser (*faticidade*) do *Ser-aí* e permitir a abertura do horizonte para o qual ele se encaminha (*existência*).

Aquilo que tinha um caráter ôntico, voltado para textos, assume uma dimensão ontológica visando a compreensão do ser do Ser-aí. Note-se: de um modo completamente inovador, Heidegger crava a reflexão filosófica na concretude, no plano prático e precário da existência humana.[171] Por certo que essa reflexão reclama um distanciamento para perceber aquilo que de nós está mais próximo (nosso modo de ser, a tradição em que estamos imersos etc.). Porém, esse distanciamento parte de algo con-

---

[170] Cf. HEIDEGGER, Martin. *Hermeneutica de la Faticidad*. Texto disponível em www.heideggeriana.com.ar/hermeneutica/indice.htm. Acessado em 27 de julho de 2007.

[171] Neste ponto, são novamente valiosas as lições de Ernildo Stein: "Decisivo se torna, principalmente, aquilo que, além do que o homem quer e faz, o determina: a tradição, que o carrega consigo e da qual o homem deve, contudo, tomar distância para torná-la transparente. O homem moderno, cansado de possibilidades e faminto de certeza, somente se redimirá pela consciência hermenêutica. A compreensão deve decidir seus passos ainda que o pensamento artificial tenha reduzido o imponderável. (...) A hermenêutica é o estatuto em que o homem ausculta sua temporalidade. Nesta temporalidade o homem peregrina e deixa sinais ao longo do caminho. O sinal mais decisivo é a linguagem. A força do tempo reside na historicidade do homem e desabrocha na palavra. É por isso que a paisagem humana se povoa de verbos. Eles conjugam a unidade das dimensões do homem na temporalidade. A exegese do verbo, a hermenêutica da palavra, é a exploração de nossa condição humana que acontece como história" STEIN, Ernildo. *História e Ideologia*. Op. cit., p. 18-19.

creto (faticidade) e procura compreender aquilo que nós mesmos já somos. Mas nós compreendemos o que nós mesmos já somos na medida em que compreendemos o sentido do ser. Também já alertamos para o fato de que homem (*Ser-aí*) e ser estão unidos por um vínculo indissociável. Isto porque, em tudo aquilo com que se relaciona, o *Ser-aí* já compreendeu o ser, ainda que ele não se dê conta disso. Há, em toda ação humana, uma compreensão antecipadora do ser que permite que o *Ser-aí* se movimente no mundo para além de um agir no universo meramente empírico, ligado a objetos. Nos relacionamos com as coisas, com o empírico, porque de algum modo já sabemos o que e como elas são. Há algo que acontece, além da pura relação objetivadora.[172] E esse acontecimento nós o encontramos constantemente quando, pela nossa condição humana, compreendemos o ser. Nosso privilégio se constitui pelo fato de termos a "memória do ser".

Logo no início de *Ser e Tempo*, Heidegger diz o seguinte: temos um *privilégio ôntico* – entre todos os entes apenas nós existimos; e um *privilégio ontológico* – de todos os entes somos os únicos que, em seu modo-de-ser, compreendem o *ser*. Desse duplo privilégio, o filósofo anota um terceiro: um *privilégio ôntico-ontológico* – a compreensão do ser deste ente que somos é condição de possibilidade de todas as outras ontologias (do Direito, da História, etc.).[173]

Dito de outro modo: o fato de podermos dizer que algo **é**, pressupõe que já tenhamos dele uma compreensão, ainda que incerta e mediana. E mais! Só nos relacionamos com algo, agimos, direcionamos nossas vidas na medida em que temos uma compreensão do ser. Ao mesmo tempo, só podemos compreender o ser na medida em que já nos compreendemos em nossa *faticidade*.

Desse modo, é possível "ver" a estrutura circular em que se movimenta o pensamento heideggeriano. Essa estrutura circular é propriamente o *Círculo Hermenêutico*, não mais ligado à interpretação de textos, mas à compreensão da faticidade e existência do *Ser-aí*.[174] É preciso notar

---

[172] Para uma análise pormenorizada, Cf. STEIN, Ernildo. *Pensar é Pensar a Diferença. A Filosofia e o conhecimento Empírico. Op. cit.*.

[173] Cf. HEIDEGGER, Martin. *Ser y Tiempo. Op.* cit., p.36.

[174] Sobre o círculo hermenêutico no sentido que assume em HEIDEGGER, Ernildo STEIN anota o seguinte: "O homem se compreende quando compreende o ser, para compreender o ser. Mas logo em seguida Heidegger vai dizer: 'Não se compreende o homem sem se compreender o ser'. Então a ontologia fundamental é caracterizada por esse círculo: estuda-se aquele ente que tem por tarefa compreender o ser e, contudo, para estudar esse ente que compreende o ser, já é preciso ter compreendido o ser. O ente homem não se compreende a si mesmo sem compreender o ser, e não compreende o ser sem compreender-se a si mesmo; isso numa espécie de esfera antepredicativa que seria o objeto da exploração fenomenológica – daí vem a idéia de círculo hermenêutico, no sentido mais profundo" (STEIN, Ernildo. *Racionalidade e Existência. Op.* cit., p. 79). Há um enigma

que o homem só compreende o *ser* na medida em que pergunta pelo *ente*. Vejamos o nosso caso: colocamos em movimento uma reflexão sobre o Direito na perspectiva de que, ao final, possamos dizer algo sobre uma das suas formas de manifestação: os chamados *princípios jurídicos*. Por certo que isso passa pela pergunta seu ser (uma definição sobre o Direito começaria com: *o Direito é...*). Mas ninguém negaria que o Direito se trata de um *ente*. Um *ente* que é interrogado em seu *ser*, pois toda pergunta pelo Direito depende disso: *O que é Direito? Como é o Direito?* E mais, não se pode perguntar pelo *ser* e pelo *ente* se fora da unidade que é a compreensão que o *Ser-aí* tem do ser. A partir da *compreensão* – entendida como totalidade – é que é possível perceber que há entre o ente e o ser uma *diferença*. Esta, como já vimos, é a diferença que Heidegger chama de *diferença ontológica* e se dá pelo fato de que todo ente só *é* no seu *ser*. Em outras palavras, a pergunta se dirige para o *ente*, na perspectiva de o compreendermos em seu *ser*.

Falamos do *Círculo Hermenêutico* e da *diferença ontológica* que são os dois teoremas fundamentais da fenomenologia hermenêutica. Sabemos, então, que o homem (*Ser-aí*) compreende a si mesmo e compreende o *ser* (*Círculo hermenêutico*) na medida em que pergunta pelos *entes* em seu *ser* (*diferença ontológica*).

De plano, o fenômeno que toma frente nesta curta exposição é a *compreensão*. A partir de Heidegger a hermenêutica terá raízes existências porque se dirige para compreensão do *ser*-dos-entes. Como nos lembra Streck, se nos paradigmas anteriores vigia a crença de que primeiro interpretamos – através de um método – para depois compreender; Heidegger nos mostra, a partir da descrição fenomenológica realizada pela analítica existencial, que *compreendemos para interpretar*.[175] A interpretação é sempre derivada da compreensão que temos do *ser-dos-entes*. Ou seja, originariamente o *Ser-aí* compreende o ente em seu ser e, de uma forma derivada, torna explicita essa compreensão através da interpretação (*Auslegung*). Na interpretação, procuramos manifestar onticamente aquilo que foi resultado de uma compreensão ontológica. A interpreta-

---

percebido por Stein que envolve estes dois teoremas da filosofia Hermenêutica: *o círculo hermenêutico* e a *diferença ontológica*. Este enigma consiste em saber qual deles é determinante para o outro: o círculo precede a diferença; ou a diferença precede o círculo? Por certo está é uma questão que fica em aberto. Todavia, estamos convencidos de que não é possível dar atenção fragmentada a cada um deles, ou seja, não é possível realizar uma abordagem da diferença ontológica que desconsidere o círculo hermenêutico, da mesma forma que não se pode tratar do círculo hermenêutico sem abordar a diferença ontológica. O círculo necessariamente necessita da diferença e a diferença do círculo e ambos estão cravados no *Ser-aí* (*Dasein*).

[175] Cf. STRECK, Lenio Luiz. *Jurisdição Constitucional e Hermenêutica*. Op. cit., p. 197 e segs.

ção é o momento discursivo-argumentativo em que falamos dos entes (Direito, história etc.) pela compreensão que temos de seu *ser*.[176]

E como desde sempre compreendemos o *ser*, não há uma ponte entre *consciência* e *mundo*. Aquilo que era reivindicado por Kant foi desmistificado por Heidegger no momento em que o filósofo descobriu o vínculo entre homem e ser. Não há uma ponte entre consciência e mundo porque desde sempre já estamos *no* mundo compreendendo o *ser*. Ou seja, há um vínculo entre *ser-aí*-ser e uma co-originaridade entre ser e mundo. Não há primeiro o *Ser-aí* e depois o mundo ou vice-versa. O *Ser-aí* é ser-no-mundo e sua faticidade é estar-jogado-no-mundo; sua existência é ter-que-ser-no-mundo, sendo que, desde sempre, está junto aos entes.[177]

Há outras peculiaridades que poderíamos explorar na transformação que se opera na Filosofia com o pensamento heideggeriano. Para efeitos desta investigação, nos damos por satisfeitos com a compreensão de que a hermenêutica recebe, a partir de então, um novo tratamento, sendo alçada a um nível de verdadeira filosofia prática.[178] O que precisa ficar estabelecido é que o homem (*Ser-aí*) se apresenta no centro do mundo, reunindo os fios deste. Ao escolher *Ser-aí* como ponto central de sua filosofia, Heidegger não se concentra em um ente com exclusão

---

[176] Assim fala Heidegger: "En la interpretación el comprender se apropia comprensoramente de lo comprendido por él. En la interpretación el comprender no se convierte en otra cosa, sino que llega a ser él mismo. La interpretación se funda existencialmente en el comprender, y *no es éste el que llega a ser por medio de aquélla*. La interpretación *no consiste en tomar conocimiento de lo comprendido*, sino en la *elaboración de las posibilidades proyectadas en el comprender*" (HEIDEGGER, Martin. *Ser y Tiempo*. Op. cit., p. 172 – Grifamos).

[177] A idéia heideggeriana de ser-no-mundo é de fundamental importância para compreender o rompimento definitivo que o filósofo efetua com relação aos dualismos da tradição metafísica (*e.g.* consciência e mundo; palavras e coisas; conceitos e objetos etc.). Como afirma Heidegger: "El Dasein no es primero sólo un ser-con otro, para luego, a partir de ser en convivencia, llegar a un mundo objetivo, a las cosas. Este punto de partida sería tan erróneo como el del idealismo subjetivista que antepone primero un sujeto que luego, en cierto modo crea un objeto. (...) El Dasein no está primeriamente delante de las cosas un ente que posee su propio modo de ser, sino que el Dasein, en tanto que ente, que se ocupa de sí mismo, es co-originariamente ser-con otro y ser cabe el ente intramundano. (...)Sólo si hay Dasein, si el Dasein existe como ser-en-el-mundo, hay comprensión del ser, y sólo si existe esta comprensión se devela el ente intramundano como lo subsistente y lo a la mano. La comprensión del mundo en tanto que comprensión del Dasein es comprensión de sí mismo. El yo y el mundo se copertenecen mutuamente en un único ente, el Dasein. Yo y mundo no son dos entes, como sujeto y objeto, tampoco como yo y tú; más bien, yo y mundo son, en la unidad de la estructura del ser-en-el-mundo, las condiciones fundamentales del propio Dasein" (HEIDEGGER, Martin. *Los Problemas Fundamentales de la Fenomenología*. Op. cit., p. 354-335)

[178] Importante neste ponto a exploração que Tugendhat faz a partir de uma perspectiva lingüístico-analítica. Apesar das críticas, o texto de Tugendhat é importante para perceber como a filosofia heideggeriana se movimenta numa dimensão em que o dualismo clássico entre filosofia teórica e filosofia prática é dissolvido (Cf. TUGENDHAT, Ernest. *Autoconciencia y Autodeterminación. Una Interpretación Lingüístico-analítica*. Madrid: FCE, 1993, p. 129-191).

de outros; o *Ser-aí* traz consigo o mundo inteiro.[179] Isso é assim porque o *Ser-aí* é desde sempre ser-no-mundo; porque sua condição é, em si compreendendo, compreender o ser (Círculo Hermenêutico); e compreende o ser através da pergunta pelo ente (diferença ontológica).

Captar as estruturas da compreensão (que como vimos sempre é histórica) não é possível ser feito pela via do método, uma vez que como elemento interpretativo, o método sempre chega tarde. O que organiza o pensamento e comanda a compreensão não é uma estrutura metodológica rígida – como acreditava Schleiermacher – mas a *diferença ontológica*.

3.3.2. Diferença ontológica e a analítica do Dasein

Mais do que qualquer coisa, superar a Metafísica significa para Heidegger, então, problematizar o ente que diz o ser: o *ser humano*. Como já dissemos a Metafísica deixou no impensado o vínculo que existe entre homem e ser, pois sempre justificou e pensou o ser em um ente exterior ao homem, no *trans physicum*. A idade média colocou esse além da física em Deus.

E a modernidade, o que faz Heidegger apresentá-la ainda como uma continuação da história da Metafísica? Já falamos da intenção cartesiana de oferecer um fundamento completamente novo para a filosofia, que possibilitasse a essa um solo tão seguro quanto aquele sob o qual se edificavam as ciências matemáticas. Descartes acreditou ter realizado tal tarefa a partir da afirmação *metódica* da dúvida. Isso quer dizer: Descartes não dúvida porque é cético. Nem duvida por duvidar. Mas a colocação da dúvida obedece a um raciocínio metódico que objetiva encontrar algo verdadeiramente indubitável. "A dúvida serve apenas de caminho para a certeza",[180] por isso se reveste de uma feição metodológica. Mas a afirmação metodológica da dúvida atende, num sentido mais profundo, àquilo que Descarte entende por método e que passa, a partir de então, a subordinar todo o filosofar: o *matemático*. Todo pensamento passa, então, a pressupor, de modo subjacente, o caráter que deve ter e satisfazer, o que há de se considerar como solo seguro para todo saber. Essa segurança só é conquistada na medida em que o pensamento encontre algo superlativamente *simples*, tão *simples* que não poderá mais ser objeto de dúvida: algo absolutamente evidente para a intuição. Esse algo deverá ser o fundamento de todo filosofar.

---

[179] Cf. INWOOD, Michael. Op. cit., p. 33.
[180] Neste sentido HEIDEGGER, Martin. *Ser e Verdade*. Op. cit., p. 54-55.

O método *matemático*, portanto, determina não apenas aquilo que está antecipadamente predeterminado como fundamento (a partir do ideal de certeza matemática), como também apresenta uma espécie de decisão prévia do único fundamento que, como tal, poderá vir a viger. Nós já sabemos que esse fundamento é apresentado por Descartes como o *Eu* ou, de um modo mais expressivo, o *sujeito*.[181] A subjetividade, ou simplesmente o *sujeito*, passa a ser, então, o contraconceito que Descartes apresenta para cumprir sua tarefa de "refundação" da filosofia.

Heidegger, contudo, atenta para o fato de que o conceito de *sujeito* que Descartes constrói a partir de seu método matemático, recebia uma outra conotação na tradição anterior (greco-medieval). Aquilo que, a partir de Descartes, passa a ser chamado de objeto é o que, para tradição anterior (durante toda a Idade Média), recebia o nome de *subjectum* que significa literalmente: aquilo que já havia antes, com o que nos deparamos e a que vamos ao encontro. Ao passo que *objectum* significa, na Idade Média, aquilo que aprendemos como representado e apresentado, no e pelo pensamento, exatamente o *subjetivo* que se afirma a partir de Descartes. Ou seja, ontológicamente, o contra-conceito cartesiano de *sujeito* (*res cogitans*) continua preservando o mesmo modo de ser que a tradição anterior inculcava ao Ser: o caráter de algo diante dos olhos (*Vorhandenheit* – em linguagem heideggeriana).[182]

Desse modo, tem-se por consumado aquilo que Heidegger chama de constituição *onto-teo-lógica* da Metafísica. Nas filosofias onto-teo-lógicas, como é o caso da de Descartes que marca o nascimento do sujeito, o elemento supra-sensível (*trans-physicam*) continua sendo afirmado, mesmo com a constituição do sujeito como fundamento matemático de todo sistema filosófico. Ou seja, o elemento Teológico aparece subterraneamente no momento em que Descartes deixa como não problematizada a história da metafísica continuando a professar a representação cristã

---

[181] Remetemos o leitor para o Capítulo II, item 2.1., *in fine* onde construímos com maior clareza o exercício metódico da dúvida e a afirmação da subjetividade como fundamento por Descartes.

[182] Gadamer anota, neste sentido já antevisto por Heidegger, que o conceito moderno de subjetividade retira sua orientação fundamental do conceito de *substância* aristotélico. Desse modo, cabe perguntar: "como o conceito moderno de sujeito e de subjetividade pôde retirar dessa orientação fundamental a sua própria aplicação particular. A resposta é clara. Essa aplicação surge por meio da distinção cartesiana do *cogito me cogitare*, que alcançou por meio de John Locke uma validade mundial. A ele é atribuído o primado do conhecimento enquanto fundamento inabalável que possui consistência ante todas as dubitabilidades, *quandiu cogito*, até o ponto em que eu penso – o que quer que eu venha a pensar. O *cogito me cogitare* é por assim dizer a substância de todas as nossas representações. A partir daí, o conceito de subjetividade se desenvolveu. Kant levou em seguida a palavra e o conceito à vitória, ao reconhecer a função da subjetividade na síntese transcendental da apercepção, que precisa poder acompanhar todas as nossas representações e lhes empresta unidade" (GADAMER, Hans-Georg. *Hermenêutica em Retrospectiva. A virada hermenêutica*. Op. cit., p. 12).

do homem e do mundo. Essa representação cristã interpreta, como já foi dito, tudo aquilo que é chamado de Ser, tudo que é supra-sensível, como Deus. Essa interpretação condiciona inclusive a leitura da filosofia primeira de Aristóteles que chega até a Modernidade permeada por estes elementos teológicos que foram introduzidos pelas interpretações medievais.

O pensamento *onto-teo-lógico* passará a sofrer tentativas de superação somente a partir de Kant que, com sua *Crítica*, estabelece a tentativa de oferecer limites à Metafísica.[183] Todavia, os limites oferecidos por Kant não chegaram a problematizar aquele contraconceito construído matemáticamente por Descartes e que serve de fundamento de toda a modernidade: *o sujeito*, a *res cogitans*. Essa não-problematização do conceito cartesiano de sujeito e sua aceitação acrítica por parte da filosofia kantiana é que possibilitará a acusação feita por Heidegger no parágrafo 6º de *Ser e Tempo* a qual cobra de Kant uma analítica existencial do ser-aí (*Dasein*).[184]

Desse modo, um pensamento que chegue a se lançar para além das armadilhas da Metafísica deve saber se colocar criticamente diante do problema da subjetividade que domina toda tradição moderna que também pode ser denominada *filosofia da consciência*.[185] Essa problematização implica em tematizar o modo de ser deste ente que a tradição posterior a Descartes chama de sujeito. Isto implica em duas tarefas correlatas: *a)* retirar o pensamento de um modelo matemático-abstrato (presente no sujeito epistemológico cartesiano) e colocá-lo em um âmbito em que a história servirá de modelo; *b)* realizar uma analítica que descreva as estruturas concretas do modo de ser deste ente que é histórico: o ser humano. Essa dupla tarefa deverá possibilitar o aparecimento do sentido do ser em geral colocado em uma dimensão de reflexão "ontologicamente correta". Ou seja: todos os projetos de mundo, as epistemologias as ciências particulares devem ser reproblematizadas a partir da pergunta pelo modo de ser deste ente que institui tudo isso. Nessa reproblematização a filosofia, que se apresentará como fenomenologia hermenêutica, não mais se apresentará como fiadora de todas as ciências, epistemologias ou projetos de mundo, mas como um âmbito do pensamento que se ocupa do problema do conhecimento colocado

---

[183] Esse ponto também foi abordado por nossa pesquisa em seu Capítulo II, no item 2.2., ao qual nos permitimos remeter o leitor.

[184] As peculiaridades relativas à tradução do termo *Dasein* para o português e nossa opção pelo termo *Ser-aí* como tradução possível de *Dasein*, já foi devidamente explicitada na introdução, nota n. 12 infra. Quanto a acusação de Heidegger a Kant mencionada no texto Cf. HEIDEGGER, Martin. *Ser y Tiempo*. Op. cit., p. 47.

[185] Essa a terminologia utilizada por autores como Lenio Streck, Ernest Tugendhat e Manfredo Araújo de Oliveira.

nos trilhos da historicidade concreta do ser-aí que, como vimos, recebe o nome de faticidade.[186]

Tudo isso tem lugar da seguinte forma: como o *ser* é o que explica o *é* do que é, então o homem, o único que pode dizer *é*, deve ter um acesso privilegiado ao *ser*, uma abertura para ele por motivo do que pode transcender os entes para a compreensão do ser. Segue-se, portanto, que, se nós queremos investigar o significado do *ser*, o único meio de fazê-lo, a única e exclusiva via de acesso seria explorar essa compreensão do *ser* que o homem possui ao dizer *é*, mesmo quando ele próprio não se dá conta disso.[187]

Em Heidegger, o ente homem, assume uma terminologia específica que procura retirá-lo de toda conotação humanista subjetivista (matemática) e teológica que reveste a concepção de homem da tradição metafísica e que esboçamos acima. Como anota Stein, para retirar o homem das explicações objetificadoras e entificadoras existentes no interior da tradição, que procurava explicá-lo através de categorias, Heidegger procura apresentar e explicitar fenomenologicamente os existências que permitem compreender o ente homem em sua estrutura global no interior de sua historicidade.[188] O termo "existencial" aponta já para uma interpretação muito própria do filósofo: de que o homem é o único, entre todos os entes, que existe, e dessa forma o homem, o ser humano é *Dasein*. Assim, a analítica existencial pretende dar conta da explicitação das estruturas existenciais que permitam compreender o ser do ente que existe: o *Dasein*.[189]

A analítica do *Dasein* já é, de certo modo, a explicitação da diferença ontológica, na medida em que Heidegger acaba por apontar para modos de ser do homem que permaneciam encobertos na tradição. O *Dasein* para Heidegger não é mera coisa entre outras coisas; ele está no centro do mundo, reunindo os fios deste, compreendendo-se em seu

---

[186] Como afirma Heidegger: a la tarea de mostrar el ser *del* ente a cuyo ser (existencia) pertenece la *comprensión del ser y a cuya interpretación conduce toda la problemática ontológica en general* (Cf. HEIDEGGER, Martin. *Los Problemas Fundamentales de la Fenomenología*. Op. cit., p. 196).

[187] Cf. RICHARDSON, Willian Jay. Humanismo e Psicologia Existencial. In: *Psicologia Existencial-humanista*. Rio de Janeiro: Zahar Editores, 1975, p.167-184.

[188] Cf. STEIN, Ernildo. *Introdução ao Pensamento de Martin Heidegger*. Porto Alegre: Edipucrs, 2002, p. 52 e segs.

[189] Sobre esta questão Michael Inwood afirma que: "*Dasein* é o modo de Heidegger referir-se tanto ao ser humano quanto ao tipo de ser que os seres humanos têm. Vem do verbo *dasein* que significa 'existir' ou 'estar aí, estar aqui'. O substantivo *Dasein* é usado por outros filósofos, Kant por exemplo para designar a existência de toda entidade. Mas Heidegger restringe-o aos seres humanos. (...) Por que Heidegger fala do ser humano dessa maneira? O ser dos seres humanos é notadamente distinto dos ser de outras entidades do mundo. O *Dasein* é uma entidade para a qual, em seu Ser, esse Ser é uma questão". INWOOD, Michel. Op. cit., p. 33-34.

ser e compreendendo o *ser dos entes*. Ao escolher *Dasein* como ponto de partida da sua investigação Heidegger não escolhe um ente em exclusão de outros. Mas, vigiado pela diferença ontológica, ele encontra o *Dasein* desde sempre no mundo, sendo com os outros entes. Como afirma Inwood: "o *Dasein* traz consigo o mundo inteiro".[190]

Não pretendemos aqui uma exploração ampla de toda analítica de *Ser e Tempo*. Nos damos por satisfeitos se conseguirmos expor de como o teorema da diferença ontológica possibilitou o filósofo a descobrir, a partir de suas intuições fundamentais: *a)* a estrutura do *Ser-aí* como *ser-no-mundo*; *b)* os "modos de abertura" do *Ser-aí* a partir dos existências do estado de ânimo e da compreensão; e *c)* o modo de ser fundamental do *Dasein: o cuidado; d)* a Temporalidade do *Ser-aí* e sua historicidade.

O *Dasein* como ser-no-mundo rompe definitivamente com o esquema sujeito-objeto que predominava entre as filosofias objetivistas-entificadoras da tradição metafísica. Concebe o homem (*Ser-aí*) como um ente desde sempre jogado no mundo (Faticidade), que tem como principal característica o estar-lançado de sua existência, vista eminentemente como projeto, possibilidade. Ou seja, o *Ser-aí* é essencialmente possibilidade. Se Robert Mussil, em seu clássico *O homem sem qualidades*, dizia que "Se há um sentido de realidade é preciso que também haja um sentido de possibilidade", Heidegger irá dizer, em *Ser e Tempo* que "por encima de la realidad está la posibilidad".[191] Mais adiante, mostra o filósofo que "la posibilidad entendida como existencial, es la más originaria y última determinación ontológica positiva del Dasein".[192] Ou seja, o *Dasein*, muito mais que realidade é, essencialmente possibilidade, por que, como ser-no-mundo que se compreende em seu ser e compreende o ser dos entes, sempre está em questão seu ser mais próprio, o que o coloca, de alguma maneira, adiante de si mesmo.

Com sua descrição do *Dasein* como ser-no-mundo, Heidegger consegue mostrar como não há primeiro o *Dasein* depois as coisas, o mundo. De como a ponte kantiana entre consciência e mundo não só não precisa ser procurada, mas é exatamente essa procura que leva a filosofia ao equívoco do esquecimento do ser e da diferença ontológica.

Diante disso, fica claro porque em *Ser e Tempo* Heidegger responde a Kant dizendo que o escândalo da Filosofia não é ainda não termos encontrados uma ponte entre consciência e mundo, ou seja, entre o sujeito e os objetos; entre um sujeito que conhece e salta de objeto em objeto até "preencher" uma determinada totalidade de entes chamada mundo,

---

[190] INWOOD, Michel. Op. cit., p. 33-34.

[191] Cf. HEIDEGGER, Martin. *Ser y Tiempo*. Op. cit., p. 61.

[192] Cf. Idem, p. 167.

mas sim ainda estarmos procurando esta ponte. A estrutura de ser-no-mundo do *Dasein* responde a Kant porque mostra como desde sempre o *Dasein* já se relaciona com os outros entes enquanto os compreende em seu ser. Portanto, a totalidade do mundo não pode ser determinada a partir de uma somatória dos entes ou objetos que compõem o conhecimento do *Dasein*, mas sim uma totalidade da compreensão, de sua faticidade que o marca historicamente. O *Dasein*, não salta de objeto em objeto enquanto conhece coisas, mas os compreende desde-já-sempre, enquanto está no centro do mundo, e organiza seu conhecimento pela *diferença ontológica*.

Mas enquanto delimitávamos a questão da diferença ontológica na estrutura de ser-no-mundo do *Dasein* identificando-a como o elemento organizador da compreensão que o *Dasein* possui do ser dos entes, falamos muito de compreensão, faticidade e estar-lançado. Cabe agora delimitar melhor o significado de todos estes elementos a luz da diferença ontológica.

Como já ficou claro, o *Dasein* representa um novo olhar não apenas para o homem, mas também para o modo como conhecemos coisas, entes, objetos. Não se trata mais de uma análise realista do mundo, nem tampouco de um sujeito transcendental que salta sobre objetos para conhecê-los em sua realidade. O *Dasein* conhece, porque em seu modo de ser mais próprio, no âmago de sua estrutura existência se encontra a *compreensão*. E o *Dasein* compreende porque, desde sempre, se encontra numa relação com o *ser*. De alguma maneira, nós somente nos relacionamos com algo, porque sabemos que esse algo é, ele significa alguma coisa para nós.

Mas, em que circunstâncias essa compreensão tem lugar?

Segunda a análise que realiza em seu livro *autoconsciência e autodeterminação: uma interpretação lingüístico-analítica*, Ernest Tugendhat afirma que o "*Da*" do *Dasein* indica uma abertura na qual o homem se compreende e compreende o mundo, se projetando como possibilidade sobre si mesmo. Essa *abertura* é propriamente aquilo que distingue o *Dasein* das representações modernas, medievais e antigas a respeito do homem.[193]

Mas o *Dasein* não é apenas provocador e abocanhador do ser (projeto-existência), mas é também provocado por sua situação de estar jogado no mundo, da qual ele não tem escolha (Faticidade).

Desse modo, a abertura do "*Da*" é conquistada pela diferença ontológica porque o *Dasein* se movimento através dos existências da

---

[193] TUGENDHAT, Ernest. *Autoconciencia y Autodeterminación: Una interpretación lingüístico-analítica*. Op. cit., p. 129-153.

compreensão e do estado de ânimo, representado pela *angustia* de seu já-sempre-ser; estar-jogado (faticidade) e, ao mesmo tempo, ter que decidir-se sobre suas possibilidades (existência).

Portanto, o *Dasein*, entre a faticidade e a existência é aquilo que está no meio.

Ainda quanto a angustia, são preciosas as lições de Willian Richardson:

> Lançado entre entes, o homem está aberto ao seu Ser e, no entanto, vê-se estorvado pela sua finitude. A experiência privilegiada pela qual o homem descobre a unidade do eu é a angustia. A angustia é um modo especial da disposição ontológica, uma afinação afetiva e não-racional dentro de nós. É diferente do medo, porque este é sempre uma reação apreensiva a algo – como a broca do dentista. Mas, na angustia, o eu não está angustiado sobre uma coisa qualquer, mas sobre não-coisa, em partircular, sobre Nada! Nesse momento, as coisas que têm um "onde" à nossa volta parecem furtar-se à nossa apreensão, perder o seu significado. Deixamos de sentir-nos à vontade entre elas, Somos alienados delas; também somos alienados de "todos os outros", do impessoal, com tudo o que ela diz e faz. Descobrimos haver uma dimensão que não a cotidiana, um novo horizonte do qual e para o qual verdadeiramente ec-sistimos, quer chamemos a esse horizonte simplesmente o Nada, o Mundo ou até o próprio Ser. Através do fenômeno da angustia, o eu torna-se consciente de si mesmo como um todo unificado, relacionando com os entes dentro do mundo, mas aberto ao Ser, ao mundo enquanto tal.[194]

Resta-nos falar um pouco sobre o Cuidado.

A angústia do estar-lançado, do ter que decidir-se que juntos compõem a estrutura finita da faticidade do *Dasein* fazem parte da tríplice estrutura que compõe o modo de ser do homem que Heidegger denomina Cuidado (*Sorge*).

Na estrutura tríplice do Cuidado estão presentes os três elementos ontológicos fundamentais do *Dasein*:

1) *já-ser-em* – que indica a faticidade, o estar jogado num mundo (faticidade);

2) *ser-adiante-de-si-mesmo* – que implica a existência, as possibilidades sobre as quais os *Dasein* tem que se decidir;

3) *ser-junto-com-as-coisas* – que indica a decaída.

A tríplice estrutura do cuidado se desdobrará depois na tríplice dimensão da temporalidade: *passado (faticidade); futuro (existência); e presente (decaída)*.

Assim, mostra-se a diferença ontológica no interior da analítica existencial, como o primeiro caminho identificado por Heidegger para a superação dos mal-entendidos e equívocos da tradição metafísica. Aquilo

---

[194] RICHARDSON, Willian J. Op. cit., p. 177-178.

que articulado como *Dasein*, que é estruturado desde ele mesmo, sobre um caráter ontológico assim constituído, e, então, dessa maneira *é*.[195]

3.3.3. Diferença ontológica e o destino do Ser: notas sobre o Heidegger II

> Quem está disposto a ver o simples fato de que em Ser e Tempo o ponto de partida da interrogação é posto fora do âmbito da subjetividade, que, afastada toda e qualquer questão antropológica, muito antes é determinante, unicamente, a experiência do ser-aí, a partir da constante prospecção sobre a questão do ser, este ao mesmo tempo compreenderá que o 'ser' questionado em Ser e Tempo de nenhum modo pode permanecer uma imposição do sujeito humano. Antes o ser como o presentar, caracterizado pela sua marca temporal, interessa o ser-aí. Conseqüentemente, já no ponto de partida da questão do ser, em Ser e Tempo, o pensamento é chamado para uma mudança de rumo, cujo movimento corresponde à viravolta.[196]

Este texto em resposta a Willian Richardson é ilustrativo para aquilo que perseguimos: de como a diferença ontológica marca o caminho que Heidegger aponta para ser percorrido depois do fim da Filosofia enquanto Metafísica. Com efeito, afirmamos no tópico anterior que, em *Ser e Tempo* há uma marca indelével no sentido de apontar para pelo menos duas questões: *a)* de como a explicação categorial do homem é entificadora/objetificador e esconde aquilo que há de mais próprio no humano; *b)* o que há de mais próprio no homem (*Ser-aí*) é o fato de que em todas suas relações com os entes já está pressuposta uma compreensão do ser. Isto faz com que aquilo que há de mais próximo do homem (o *ser*) seja des-velado através da diferença ontológica. A analítica existencial, rapidamente descrita acima demonstra isso fenomenologicamente.

Mas no texto em epígrafe, o filósofo chama atenção para o fato de que *"o 'ser' questionado em* Ser e Tempo *de nenhum modo pode permanecer uma imposição do sujeito humano. Antes o ser como presentar, caracterizado pela sua marca temporal, interessa o ser-aí"*.

Destacamos nesta frase três pontos: 1) a palavra *ser* colocada entre aspas; 2) o questionamento do *ser* não poder continuar sendo uma imposição do sujeito humano; 3) o *ser* como presentar e sua marca temporal.

1) o primeiro ponto é algo que se encontra presente em *Ser e Tempo* já na epígrafe onde Heidegger cita um trecho do diálogo platônico *O*

---

[195] Cf. STEIN, Ernildo. *Nas proximidades da Antropologia*. Ijuí: Unijuí, 2003, p. 51 e segs.

[196] Texto escrito por Heidegger em resposta à questão formulada por Willian Richardson sobre a tão falada "viravolta" do pensamento heideggeriano, que marcaria uma mudança de rumo desde a questão posta em *Ser e Tempo* e nas obras e textos que o circundam, para as obras em que o sentido do ser em sua dimensão temporal é questionado. O texto completo pode ser encontrado em: STEIN, Ernildo. *Introdução ao Pensamento de Martin Heidegger*. Op. cit., p. 80-86.

Sofista. Ali o filósofo, ao anunciar a colocação de sua questão, utiliza em dois contextos diferentes a palavra *ser*: no primeiro, *ser*, aparece sem aspas; enquanto, no segundo, *ser*, aparece marcado por aspas.[197]

Tanto Ernildo Stein quanto Tugendhat identificam em Heidegger diferentes níveis em que a questão pelo *ser* é colocada, mesmo em *Ser e Tempo*. Há o nível do *ser-dos-entes* e o nível do *ser* e entre eles o filósofo coloca um terceiro nível, representado por um ente privilegiado: o *Ser-aí*.[198]

Em *Ser e Tempo* a questão foi tematizada e pensada no nível do *Dasein* e no nível do *ser-do-ente*, mas a seção anunciada na introdução que estaria destinada ao sentido do *ser* no horizonte do tempo não foi realizada (falamos da 3ª seção da primeira parte intitulada *Tempo e Ser*). É interessante notar que, a segunda parte de *Ser e Tempo*, na qual estava programada a desconstrução das ontologias da tradição, apareceu parcialmente num curso de 1929, já citado neste trabalho, *Os Problemas Fundamentais da Fenomenologia*. No entanto, a 3ª seção da primeira parte não foi explicitamente realizada.

Na viravolta, então, se dá o movimento de volta em direção à aurora do pensamento, onde o ser acontecera sem obstruções, na perspectiva de se pensar uma relação radical entre ser-ser-aí, pois "a análise do próprio tempo, enquanto ligado ao ser, se encaminhou para uma aporia, da qual emerge a necessidade de uma viravolta, cujas raízes já vinham desde. A situação que envolve *Tempo e ser* numa unidade radical não pudera ser abordada pela situação hermenêutica elaborada em *Ser e Tempo*".[199]

O ponto destacado no número 2 mostra como Heidegger começa a manifestar a idéia de que somos tomados, numa determinada era, por uma determinada concepção do ente e uma determinação da verdade que retêm o ser, encobrindo-o. Isso simplesmente acontece, e porque o *Ser-aí* é histórico, somos levados por este acontecer; um acontecer encobridor que por toda parte em que procura o ser – o mais digno de ser pensado, o ser da *diferença ontológica*, portanto – só encontra o ente. Isso leva o filósofo a falar da metafísica como história do esquecimento do ser. É na viravolta que aquilo que ficou esquecido deverá ser pensado. Heidegger passará, então, a investigar os textos da tradição e seus principais autores procurando demonstrar como, em cada era da Metafísica se deu o esquecimento do ser. E como somos levados por ele.

---

[197] Cf. HEIDEGGER, Martin. *Ser y Teimpo*. Op. cit., p. 23.

[198] Cf. STEIN, Ernildo. *Pensar é Pensar a Diferença. Filosofia e Conhecimento Empírico*. Op. cit., p. 87; ver também TUGENDHAT, Ernest. *Autoconciencia y Autodeterminación: Una interpretación lingüístico-analítica*. Op. cit.

[199] STEIN, Ernildo. *Introdução ao Pensamento de Martin Heidegger*. Op. cit., p. 89-90.

É por isso que é possível falar em um *Destino do ser* que na história da metafísica acontece e que somos, de alguma forma, levados por este acontecer.

Como adverte Stein:

> O projeto de *Ser e Tempo*, mediante a idéia da compreensão do ser, é um projeto que já sempre radica numa história do ser. Há uma História da Filosofia que precede toda discussão da questão da verdade. E nós somos, na discussão da questão da verdade, herdeiros de uma longa história que não conseguimos explicitar plenamente.[200]

Em um curso proferido em 1957, por ocasião de uma análise da *Ciência da Lógica* de Hegel, Heidegger faz menção expressa a essa destinação historial do ser. Diz ele que "somente atingimos a proximidade do que nos vem do destino historial através do súbito instante de uma lembrança. Isto também vale para a experiência de cada cunho da diferença de ser do ente ao qual corresponde uma particular interpretação do ente enquanto tal".[201]

No mesmo texto, o filósofo diz o seguinte a respeito da diferença ontológica:

> Deixamos de lado opiniões e esclarecimentos; em vez disso, fixemos nossa atenção no seguinte: em toda parte e sempre encontramos aquilo que é chamado diferença: no objeto do pensamento, no ente enquanto tal, e isto tão despojado de dúvidas, que primeiro tomamos conhecimento desta constatação, enquanto tal. Nada nos obriga a fazer isto. Nosso pensamento está livre para deixar impensada a diferença ou para considerá-la propriamente enquanto tal.[202]

Há, portanto, um espaço em que a diferença permanece impensada, sem que isso permaneça, para um conhecimento, um erro, ou uma falsidade no nível lógico. Há uma espécie de renúncia, um esquecimento que acaba por não atentar para o fato de que o *ser* não pode representar-se por um ente.

Na conferência *Tempo e Ser*, Heidegger diz o seguinte:

> O ser não possui história como uma cidade ou um povo tem sua história. O caráter historial da história do ser determina-se certamente a partir disto e somente assim: como ser acontece, de acordo com o que foi dito até agora, a partir da maneira como o ser se dá. (...) A sucessão das épocas no destino de ser não é nem casual nem se deixa calcular como necessária. Não obstante, anuncia-se no destino aquilo que responde ao destino no comum pertencer das épocas aquilo que convém. Estas épocas se encobrem, em sua sucessão, tão bem que a destinação inicial de ser como pré-s-ença é cada vez mais encoberta de diversas maneiras.

---

[200] STEIN, Ernildo. *Sobre a Verdade. Lições preliminares ao Parágrafo 44 de Ser e Tempo*. Op. cit., p. 28.

[201] HEIDEGGER, Martin. A Constituição Onto-Teo-Lógica da Metafísica. In: *Conferencias e Escritos Filosóficos*. Tradução de Ernildo Stein. São Paulo: Nova Cultural, 2005, p. 197.

[202] Ibid, p. 195.

> Somente o desfazer destes encobrimentos – é isso que quer dizer a "destruição" – garante ao pensamento um lance de olhos provisórios (pre-cursor) àquilo que então se desvela como destino-do-ser.[203]

Quanto a essa questão retrata por Heidegger, Stein assevera:

> A isso ele chamará de um estar aberto pré-lógico para o ente como tal em que há uma produção de totalidade, um acontecer fundamental originário. Ele usa várias expressões para isto. Poderia ser chamada a *História do ser*, que passa de alguma maneira a ser mais concreta, na medida em que o *Dasein* não apenas deve ser pensado como anterior à consciência, mas como um espaço *historial* (*geschichtlich*), mas histórico ao mesmo tempo, enquanto história da filosofia. Na história da filosofia se dá uma verdade, um acontecer, que não se recupera inteiramente na compreensão do ser. A compreensão do ser é sempre segunda, sempre chega tarde. Assim Heidegger pode falar na história da metafísica como história sobre o esquecimento do ser, na medida em que a metafísica não questiona esse desconhecido, o não conhecido, este ver entre as linhas do texto que a tradição apresenta.[204]

Assim, é a partir da diferença ontológica que o filósofo poderá reler toda história da filosofia e identificar nela aquilo que ficou esquecido, que permaneceu velado no desvelamento dos entes, pois "o ser acontecia na metafísica como o impensado que ela, no entanto, encobria metafisicamente, nomeando-o por um ente".[205]

Teríamos que considerar também, o papel preponderante que o jogo binário de velamento e des-velamento presente na interpretação heideggeriana da *Aletheia* desempenha no contexto da exploração da metafísica como história do esquecimento do ser, ou como *Destino do Ser*. Mas isso ocuparia um outro trabalho, exclusivamente dedicado a este tema. Nos damos por satisfeitos se conseguimos mostrar como que a diferença ontológica e o círculo hermenêutico se mostram como uma das chaves heideggerianas para se sair do problema da metafísica. Por certo, não se trata de uma solução. *Ser e Tempo* é a prova de que não existe uma filosofia blindada contra aporias. Porém, a *diferença ontológica* é determinante para que se possa perceber os dogmatismos da tradição, abrindo caminho para construção de novos rumos, não só para Filosofia, mas também para as ciências humanas, enquanto constituição de um saber crítico, consciente e não comprometido com uma determinada concepção da verdade; uma verdade que se esquece de seu lugar mais próprio que é a dimensão de *ser* a qual o pensamento não pode jamais renunciar.

---

[203] HEIDEGGER, Martin. *Tempo e Ser*. Op. cit., p. 256-257.

[204] STEIN, Ernildo. *Sobre a Verdade. Lições Preliminares ao parágrafo 44 de Ser e Tempo*. Op. cit., p. 245.

[205] Cf. STEIN, Ernildo. *Pensar é Pensar a Diferença*. Op. cit., p. 61.

4. O conceito de princípio (pragmático-problemático) entre a otimização e a resposta correta: o confronto Alexy vs. Dworkin a partir da situação hermenêutica conquistada pela investigação

4.1. A necessária parada metodológica da investigação

É chegado o momento de colocarmos, de forma clara e precisa, as principais questões apresentadas ao longo da investigação com a intenção de clarear o caminho percorrido e, ao mesmo tempo, preparar o confronto final de nossa pesquisa tendo como ponto norteador o recorte efetuado em torno do conceito de princípio e o problema da discricionariedade das decisões judiciais, no modo como se manifestam no conceito de *mandados de otimização* de Robert Alexy e na tese da *única resposta correta* de Ronald Dworkin, o que, em última análise, desemboca no problema da *fundamentação*. Ou seja, queremos saber se os princípios são cláusulas de abertura – portanto que exoneram conteudisticamente o juiz do dever de fundamentar, restando apenas um pressuposto procedimental para tal desiderato; ou se são os princípios aquilo que determina o "fechamento" interpretativo, aptos a sanar a discricionariedade própria da indeterminabilidade do direito representado como um modelo de regras.[206]

O fio condutor de todo trabalho pode ser resumido na dificuldade que existe em torno do conceito de princípio no campo do conhecimento jurídico devido a sua multiplicidade de manifestações teóricas e práticas, o que reivindica uma determinação mais precisa. Tendo-se em conta o comportamento prático dos juristas, foi possível perceber como o conceito de princípio que chamamos de pragmático-problemáti-

---
[206] Cf. STRECK, Lenio Luiz. *Verdade e Consenso*. Op. cit., p. 163 e segs..

co abre um contexto de significados que emerge de forma reverberante em nosso contexto atual.

Isso fica claro em autores como Alexy e Dworkin: há uma virada no interior da interpretação jurídica de um modelo *sintático-semântico* de interpretação e determinação dos princípios (*princípios gerais do direito* e *princípios jurídicos epistemológicos*), em direção a um modelo *pragmático-semântico*, cujos elementos determinantes passam a ser as *controvérsias produzidas pelo discurso jurídico no momento da decisão judicial* (embora exista uma acentuação da dimensão semântica em Alexy). Mas este significado, embora determinante, não se apresenta sem problemas, a ponto de produzir teses tão divergentes quanto são as de Alexy e Dworkin. Afirmar e ressaltar essa diferença é um ponto decisivo para nossa investigação. Não obstante, grande parte da doutrina – principalmente a brasileira, mas não apenas ela – apresente estes dois autores de maneira justaposta, como se os conceitos de princípios com os quais cada um deles opera fossem equivalentes.[207] Todavia, como ficará claro, a divergência entre estas duas posições é de tal monta que nos levou a colocá-las em confronto procurando problematizar os pressupostos que operam ocultamente para que algo como o conceito de princípio possa se manifestar e aparecer. O manifestar e o aparecer do conceito nos levou a uma problematização filosófica comprometida em determinar os vínculos entre o direito e a Metafísica para que fosse possível apurar em que medida essa herança chega até nós e influi na determinação do conceito de princípio. A pretensão de compreender o ente em sua totalidade se apresenta na modernidade pela afirmação da razão e da subjetividade como fundamento último, que jamais foi (é) colocada como questão. Desse modo, permaneceu/permanece inexplorado o modo de ser deste ente (*Cogito, Eu penso* etc.) que serve de fundamento metafísico para todos os entes no interior do pensamento moderno. Tudo isso aparece no direito com ideal de completude e afirmação racional do direito natural e sua posterior consagração nos grandes sistemas codificados do século XVIII. Em alguma medida, é com essa moldura que as metas

---

[207] Neste sentido, Cf. BARROSO, Luis Roberto. BARCELLOS, Ana Paula de. O começo da História : a Nova Interpretação Constitucional e o papel dos Princípios no Direito Brasileiro. In: *Interpretação Constitucional*. Virgílio Afonso da Silva (org.). São Paulo: Malheiros, 2005, p. 277-279; SARMENTO, Daniel. *A Ponderação de Interesses na Constituição Federal*. Rio de Janeiro: Lumen Juris, 2002, p. 41 e segs; ESPÍNDOLA, Ruy Samuel. *Conceito de Princípios Constitucionais*. 2 ed. São Paulo: Revista dos Tribunais, 2002, p. 66 e segs. Este último, baseado em Paulo Bonavides, chega a falar em um "aperfeiçoamento analítico" que Alexy teria realizado sobre as teses de Dworkin. Em que pese a sofisticação de cada uma destas abordagens mencionadas, não concordamos com a tese da equivalência das teses em virtude de, em cada caso – Alexy e Dworkin –, são pressupostos distintos que operam para a formação de seus respectivos conceitos de princípios. Atingir estes pressupostos é de fundamental importância para lançar luz sobre uma questão que merece ser debatida com maior proficuidade.

de segurança e certeza que caracterizam a modernidade jurídica serão perseguidas a partir da exatidão própria da matemática.

Com Kant, a Metafísica se transforma: deixa de ser conhecimento metafísico e passa a ser metafísica do conhecimento; a determinação da *coisa em si* retira da problemática filosófica as meras idéias da razão colocando, no palco da *razão pura*, apenas o conhecimento fenomênico[208] de base empírica, mas que não se esgota na intuição sensível, chamado, por isso, de *transcendental*. Com Heidegger, foi possível determinar o caráter matemático escondido por de trás de todo esse processo e que fundamenta a própria metafísica moderna. O matemático no direito pôde ser percebido no significado dos princípios gerais do direito e dos princípios jurídico-epistemológicos, tanto em seu conteúdo quanto em sua lógica axiomática-dedutiva.

Mas não é só isso. Em todo esse percurso colocamos Kant como o autor que, de certo modo, propriamente fundou a filosofia do direito, redefinindo, de modo essencial, as tarefas da reflexão filosófica sobre o jurídico. Essa redefinição assume um contexto primordial a ponto de se encontrar presente nas principais teorias do direito da primeira metade do século XX.

Destacamos, também, a interpretação que Heidegger faz de Kant no interior da qual a *Crítica da Razão Pura* não se apresenta como mera *Teoria do Conhecimento* – como tradicionalmente é retratada – mas sim como *fundamentação da metafísica*. Isso parece ficar claro quando Stein mostra como Kant procura *unir* – no eu transcendental – *método, processo, estrutura e condições de possibilidade*, elemento unitário este que não aparece na tradição empirista anglo-saxônica.[209] Podemos dizer que este elemento unitário responde pela totalidade que a tradição Metafísica sempre tentou compreender. Podemos argumentar isso com algo não muito simples de ser apresentado: o racionalismo estava comprometido, desde sua gênese, com a escolástica medieval e tinha como objetivo principal salvar a única possibilidade de prova da existência de Deus pela afirmação da razão, pela demonstração de uma racionalidade plenipotente. Desse modo, a secularização produzida pelo humanismo renascentista e depois radicalizada pelo racionalismo, não representa uma "morte de Deus", mas sim a afirmação da possibilidade última de sua demonstração, com a diferença de que, agora, essa demonstração se daria a partir do modelo da matemática (axiomático-dedutivo).[210] Kant

---

[208] Fenômeno entendido em seu *sentido vulgar*, não no sentido fenomenológico.

[209] Cf. STEIN, Ernildo. *Pensar é pensar a diferença*. Op. cit..

[210] De se ressaltar que, como vimos no segundo capítulo, Heidegger aponta para dois acontecimentos que determinam, tanto na forma quanto no conteúdo, a Metafísica moderna: 1) a representação do ente como *ens creatum*; 2) o modo matemático de fundamentação.

tentou, portanto, superar a metafísica a partir da inversão do dualismo clássico e da determinação da coisa em si, afirmando o *positivo*, o fenômeno (em sentido vulgar), como base de todo conhecimento efetivo. Porém, continuava comprometido com o projeto moderno e com uma ontologia substancialista ao continuar a afirmar o *eu* o *sujeito* como aquilo que permanece subjacente em todas as representações que o entendimento realiza. Como afirma Gadamer: "o *cogito me cogitare* é por assim dizer a substância de todas as nossas representações". Essa afirmação é essencial para compreender, radicalmente, o conceito de subjetividade e seu desenvolvimento posterior que foi levado ao seu ponto mais alto exatamente por Kant. "Kant levou a palavra e o conceito à vitória, ao reconhecer a função da subjetividade na síntese transcendental da apercepção, que precisa poder acompanhar todas as nossas representações e lhes empresta unidade".[211]

Seguindo a Kant, mas pretendendo ser mais radical que ele, o *positivismo jurídico* quis superar a metafísica, afirmando o rigor científico para o estudo do direito e sua limitação ao conhecimento e a descrição das normas jurídico-positivas. Num segundo momento, dado os problemas que o positivismo teórico-puro havia gerado, postulou-se um *positivismo axiológico* que procurava afirmar as condições de possibilidade do conhecimento jurídico em uma ordem pré-dada de valores. O que há de comum em todas estas construções? O *eu transcendental* servindo de ponto de partida e fundamento oculto em todas elas. A totalidade Metafísica que outrora era representada pelo *Cosmos*, por *Deus* ou pela *Razão* – fundamentos do direito ao tempo da *juris naturalis scientia* – vem agora representada pelo *sujeito transcendental* kantiano e seu modo matemático de representar seus juízos. Isso repercute no direito com duas peculiaridades distintas: *a)* o positivismo teórico coloca como conhecimento transcendental a estrutura formal da norma jurídica, como esquema de interpretação dêontico dos atos humanos em geral; *b)* o positivismo axiológico que chama de transcendental os *valores*. Mas transcendental em relação a quem? Ao sujeito epistemológico-matemático: a *substância* da ontologia moderna.

Tudo isso nós já dissemos. O que não foi explorado ainda, e que será determinante de agora em diante, é que a *coisa em si* criara um problema para Kant que ele próprio não conseguiu resolver.[212] Ou seja, sen-

---

[211] GADAMER, Hans-Georg. *Hermenêutica em Retrospectiva. A virada hermenêutica*. Vol. II. Op. cit., p. 12.

[212] Na verdade, como afirma Stein, Kant efetuou uma tentativa de "salvação da metafísica" a partir da limitação crítica da razão pura. Todavia, com isso, ele terminou por reduzí-la a um problema da razão prática. "No processo a que se submete a razão pura, esta termina limitada a um campo bem determinado de problemas. Limitada ao terreno do fenômeno e excluída de suas possibilidades, a análise da coisa em si, a razão pode movimentar-se livremente na constituição de um conhecimen-

do a liberdade (o agir humano) *coisa em si*, pois lhe falta a condição de possibilidade fenomênica, como pode Kant fundar, sob os procedimentos da razão pura, uma razão prática? Há uma vala que separa, radicalmente, a *razão pura teórica* da *razão pura prática*.[213] Isso fica claro agora visto que, no capítulo segundo foi possível mostrar como que o *normativismo* (Kelsen), fundado na razão pura teórica de Marburgo, optou por uma transcendentalidade, fundada na norma jurídica como esquema deôntico de interpretação, que desconsiderava qualquer tipo de valoração no interior da ciência do direito. Isso porque, no âmbito da razão pura teórica, os juízos de *valor* e *dever* (próprios da razão prática) não são suscetíveis de verdade ou fundamentáveis racionalmente. Por outro lado, o primado da razão pura prática entre os teóricos de Baden, leva à formação do chamado *culturalismo jurídico* (Radbruch) e a afirmação da transcendentalidade dos valores como momento fundamentador do direito, mas que ainda tem suas raízes fincadas na subjetividade do *eu transcendental*.

Com Heidegger, devido à sua interpretação radical da Metafísica, somos levados a abandonar os processos de fundamentação da subjetividade – baseados em uma lógica matemática, artificial em relação à existência concreta –; em favor da compreensão das estruturas da existência e da faticidade do ser-aí.[214] Com sua analítica existencial, Heideg-

---

to sem contradições e sem aporias. As únicas que sobrevivem se reduzem às antinomias da razão pura. Kant reduz o conhecimento 'metafísico' ao terreno da discussão do problema das relações entre intuição (particular) e as categorias ou formas a priori (universal). Este é o âmbito em que a 'metafísica' é possível. Os objetos da metafísica tradicional: o mundo, a alma e Deus, tornam-se objetos da dialética transcendental, em que apenas são pensados, mas não possuem nenhum conteúdo que possa ser conhecido. Kant oculta, no terreno da coisa em si, tudo o que constituía precisamente o elemento axial da interrogação metafísica. *Ele foge dos problemas e assim elimina a aporia – que permanece latente na relação entre fenômeno e coisa em si"* (STEIN, Ernildo. *Melancolia*. Op. cit., 120 – grifamos).

[213] É importante, neste sentido, a contribuição de Günter Figal que procura demonstrar como nem em Aristóteles nem em Kant podem ser encontrados elementos que nos leve à uma determinação satisfatória da liberdade, o que representa, de algum modo, o problema do modo inconciliável como estes autores colocam a racionalidade prática e a racionalidade teórica. Para o autor: "Se conseguimos mostrar que não se pode responder de maneira satisfatória à pergunta sobre a liberdade nem de modo aristotélico nem de modo kantiano, então algumas coisas mais falarão a favor de nos orientarmos sistemáticamente por Heidegger" (FIGAL, Günter. *Martin Heidegger: Fenomenologia da Liberdade*. Op. cit., p. 90). Por certo que, em Heidegger, não teremos a questão da liberdade tematizada como tradicionalmente ela é abordada pela tradição no sentido de livre-arbítrio. Ela se liga à transcendência que acompanha o ser humano e não deve ser encarada como uma característica ligada ao sujeito (Neste sentido: HEIDEGGER, Martin. Sobre a Essência do Fundamento. In: *Escritos e Conferências filosóficas*. Tradução de Ernildo Stein. São Paulo: Abril Cultural, 2005, p. 140 e segs). Enquanto vinculada à transcendência, filósofo ligará a liberdade à vontade e à *clareira* (*Lichtung*) (Cf. HEIDEGGER, Martin. Sobre a Essência da Verdade In: *Escritos e Conferências filosóficas*. Tradução de Ernildo Stein. São Paulo: Abril Cultural, 2005, p. 160 e segs.).

[214] Já no parágrafo 6º de *Ser e Tempo* Heidegger acusa Kant de duas omissões fundamentais, uma decorrente da outra: 1) a aceitação dogmática da posição ontológica de Descartes e sua orientação

ger inverte a clássica relação entre teoria e prática, de modo a colocar a dimensão "prática" do modo de ser-no-mundo em sua lida diária com os entes como ponto de partida. O conceito de *ocupação* (*Besorgen*) compreende todas as maneiras de se comportar que apontam para uma lida com um ente que é interpretado inicialmente em meio a estrutura do *como hermenêutico*, antecipando-se a qualquer comportamento ôntico-contemplativo.

De um modo decisivo, a crítica heideggeriana se voltou contra a estreiteza do conceito de ser da tração que insistia em concebê-lo como transparente, como *substância* sempre presente e de cuja presença sempre estamos conscientes. Gadamer mostra com grande clareza como "Heidegger mostra que a constituição fundamental primária do ser-aí humano é com isso desconhecida. O ser-aí não consiste na tentativa sempre ulterior de se colocar diante de si mesmo em meio ao tornar-se consciente de si. Ele é muito mais uma dação que se lança para além, e, em verdade, não apenas para as suas representações, mas antes de tudo para a não-dação do futuro".[215] Ou seja, o estar-jogado, a faticidade do ser-aí torna manifestamente inaclarável toda tentativa de alcançar a transparecia da compreensão. Algo sempre escapa, permanecendo em toda compreensão de sentido algo impassível de ser esclarecido e que precisa repetir a questão sobre aquilo que motiva toda compreensão: o ser-aí e suas estruturas fáticas.[216]

Assim, recebemos um impulso para constituir um lugar "não matemático" – como afirma Stein, já citado anteriormente: *"no momento em que o conceito de história substitui o modelo matemático, no momento em que o conceito de história nos servir de modelo, aí caímos necessariamente no movimento que teria que levar a* Ser e Tempo*"*[217] – para pensar os conceitos fundamentais do direito (como é o caso do conceito de princípio) e, ao mesmo tempo, temos uma solução para a problemática relação entre "pratica" e "teoria", que se arrasta desde que Aristóteles inaugurou,

---

pela compreensão vulgar e tradicional do tempo. Essa dupla "queda" dogmática kantiana implica na obscura conexão entre o *tempo* e o *eu penso*, que nem sequer chega a ser tematizada por ele; 2) Em virtude de adotar tal posição ontológica, Kant se omite em relação à realização de uma ontologia do *Dasein* (ser-aí). Com o *cogito*, Descartes pretendia proporcionar uma fundamento novo e seguro para a filosofia. Mas este novo começo "radical" deixa indeterminado o modo de ser da *"res cogitans"*. Também Kant deixou impensado a pergunta pelo sentido do ser deste ente que, em Heidegger, se apresenta como determinante de sua *analítica existencial* (Cf. HEIDEGGER, Martin. Ser y Tiempo. Op. cit., p. 47-48).

[215] GADAMER, Hans-Georg. *Hermenêutica em Retrospectiva. A virada Hermenêutica*. Op. cit., p. 18.

[216] É importante ressaltar, coforme nos lembra Gadamer, que o "Ser-aí" (*Dasein*) não representa uma represtinação do conceito de subjetividade. Em seu ponto de partida, Heidegger substiui o conceito de subjetividade pelo conceito de *cuidado* e sua irresistível dimensão prática (Cf. GADAMER, Hans-Georg. *Hermenêutica em Retrospectiva. A virada Hermenêutica*. Op. cit., p. 22).

[217] STEIN, Ernildo. *Sobre a Verdade. Lições preliminares ao parágrafo 44 de Ser e Tempo*. Op. cit., p. 103.

de maneira autônoma, a exploração do saber prático. Por certo, em sua radicalidade, Heidegger concebe uma dimensão "prática" que, por ser ontológica, não se reveste de nenhum conteúdo valorativo *a priori*, mas que se apresenta como *condição de possibilidade* para qualquer ordem de valores éticos ou jurídicos. Assim, os *valores, o conceito de princípio e a própria manifestação do direito, não podem ser retiradas diretamente dos conceitos com os quais opera a analítica existencial, mas se apresentam como modos de ser que entram na estrutura de referências e significados do ser-no-mundo*. Daí a importância do conceito de mundo – não o conceito natural de mundo – e a necessidade de se ter muito presente a noção de transcendentalidade[218] fraca, ou histórica, que, como diz Ernildo Stein, é produzida a partir de *Ser e Tempo*. É a partir daí que compreenderemos com maior rigor como o mundo – que evidentemente não é o "mundo natural" – nos atinge e como, em todos nossos comportamentos, há sempre algo que acontecesse num encontro: *munda*, diria Heidegger.

Desse modo, a colocação da pergunta pelo conceito de princípio recebe – pelo método fenomenológico – uma dupla clivagem: uma *molar* e outra *molecular*; que por sua vez se desdobra em um método *regressivo* e outro *progressivo*.[219] Em sua vertente *molar* exploramos os significados legados pelos paradigmas filosóficos da tradição procurando liberar aquilo que se mantém retido na própria linguagem enquanto vela e desvela o ser dos entes. Desse modo, instaura-se uma problematização regressiva no seio da própria filosofia de modo a perceber os condicionamentos que aprisionam as possibilidades projetadas pela tradição através da faticidade do ser-aí. Temos, assim, a problemática relação entre teoria e prática, a gênese e progressiva construção do conceito de *norma* no continente, a emergência da problemática dos valores que não questiona ou tematiza o problema envolvendo o próprio conceito de norma tradicional e seu fundamento: o *eu transcendental*. Já na vertente *molecular*, partimos das estruturas da analítica existencial para projetar o significado do conceito de princípio, procurando descrever, não uma imagem do direito – como acontece com as teorias positivistas, como

---

[218] Vale lembrar que, para Heidegger, é a transcendentalidade que marca a filosofia em geral e que também está presente nas ontologias regionais ou metontologias – como é o caso da filosofia do direito. Mas essa transcendentalidade difere totalmente daquela inaugurada com Kant e que tinha na subjetividade a totalidade que pretendia compreender. Heidegger afirma que "la ontología, o la filosofia em general, es, a diferencia de las ciencias de los entes, la ciencia crítica o también la ciencia del mundo trastocado. Con esta distinción entre ser e ente y con la elección del ser como tema nos alejamos, de forma radical, de campo del ente. Lo superamos, lo transcendemos. Podemos llamar también la ciencia del ser, en tanto que ciencia crítica, la *ciencia transcendental*. Al hacerlo así, no aceptamos sin más el concepto de transcendental de Kant, sino, más bien su sentido originário y su tendencia própria, oculta acaso también para Kant. Superamos el ente para llegar hasta el ser" (HEIDEGGER, Martin. *Los Problemas Fundamentales de la fenomenologia*. Op. cit., p. 42-43).
[219] Cf. STEIN, Ernildo. *A Questão do Método na Filosofia*. Op. cit..

bem aponta Dworkin – mas sim como um modo de ser, inserido no plano daquilo que, em *Ser e Tempo*, podemos chamar de *instrumentalidade* (a dimensão do utensílio, do útil – em alemão: *Zeug*). Procuramos, portanto, descrever os princípios a partir da estrutura do ser-no-mundo e do caráter de remissão e significado próprio do utensílio.

Por certo, a vertente molar e a vertente molecular do método fenomenológico, não correm separadas, mas estão unidas pelo circulo hermenêutico: não há destruição das ontologias da tradição sem (analítica do) ser-aí, como não pode *existir* ser-aí, sem essa tradição que o destina. Isto porque a investigação regressiva da tradição não apenas começa com o ser-aí, como também reivindica a instauração de uma ontologia deste ente que, no interior desta tradição, permaneceu não problematizada.

4.2. O horizonte que envolve as concepções de Alexy e Dworkin: o pós-positivismo como uma corrente teórica ocupada com o problema da indeterminação do direito

O conceito de princípio pragmático-problemático tem lugar no âmbito das discussões e teorias que podem ser nomeadas globalmente como pós-positivismo.[220] A caracterização do *pós-positivismo*, no que atina a grande maioria da doutrina brasileira, se restringe a afirmá-lo como o *locus* em que os princípios são levados a sério. Desse modo, é apontada como a principal característica do modelo pós-positivista de teoria do direito a emergência dos princípios e seu reconhecimento como *norma* jurídica.[221] Não que esta assertiva seja totalmente falsa, mas

---

[220] Vale ressaltar que a definição de *pós-positivismo* remonta a Friedrich Müller e a sua proposta de redefinição do conceito de norma – ultrapassando, assim, o conceito semântico de norma que caracterizava o positivismo normativista. Todavia, principalmente na doutrina espanhola a partir de autores como Albert Calsamiglia e outros argumentativistas, passou-se a caracterizar o *pós-positivismo* como uma corrente que se ocupa com questões argumentativas próprias da indeterminação do direito, o que havia sido relegado pelo positivismo. Se é certo que a problemática da indeterminação do direito e da interpretação é um problema central para as posturas *pós-positivistas*, entendemos que a tese de Müller é crucial para que uma teoria *pós-positivista* não caia numa armadilha comum: tentar criticar o positivismo com as mesmas ferramentas conceituais de que ele se valia para construir suas epistemologias jurídicas. O conceito central de todo positivismo é, certamente, o conceito (*semântico*) de *norma*. Desse modo, afirmar que o *pós-positivismo* possuiu uma nova teoria da norma simplesmente por "elevar" os princípios à condição de verdadeira norma jurídica, não transforma, radicalmente, o conceito de norma do positivismo. Apenas a colocação do conceito num âmbito pragmático que supere os dualismos entre direito e realidade, ser e dever-ser. Procuraremos iluminar melhor esta questão no decorrer deste último capítulo.

[221] Neste sentido, Cf. BARROSO, Luis Roberto. BARCELLOS, Ana Paula de. O começo da História: a Nova Interpretação Constitucional e o papel dos Princípios no Direito Brasileiro. In: *Interpretação*

ela esconde o problema que realmente se encontra no cerne dos debates que emergem no seio do *pós-positivismo*: a preocupação com a indeterminação do direito e a impossibilidade de se prever, abstratamente, todas as hipóteses de aplicação. Além de que, como veremos, não é colocado como o problema o conceito de *norma jurídica*. Por certo que o conceito de princípio é determinante neste aspecto, pois os problemas advindos da indeterminação do direito passam pelo problema dos princípios, das cláusulas gerais, enunciados abertos etc. Mas não basta dizer que nas teorias pós-positivistas os princípios são levados a sério, se não se coloca, corretamente, de qual conceito de princípio se está falando e qual o sentido em que seu significado se projeta. Como ressaltamos no item 1.1.3. – quando tratamos do significado pragmático-problemático – a emergência dos princípios como "espécies normativas", debatidas no âmbito da decisão judicial, eclode de uma maneira muito mais reverberante no problema da fundamentação e da discricionariedade das decisões, do que propriamente do seu simples reconhecimento teórico. Em outras palavras, é a lida cotidiana dos tribunais, imersos num contexto remissional de significados históricos contundentes que constrói o significado do conceito de princípio que estamos debatendo aqui.

Portanto, nas teorias pós-positivistas o que está em jogo é um problema hermenêutico, ligado à indeterminação do direito. O enfrentamento deste problema foi recusado sistematicamente pelas posturas positivistas *lato senso*, sobre o pretexto de que sua tematização escapava das possibilidades da razão pura teórica. Além disso, é preciso reconhecer que em todo positivismo o que está em jogo é um problema procedimental. Ou seja, é possível dizer que todo positivismo se constitui como uma espécie de *procedimentalismo*, a partir do qual se procura afirmar controles procedimentais dos mecanismos de decisão, sem uma preocupação efetiva como o *resultado* da decisão. Como o resultado da decisão judicial nunca importou efetivamente para o positivismo – Kelsen é um bom exemplo disso – se tinha por excluída a tematização pormenorizada da indeterminação do direito num âmbito efetivamente pragmático, embora fosse ela reconhecida num âmbito semântico-sintático. A incontrolabilidade do resultado leva a aceitação de um relativismo.

Por outro lado, autores como Albert Calsamiglia[222] define as posturas pós-positivistas pelo seu nítido viés de enfrentamento dos problemas da indeterminação do direito. Para Calsamiglia, o *positivismo*

Constitucional. Virgílio Afonso da Silva (org.). São Paulo: Malheiros, 2005, p. 277-279; SARMENTO, Daniel. *A Ponderação de Interesses na Constituição Federal*. Rio de Janeiro: Lumen Juris, 2002, p. 41. BONAVIDES, Paulo. *Curso de Direito Constitucional*. São Paulo: Malheiros, 1999, p. 273.

[222] CALSAMIGLIA, Albert. Pospositivismo. In: *Doxa – Cuadernos de Filosofia del Derecho*. N. 21 Alicante, 1998, p. 209 e segs.

jurídico se apresentava como uma teoria do direito sem uma teoria da argumentação, enquanto que o pós-positivismo procura afirmar esta dimensão do conhecimento jurídico principalmente a partir da afirmação de uma "razão prática esquecida". Desse modo, é no pós-positivismo que são colocados, abertamente, a interpenetração entre direito e política e o de vinculo entre direito e moral, no âmbito das discussões de seu sentido e sua validade. Esta perspectiva é seguida, até certo ponto, por Lenio Streck,[223] com a ressalva de que, para Lenio, o *neoconstitucionalismo* – revisto desde uma perspectiva hermenêutica – problematiza a questão da indeterminação do direito a partir da apresentação de a) uma nova teoria das fontes – da plenipotência da lei, salta-se para a onipresença da Constituição; b) uma nova teoria da norma – que assume a posição de um *conceito interpretativo* (hermenêutico) que só pode ser determinado no nível da própria prática jurídica, ao contrário das perspectivas semânticas anteriores; c) uma nova teoria da interpretação que implica a colocação radical do problema da indeterminação do direito a partir de uma perspectiva hermenêutica. Desse modo, se para Caslamiglia o positivismo se apresentava como uma teoria do direito sem uma teoria da argumentação, para nós – seguindo Lenio Streck – o positivismo se apresenta como uma teoria do direito que se exime de problematizar as práticas interpretativas do direito.

Essa afirmação não é feita de maneira meramente aleatória. Também Müller anota o problema da insuficiência do positivismo no que tange a uma teoria da interpretação. Isso se dá através de uma operação que reduz o conceito de norma a uma dimensão abstrata. "A redução do conceito de norma encontra-se na interpretação autêntica por parte dos órgãos aplicadores do direito. A norma como ordem não oferece mais do que um quadro para uma série de possibilidades decisórias logicamente equivalentes".[224] Se o ato preenche esse quadro em qualquer sentido *logicamente* possível, ele está em conformidade com o direito, sendo eliminada a pergunta pela correção de seu conteúdo. Desse modo, ar-

---

[223] STRECK, Lenio Luiz. *Verdade e Consenso*. Op. cit., p. 05 e segs. Lenio acrescenta à tese de Calsamiglia pontos importantes a partir das correções efetuadas por ele ao *neoconstitucionalismo*. Afirma o autor que "em acréscimo às questões levantadas por Calsamiglia, vale referir o acirramento da crise das posturas positivistas diante do paradigma neoconstitucionalista, em face da sensível alteração no plano da teoria das fontes, da norma e das condições para compreensão do fenômeno no interior do Estado Democrático de Direito, em que o direito e a jurisdição constitucional assumem um papel que vai muito além dos 'planos' do positivismo jurídico e do modelo de direito com ele condizente". Ainda neste item, procuraremos esclarecer as principais correções efetuadas por Streck ao *neoconstitucionalismo* tradicional que assume um recorte mais analítico. Quanto à sua formatação "analítica" Cf. POZZOLO, Susanna. DUARTE, Écio Oto Ramos. *Neoconstiucionalismo e Positivismo Jurídico. As teorias do direito em tempos de interpretação moral da Constituição*. São Paulo: Landy, 2006.

[224] MÜLLER, Friedrich. *O novo Paradigma do Direito*. Op. cit., p. 50.

remata Müller, "o que é reconhecido na hermenêutica moderna como coexistência, prenhe de tensões, de elementos cognitivos e volitivos de uma concretização do direito por meio da jurisprudência e da doutrina, permanecesse separado com toda a pureza em Kelsen".[225]

Como vimos no segundo capítulo desta investigação, a herança kantiana das teorias do direito positivistas levou a uma renúncia da razão prática (inapreensível fenomenicamente pela razão pura teórica) em favor dos problemas teóricos de fundamentação e validade do ordenamento jurídico. Além disso, a preocupação epistemológica-procedimental, deixava de lado a tematização do resultado destes procedimentos o que também excluía, em última análise, a colocação da questão no nível "prático".

Portanto, no interior do *pós-positivismo* estamos diante de problema interpretativo, basicamente, cujo ponto culminante é o problema da indeterminação do direito, tudo aquilo que o positivismo havia afastado de sua esfera de atenção.[226]

---

[225] MÜLLER, Friedrich. *O novo Paradigma do Direito*. Op. cit., p. 50.

[226] Marcelo Neves oferece uma interessante leitura, a partir da semiótica, dos vários modelos de interpretação jurídica que se desenvolvem desde o século XIX até a segunda metade do século XX. Para ele, é possível observar o aparecimento cada vez maior de uma dimensão pragmática, após a ênfase dada às dimensões sintática e semântica. Desse modo, temos um deslocamento da segurança formal para o problema da incerteza condicionada pelo pluralismo e o dissenso estrutural da esfera pública (numa linguagem pragmático-sistêmica). No século XIX as duas principais vertentes da teoria do direito (a escola da exegese e a jurisprudência dos conceitos) construiu um modelo de interpretação do direito que se pode denominar, semioticamente, *sintático-semântico*, em que se privilegiava as conexões sintáticas entre os termos, expressões ou enunciados normativo-jurídicos, pressupondo a univocidade (semântica) deles. Já na primeira metade do século XX é possível falar de um modelo *semântico-sintático*, no qual já se reconhece a vagueza e ambigüidade dos termos e expressões jurídicas, cabendo ao intérprete determinar o quadro semântico das aplicações juridicamente corretas. Temos, como exemplos deste modelo as teorias do direito desenvolvidas por Hans Kelsen e Herbert Hart. Neste contexto, não resultaria de uma operação cognitiva (própria da ciência do direito) a opção pragmática por uma destas diversas aplicações, mas sim de um ato subjetivo e voluntário, envolvendo uma questão de "política do direito" (razão prática) e não "teórico-jurídica" (razão teórica). Já na segunda metade do século 20, a teoria do direito passou a considerar o problema da interpretação do direito sobretudo como um problema de determinação semântica dos significados dos textos jurídicos, condicionados pragmaticamente, de modo que é possível falar em uma modelo *semântico-pragmático* (Cf. NEVES, Marcelo. Op. cit., p. 196 e segs.). Guardadas as devidas diferenças que separam o paradigma com o qual opera Neves e aquele com o qual nos aproximamos do objeto de nossa investigação, podemos dizer que os modelos interpretativos descritos pelo autor ilustram e corroboram os significados articulados nesta pesquisa para o conceito de princípio. Neste caso, com os princípios gerais do direito temos um modelo *sintático-semântico* de interpretação; com os princípios jurídicos-epistemológicos podemos falar em um modelo *semântico-sintático*; e, já nos casos do princípios pragmático-problemáticos, que interessam mis de perto nossa investigação, nos movimentamos numa perspectiva *semântico-pragmática*, própria do modelo teórico tradicionalmente chamado de *pós-positivismo*.

4.2.1. O debate Hart vs. Dworkin: colocação da discricionariedade positivista como um problema

Para compreendermos com maior radicalidade o problema interpretativo que envolve o *pós-positivismo*, é preciso retomar o debate entre Hart e Dworkin e a questão envolvendo a fundamentação e a discricionariedade das decisões judiciais.

Embora seja correto dizer que nem Hart nem Dworkin estivessem ocupados diretamente com os problemas que já preocupavam o Tribunal Constitucional alemão desde a promulgação da Lei Fundamental em 1949, é certo que aquilo que foi produzido pelo debate entre estes autores contribuiu em muito para o aperfeiçoamento, no continente, daquilo que já vinha sendo realizado pelo Tribunal alemão. Isto porque, não é redundante lembrar, que os problemas enfrentados pelo Tribunal conduziram à criação de mecanismos que acarretavam um "juízo valorativo" nas suas decisões, surgindo assim os argumentos baseados em princípios, que remetiam a valores morais naquela perspectiva já debatida anteriormente. Esse ponto é importantíssimo para não cometermos o erro de colocar num mesmo espaço discursivo Dworkin e Alexy. O conceito de princípio com o qual cada um destes autores opera, tem um significado diferente que emerge de práticas diferentes. Isso é decisivo para esta investigação.

Como já mencionamos em nota, no seu conceito de *casos difíceis*, Hart assume como pressuposto o fato de toda expressão lingüística – seja ela jurídica ou não – possuir um núcleo duro de significado e uma zona de penumbra. O núcleo duro de significado da interpretação conforma os *casos de fácil interpretação*, é dizer, aqueles nos quais quase todos os intérpretes estariam de acordo sobre a expressão que se aplica ao caso em questão, seja ele um objeto ou um fato social. No âmbito da decisão judicial, isso significa que uma regra sempre possuirá um núcleo duro e uma zona de penumbra, frente a qual o juiz deverá escolher qual sentido deve prevalecer. Para demonstrar sua tese, Hart formula o seguinte exemplo: se uma regra diz: "é proibida a circulação de veículos no parque". Diante das diversas hipóteses de interpretação, todos estariam de acordo que não se permite a circulação de automóveis ou caminhões. Mas haveria dúvida sobre a proibição da circulação de bicicletas, por exemplo. Neste caso, estaríamos – segundo Hart – diante de um *caso difícil* e a solução deveria ser dada a partir de um critério aproximativo de analogia com os casos de fácil aplicação da regra. Nesse âmbito aproximativo-analógico, os juízes possuem *discricionaridade* para escolher a melhor interpretação e sua construção a partir da linguagem jurídica.[227]

Dworkin não aceita a tese de Hart de que em todos os sistemas jurídicos, em virtude desta particularidade assumida pela linguagem jurídica, haverá certos casos juridicamente não regulados em que nenhuma decisão é ditada pelo direito e que o direito se apresenta, assim, como parcialmente indeterminado ou incompleto. O autor parece aceitar – de maneira acrítica – a distinção entre *casos fáceis* e *casos difíceis* proposta por Hart, porém o faz para justamente estabelecer um diálogo possível com as posturas positivistas.

Aliás, a aceitação da cisão entre *casos fáceis* e *casos difíceis*, no âmbito do chamado pós-positivismo, não é exclusividade de Dworkin. Como aduz Lenio Streck, as teorias da argumentação – *lato sensu* – aceitam a distinção estrutural entre *casos fáceis e casos difíceis* e se apresentam como uma espécie de "reserva" hermenêutica para a solução dos casos difíceis.

"As teorias da argumentação, nas suas diversas acepções ou modelos, não se constituem em 'reserva hermenêutica' para resolver *hard cases*. Fosse isso verdadeiro seria difícil responder a pergunta de como se interpretava antes do surgimento das teorias da argumentação. É como se a elaboração do procedimento apto à universalização dos discursos fundamentadores partisse de um marco zero, ignorando a pré-compreensão antecipadora, isto é, como se um *easy case* fosse um *easy case* em si (como se contivesse uma essência) ou como se ele mesmo não pudesse ser um *hard case* ou, ainda, como se essa aferição do que seja um *easy case* pudesse ser feita previamente, proceduralmente". Quanto a aceitação dworkiana desta distinção, assevera o autor que "embora

---

[227] Cf. HART, Herbert L. A. Op. cit., p. 137 e segs. Não é exagero afirmar que se tornou lugar comum no pensamento jurídico brasileiro – principalmente no campo do Direito Processual – a idéia de que a complexidade decorrente da vida contemporânea reivindica que o juiz tenha os predicados de uma homem do seu tempo, imbuído de realizar os valores determinantes do *Estado social* e que o sistema jurídico deve contemplar. Este é o caso das propostas instrumentalistas do processo captaneadas por autores como Cândido Dinamarco. Na crítica precisa de Alexandre Morais da Rosa: "a proposta está baseada nas modificações do *Estado liberal* rumo ao *Estado social*, mas vinculada a uma posição especial do juiz no contexto democrático, dando-lhe poderes sobre-humanos, na linha de realização dos *escopos processuais*, com forte influência da *filosofia da consciência*" (ROSA, Alexandre Morais da. *Decisão Penal: Bricolagem de Significantes*. Rio de Janeiro: Lumen Juris, 2006, p. 265). Com efeito, as posturas instrumentalistas fazem uma verdadeira apologia à discricionariedade judicial, comprometendo-se desde a raiz com a subjetividade matemática. Uma passagem de Dinamarco ilustra melhor o quadro relatado: "ser sujeito à lei não significa ser preso ao rigor das palavras que os textos contêm, mas ao espírito do direito de seu tempo. Se o texto aparenta apontar para uma *solução que não satisfaça ao seu sentimento de justiça*, isso significa que provavelmente as palavras do texto ou foram mal empregadas pelo legislador, ou o próprio texto, segundo a *mens legislatoris*, discrepa dos valores aceitos pela nação no tempo presente. Na medida em que o próprio ordenamento jurídico lhe ofereça meios para uma interpretação sistemática satisfatória perante *o seu senso de justiça*, ao *afastar-se das aparências verbais do texto e atender aos valores subjacentes à lei, ele estará fazendo cumprir o direito*" (DINAMARCO, Cândido Rangel. *A Instrumentalidade do Processo*. Op. cit., p. 361 – grifamos)

Dworkin também faça essa (indevida) distinção (veja-se ele distingue, e não cinde), o faz por outras razões. Dworkin trabalha com a noção de 'casos difíceis' a partir da crítica que elabora ao positivismo discricionário de Hart". A diferença é que Dworkin não distingue discursos de fundamentação de discursos de aplicação. Conseqüentemente, não "desobriga" ou "desonera" o juiz (discursos de aplicação) da elaboração dos discursos de fundamentação, que se dão previamente. É a integridade do direito e sua reconstrução que devem dar as condições para a resposta correta nos casos difíceis.[228]

Tanto é assim que Dworkin crítica duramente o *poder discricionário* que Hart atribui aos juizes para resolver os *casos difíceis*, a partir do qual estariam eles aptos a *criar* direito novo em vez de aplicar meramente o direito estabelecido e preexistente. Ele crítica a construção de uma *imagem* do direito pelo positivismo hartiano que o coloca como parcialmente indeterminado e incompleto. Para Dworkin essa concepção é enganadora visto que o que é incompleto não é o direito, mas a *imagem que dele produz o positivismo jurídico*. Nessa medida, tem-se por rejeitada também a idéia de "delegação" ao juiz para o preenchimento das lacunas nos *casos difíceis* através do exercício de um *poder discricionário*.

No fundo, o positivismo se mantém preso a uma descrição objetivista do direito representando-o de uma forma plástico-artificial. Prisioneiro desta postura ingênua, o positivismo (seja ele hartiano ou kelseniano) não consegue se aperceber de que não é possível "ver" efetivamente o direito, mas apenas *aquilo que se fala sobre o direito*.[229] De algum modo, Dworkin compreende isto. Sua teoria é, deliberadamente, antipositivista e, por isso, antidiscricional.[230] Como a descrição positivista se perde na objetividade das chamadas *regras* – por isso Dworkin irá se referir ao positivismo como o *modelo de regras* – ele (o positivismo) não consegue enxergar na interpretação jurídica os argumentos de princípio que perpassa todo discurso sobre o direito. Para Dworkin, portanto, a discricionariedade judicial nos casos difíceis cessa posto que, neles, terá lugar um argumento de princípio, que *fundamentará e justificará* a decisão. De se ressaltar: há padrões de conduta que os juízes utilizam para fundamentar suas decisões que não são regras, mas sim princípios o que limita a esfera de discricionariedade proposta por Hart.

É importante anotar desde logo que essa fundamentação somente será correta (verdadeira) na medida em que for possível perceber que ela se encontra *justificada* num todo coerente de princípios que pressu-

---

[228] Cf. STRECK, Lenio Luiz. *Verdade e Consenso*. Op. cit., p. 248-249.

[229] Como ressalta Streck, com Heidegger, *"não falamos sobre aquilo que vemos, mas sim o contrário; vemos o que se fala sobre as coisas"* (STRECK, Lenio Luiz. *Jurisdição Constitucional e Hermenêutica*. Op. cit., p 205.)

[230] Cf. DWORKIN, Ronald. *Levando os Direitos a Sério*. Op. cit., p. 50 e segs.

põem uma *teoria da constituição*, uma *teoria da legislação* e uma *teoria dos precedentes*, articuladas na forma exigida pela *equidade* tal como Dworkin descreve a partir da metáfora do juiz Hércules.[231] Não é que Dworkin esteja a repristinar uma espécie de completude metafísica do direito. Pelo contrário, Dworkin reconhece uma insuficiência do modelo estritamente teórico de fundamentação, mas debela qualquer possibilidade de lacuna visto que, para ele, a argumentação jurídica está vinculada a critérios práticos de justificação que remetem para padrões prévios de conduta chamados *princípios*.

Para definir com maior rigor e precisão seu conceito de princípio, Dworkin procura diferenciá-los das *regras*.[232] Para ele há uma diferença *lógica*[233] entre estes dois conceitos, e não uma diferença de grau, de generalidade ou abstração. Isso é de extrema importância: não se procura construir – em Dworkin – uma diferença entre regras e princípios a partir de uma *generalização* abstrata destes em relação àquelas; mas sim há uma tentativa de se determinar, por meio de um processo de *formalização*, a diferença entre regras e princípios.

Nessa medida, Dworkin se refere a esta diferença como uma diferença "qualitativa". Tanto as regras quanto os princípios são tratados como "conjuntos de padrões" que apontam para "decisões particulares acerca da decisão jurídica em circunstâncias específicas, mas distinguem-se quanto a natureza da *orientação* que oferecem". As regras são aplicáveis à maneira do *tudo-ou-nada*, ou seja, a determinação de uma regra implica na exclusão das outras, quanto a sua validade, para reger o caso controverso. Já os princípios possuem uma dimensão de *peso* ou *importância*: a aplicação de um princípio não pode significar a exclusão de outro princípio, mas eles precisam ser pensados segundo os postula-

---

[231] Cf. DWORKIN, Ronald. *Levando os Direitos a Sério*. Op. cit., p. 127 e segs.

[232] É importante notar que, em *Levando os Direitos a Sério*, obra em que Dworkin expõe de maneira mais ampla sua distinção entre regras jurídicas e princípios jurídicos, não há nenhuma menção ao termo *norma*. Isso aponta para algo que já ressaltamos com base nas lições de Josef Esser de que, no contexto anglo-saxônico, o conceito de *regra* assume um papel similar ao conceito continental de *norma*. Portanto, a distinção entre regras e princípios tematizada por Dworkin não pode ser considerada uma especialização do gênero *norma*. Tampouco pode-se pensar numa classificação normativa que comporta regras e princípios. Isso deve apontar para o fato de que Dworkin introduz um conteúdo deôntico aos princípios sem remeter ao seu caráter de norma – entendida em seu sentido tradicional – como o faz Alexy. Voltaremos a esta questão mais adiante.

[233] Evidentemente que, pelo contexto da obra dworkiana, não podemos encarar essa diferença *lógica* a partir de uma concepção semântica. O argumento de diferença lógica entre regras e princípios cabe perfeitamente naquilo que poderíamos chamar – a partir de Lipps, mas desenvolvida também por Heidegger em *Ser e Tempo* – de uma *lógica hermenêutica*, cuja captação dos elementos racionais formadores do discurso se dá através de um processo de formalização chamado de *indícios formais*.

dos a equidade e da integridade.²³⁴ Ou seja, um princípio nunca é isoladamente, mas sempre se manifesta no interior de uma *comum-unidade*.

É corriqueira a aproximação entre *regras* e *casos fáceis* e *princípios* e *casos difíceis*, mas entendemos que essa simplificação reduziria a riqueza da obra de Dworkin. O conceito de direito como integridade não exclui – ao contrário reivindica – que no caso da discussão de uma regra esteja em jogo também a controvérsia sobre uma questão de princípio. Ademais, essa dicotomização parece procedimentalizar o ato interpretativo, caindo no vício freqüente de procurar descrever um método para conferir certeza à aplicação do direito, o que é taxativamente recusado por Dworkin.²³⁵ Trata-se, no fundo, da impossibilidade de se determinar, aprioristicamente, se nos encontramos diante de um caso fácil ou de um caso difícil; ou se, no caso apresentado, estamos aplicando uma regra ou um princípio.

Outra questão que também é criticada por Dworkin nas teorias positivistas é o exacerbado *estatalismo* que reveste seu conceito de validade do direito (tanto na sua vertente convencionalista quanto em sua vertente pragmatista).²³⁶ Fioravanti define o estatalismo como o modelo de proteção das liberdades em que é apenas o soberano (ou instituições, órgãos, autoridades competentes) e somente ele que, com sua capacidade de governo, moderará os conflitos criando direitos e condições de vida seguras.²³⁷ Para Dworkin, os princípios não são padrões de condutas reconhecidos por terem sido expedidos por decisões das autoridades instituídas tomadas no passado, mas fazem parte do contexto moral e político que atravessa uma determinada comunidade.²³⁸

Em sua teoria do direito como integridade – rapidamente descrita acima quando falamos da discricionariedade – Dworkin não desconside-

---

[234] DWORKIN, Ronald. *Levando os Direitos a Sério*. Op. cit., p. 39-43.

[235] Nas palavras de Dworkin: "essa teoria (a de Dworkin – acrescentei) não pressupõe a existência de nenhum procedimento mecânico para demonstrar quais são os direitos das partes nos casos difíceis" (Idem, p. 127).

[236] Cf. DWORKIN, Ronald. *O império do direito*. Op. cit., p. 141 e segs.; 185 e segs.

[237] Cf. FIORAVANTI, Maurizio. Op. cit., p. 48. Complementa Fioravanti que, para a doutrina estatalista do Estado Liberal europeu do século 19 – que inspirará o positivismo em sua fase germinal – não existe "ninguna libertad y ningún derecho individual anterior al Estado, antes de la fuerza imperativa y autoritativa de las normas del Estado, únicas capaces de ordenar la sociedad y de fijar las posiciones jurídicas subjetivas de cada uno".

[238] Neste ponto, Hart manifesta uma objeção com relação às críticas feitas ao seu positivismo por Dworkin, pois, a partir da determinação da regra de reconhecimento, há, por parte de Hart, a anuência explícita de que tal regra (fundamento de validade do sistema) pode incorporar, como critérios de validade jurídica, a conformidade com princípios morais ou valores substantivos. "Por isso, minha doutrina é aquilo que tem sido designado como positivismo moderado' e não, como na versão de Dworkin acerca da mesma, positivismo 'meramente factual'" (HART, Herbert. Op. cit., p. 312).

ra a importancia das decisões institucionais tomadas pelas autoridades estatais. Como dito, a justificação da fundamentação das decisões só terão lugar caso respeite a integridade, entendida como um compromisso das autoridades públicas – inclusive os juízes – de tratar os particulares de maneira consistentes com princípios de moralidade política plasmados em instituições da comunidade, como o são a Constituição, as leis e os precedentes. Todavia, a noção do direito como prática interpretativa produz um conceito alargado de normatividade, que passa a reconhecer como normativos também padrões de conduta desenvolvidos a partir da convivência sempre mediada por uma consciência histórica que se desenvolve numa determinada comunidade.

A crítica de Dworkin se mostra radical também no positivismo do continente, uma vez que, os dois pontos destacados acima – a discricionariedade e o estatalismo – estão presentes na *Teoria Pura do Direito* de Kelsen. Por certo, já vimos que o problema da interpretação só interessa a Kelsen na medida em que o possibilita realizar a distinção epistemológica entre *interpretação da ciência* do direito e *interpretação do direito*. Neste sentido, Kelsen fala em interpretação como *ato de conhecimento* (ciência jurídica) e interpretação como *ato de vontade* (direito). Para Kelsen:

> Através deste ato de vontade se distingue a interpretação jurídica feita pelo órgão aplicador do Direito de toda e qualquer outra interpretação, especialmente da interpretação levada a cabo pela ciência jurídica. A interpretação feita pelo órgão aplicador do direito é sempre autentica. Ela cria Direito. (...) Mas autêntica, isto é, criadora do direito, é a interpretação feita através de um órgão aplicador do direito ainda quando cria direito apenas para um caso concreto, quer dizer, quando esse órgão apenas crie uma norma individual ou execute uma sanção. A propósito, é importante notar que, pela via da interpretação autêntica, não somente se realiza uma das possibilidades reveladas pela interpretação cognoscitiva da mesma norma, como também se pode produzir uma norma que se situe completamente fora da moldura que a norma a aplicar representa.[239]

A questão aqui não discrepa muito daquela retratada por Hart para realizar sua diferenciação entre *easy* e *hard cases*. Porém, é importante ressaltar que, para Hart, a indeterminação ou incompletude do direito advém da própria linguagem, enquanto que para Kelsen ela emana do fato de que, em toda norma jurídica, existe um espaço no qual a autoridade competente para aplicá-la poderá se mover como quiser. No caso limite apresentado ao final do capítulo VIII de sua *Teoria Pura do Direito*, Kelsen admite até mesmo decisões fora deste limite imposto pela moldura semântica da norma. Mas isso apenas repercute a intencionalidade estritamente teórica de sua doutrina, que relega toda dimensão prática para a política e a moral, que não fazem parte da ciência do direito.

---

[239] KELSEN, Hans. Op. cit., p. 369.

Gostaríamos de insistir neste ponto: Kelsen opera, em sua *Teoria Pura*, algo análogo ao que fez Kant em sua *Crítica da Razão Pura*. Se Kant ocultou a coisa em si, na tentativa de salvar a metafísica, terminou por reduzí-la a um problema da razão prática. Kelsen também quer liberar o Direito da metafísica, e com isso fica apenas com a razão teórica, reduzindo toda atividade humana que envolve o processo interpretativo e aplicativo do direito à uma dimensão prática, inapreensível pelos meios racionais.[240]

Portanto, parece ficar claro que, as posturas pós-positivistas – como a de Dworkin – procuram enfrentar o problema da indeterminação do direito tematizando algo com o qual o positivismo não se ocupou: a interpretação e os limites dos juízes no momento da decisão que envolve uma complexa relação entre os meios institucionais – Constituição, leis, precedentes – o caso concreto e o contexto de moralidade política de uma comunidade, segundo a concepção de Dworkin.

4.2.2. Robert Alexy e sua teoria da argumentação racional como um caso especial do discurso prático geral

Mas não é apenas Dworkin que pretende enfrentar o problema da indeterminação do direito em tempos de pós-positivismo. Também Robert Alexy é frequentemente apontado como um autor que – com a sua teoria da argumentação jurídica e a sua teoria dos direitos fundamentais (que comporta uma teoria dos princípios) – procurou enfrentar os temas da fundamentação e da discricionariedade das decisões judiciais, próprios da incerteza gerada pelo reconhecimento da problemática interpretativa no direito.[241]

Como em Dworkin, também em Alexy o conceito de princípio ocupa um lugar privilegiado em sua teoria. Porém, como já foi inúmeras vezes afirmado, o conceito de princípio, bem como o tratamento dado à questão em cada um destes autores são diametralmente opostos.

---

[240] Como afirma Lenio Streck em verdade e consenso, ao se recusar a enfrentar o problema das práticas jurídicas e da indeterminação do direito – que já ao seu tempo era percebida – Kelsen apresenta um certo fatalismo deixando o problema da discricionariedade judicial para a esfera da política. Assim, Streck afirma que:"Kelsen, ao seu modo, também resignou-se à essa fatalidade: o sujeito solipisista seria (é) incontrolável. Pó isso, Kelsen elabora uma teoria que é uma metalinguagem (afinal, foi freqüentado do círculo de Viena) sobre uma linguagem-objeto. Em conseqüência, o mestre de Viena confere uma importância mais do que secundária à interpretação (papel do 'sujeito'), admitindo que, por 'ser inexorável', deixe-se que o juiz decida 'decisionisticamente". (STRECK, Lenio Luiz. *Verdade e Consenso*. Op. cit., p. 47).

[241] Cf. SANCHÍS, Luis Prieto. Neoconsticionalismo y Ponderación Judicial. In: *Neoconstitucionalism o(s)*. Miguel Carbonell (org.). 2. ed. Madrid: Trotta, 2005, p. 123-158.

Quando Alexy escreve sua *Teoria da Argumentação Jurídica*, ele já conhecia a reformulação do positivismo efetuada por Hart e o debate que este travou com Dworkin. Era, portanto, claro para ele o problema da indeterminação do direito na forma como vinha sendo posta a partir de então, com ênfase dada à decisão judicial e aos problemas de sua fundamentação. Ademais, Alexy conhecia profundamente a atividade do Tribunal Constitucional alemão e nunca escondeu sua predileção pela técnica da *ponderação de valores*, utilizada pelo tribunal para resolver conflitos normativos em sede de princípios e direitos fundamentais. Todavia, reconhecia nela uma insuficiência metodológica. Boa parte de sua Teoria da Argumentação se articula no sentido de resolver essa insuficiência. Como é sabido, a técnica da ponderação sempre foi muito criticada pelo possível irracionalismo que emergia de sua utilização. Temos, neste sentido, as críticas de Friedrich Müller à ponderação de valores do Tribunal alemão:

> Tal procedimento (a ponderação – acrescentei) não satisfaz as exigências, imperativas no Estado de Direito e nele efetivamente satisfatíveis, a uma formação da decisão e representação da fundamentação, controlável em termos de objetividade da ciência jurídica no quadro da concretização da constituição e do ordenamento jurídico infraconstitucional. O teor material normativo de prescrições de direitos fundamentais e de outras prescrições constitucionais é cumprido muito mais e de forma mais condizente com o Estado de Direito com ajuda dos pontos de vista hermenêutica e metodicamente diferenciadores e estruturante da análise do âmbito da norma e com uma formulação substancialmente mais precisa dos elementos de concretização do processo prático de geração do direito, a ser efetuada, do que com representações necessariamente formais de ponderação, que conseqüentemente insinuam no fundo uma reserva de juízo (*Urteilsvirbehalt*) em todas as normas constitucionais, do que com categorias de valores, sistema de valores e valoração, necessariamente vagas e conducentes a insinuações ideológicas.[242]

Portanto, é para enfrentar críticas como essa que Alexy irá propor uma teoria *racional* da argumentação jurídica. Alexy sabe que a argumentação jurídica se apresenta como uma atividade lingüística e por isso a designa, genericamente, como "discurso". Seu ponto de partida será, então, as controvérsias que surgem em todo discurso sobre o direito, que Alexy considera um caso especial do discurso prático em geral. Portanto, a teoria da argumentação jurídica de Alexy se vincula às teorias do discurso, embora aceite, em grande medida, contornos próprios e divergentes quando confrontada com outras posições e formatações das teorias discursivas.[243] Mas, em que medida se dá o discurso prático

---

[242] Müller, Friedrich. *Métodos de Trabalho de Direito Constitucional*. Trad. Peter Naumann. 2 ed. São Paulo: Max Limonad, 2000, p. 36.

[243] Quanto a isso basta verificar as polêmicas travadas com Jürgen Habermas, cujo pólo de tensão gira em torno do método da ponderação (Assim, Cf. ALEXY, Robert. *Teoria de la Argumentación Jurídica*. Op. cit., p. 110-142).

jurídico em relação ao discurso prático em geral? Para responder a essa pergunta precisamos compreender, ainda que de forma genérica, a tese do *caso especial* e da *pretensão de correção*.

Nos discursos sobre o direito sempre está em jogo a correção de enunciados normativos. Mas os enunciados normativos não são todos do mesmo tipo; comportam enunciados *axiológicos* – quando se referem a valores – e *deônticos* quando está em jogo uma *proibição*, uma *permissão* ou um *mandamento*. Alexy parece aceitar a distinção kelseniana – que por sua vez vem de Kant – entre *ser* e *dever-ser* sendo, portanto, o discurso prático um conjunto de enunciados produzidos sobre o *dever-ser*. Porém, para Alexy esse *dever-ser* está vinculado não apenas a formas deônticas, mas também a um problema de valores, o que o liga ao neokantismo da escola de Baden.[244] Esse discurso prático atua num âmbito que abrange, de certa forma, todo universo da cultura e do agir humano. Dessa maneira, o discurso prático sofre uma espécie de impedimento ou restrição quando trata do direito, sendo que esta restrição se dá em virtude de que o discurso jurídico se trata de um *caso especial* do discurso prático geral.

Como afirma o próprio Alexy:

> De importancia central es la idea de que el discurso jurídico es un caso especial del discurso práctico general. Lo que tienen en común los discursos jurídicos con el discurso práctico general consiste en que en ambas formas de discurso se trata de la corrección de enunciados normativos. Se fundamentará que tanto con la afirmación de un enunciado práctico en general, como con la afirmación de un enunciado jurídico, se plantea una pretensión de corrección. En el discurso jurídico se trata de un caso *especial*, porque la argumentación jurídica tiene lugar bajo una serie de condiciones limitadoras. Entre éstas, se deben mencionar especialmente la sujeción a la ley, la obligada consideración de los precedentes, su encuadre en la dogmática elaborada por la ciencia organizada institucionalmente.[245]

Ou seja, o discurso jurídico é uma espécie (*caso especial*) do discurso prático em geral porque, diferentemente deste, sofre limitações endógenas do próprio sistema que pretende articular na forma de enunciados normativos (*deônticos*). Mas, até aqui não teríamos maiores diferenças com relação ao modelo kelseniano, afora o fato da radicalização do discurso jurídico e do direito como atividade lingüística. O que parece decisivo em Alexy é que, junto da tese do caso especial, ele articula a *tese da integração*. Ou seja, para ele, a valoração não só existe, como é necessária para a argumentação jurídica, visto que a argumentação jurídica

---

[244] Como já foi referido na nota n. 130 – à qual remetemos o leitor desde já – a escola de Baden concebe o elemento transcendental como um *dever-ser* puro que se apresenta como valor. Quanto aos vínculos de Alexy como o neokantismo de Baden, nota n. 140.

[245] ALEXY, Robert. *Teoria de la Argumentación Jurídica*. Op. cit., p. 35-36.

chega até um determinado ponto no qual já não são possíveis outros argumentos especificamente jurídicos, momento em que, aos argumentos especificamente jurídicos devem ser unidos, em todos os níveis, aos argumentos do discurso prático em geral.²⁴⁶ É neste momento que o discurso jurídico é penetrado por argumentos baseados em valores.

> La tarea de la aplicación del Derecho puede exigir, en especial, poner de manifiesto y realizar en decisiones mediante un acto de conocimiento valorativo en el que tampoco faltan elementos volitivos, valoraciones que son inmanentes al orden jurídico constitucional, pero que no han llegado a ser expresadas en los textos de las leyes escritas, o lo han sido solo incompletamente. El juez debe actuar aquí sin arbitrariedad; su decisión debe descansar en una *argumentación racional*. Debe haber quedado claro que la ley escrita no cumple su función de resolver justamente un problema jurídico. La decisión judicial llena entonces esta laguna, según los criterios de la *razón práctica*.²⁴⁷

Desse modo, a *pretensão de correção* de que falamos no início aparece como a entrada do discurso prático geral no discurso jurídico enquanto *caso especial*. É o discurso prático em geral que deverá "corrigir" os desvios do discurso jurídico. Trata-se de uma pretensão de fundamentação racional do ordenamento jurídico cujo marco de racionalidade não é dado pela razão pura, mas pela razão prática entendida numa *dimensão axiológica*, muito próxima àquela proposta – na linha do neokantismo de Windelband e Rickert – por Gustav Radbruch e a fórmula do direito injusto.²⁴⁸

Desse modo o conceito de norma é alargado e o discurso normativo passa a comportar, no interior da teoria da argumentação jurídica, um sentido deôntico e um sentido axiológico. Explicando melhor: Alexy descreve uma *norma deôntica* e uma *norma axiológica*.²⁴⁹ A norma deôntológica é composta por dois tipos de enunciados: as *regras* e os *princípios*; também a *norma axiológica* comporta dois tipos de enunciados que são as *regras de valoração* e os *critérios de valoração* que são propriamente o valor. Alexy restringe o âmbito em que os valores podem influir na argumentação jurídica, mas reconhece a influência que eles exercem por meio dos *princípios*. Desse modo, os princípios são normas deônticas que são aplicados, a partir do procedimento da ponderação, através de um juízo valorativo que será o *locus* por onde o discurso prático ingressará no discurso jurídico.

---

²⁴⁶ ALEXY, Robert. *Teoria de la Argumentación Jurídica*. Op. cit., p. 39.

²⁴⁷ Idem, p. 43-44.

²⁴⁸ Neste sentido, remetemos o leitor para a nota n. 140. Conferir também ALEXY, Robert. *Teoria de la Argumentación Jurídica*. Op. cit., p. 208-211.

²⁴⁹ Cf. ALEXY, Robert. *Teoria de los Derechos Fundamentales*. Madrid: CEC, 2002, p. 145.

Destarte, com Alexy temos uma *classificação da norma* a partir do reconhecimento dos princípios como espécies deônticas deste gênero. Daí sua conceituação de princípio como *mandado*, que é uma das dimensões da lógica deôntica (além do proibido e do permitido). Ao lado do conceito de princípio como mandamento – que lhe confere propriamente a forma deôntica – Alexy insere a idéia de *otimização* que deve ser entendida como a ordenação para que algo seja realizado na maior medida possível, dentro das possibilidades jurídicas e reais existentes.[250] Como coexistem sistematicamente e todos os princípios constitucionais possuem esse elemento da otimização, não raro tais princípios colidem e essa colisão deverá ser resolvida pelo intérprete antes de aplicar a regra pertinente ao caso concreto. A resolução desta colisão de princípios se dá por meio de um *juízo valorativo* do intérprete que é regrado e limitado racionalmente pelo procedimento da *ponderação*.

É muito importante salientar que, de uma maneira muito similar a Hart, não serão em todos os casos que Alexy admitirá a indeterminação do direito e, portanto, a necessidade da prática discursiva. Nos casos em que temos a aplicação de regras, a partir de uma justificação interna do próprio sistema jurídico, o autor permanece fiel à tradição afirmando que a solução se dá por meio do *silogismo jurídico* através do mecanismo da *subsunção*. Nesta justificação interna, a aplicação das regras deve ser realizada a partir dos tradicionais cânones de interpretação[251] e, neste caso, não há que se falar nem em indeterminação, nem em discricionariedade. Apenas nos casos em que se faz necessária uma *justificação externa* (adjudicadora do discurso jurídico), tem lugar o argumento de princípios. Neste caso, os critérios para aplicação necessariamente são outros até porque, como mandamentos de otimização, os princípios na maioria das vezes se apresentam em conflito – que Alexy chamará de *colisão* – de forma que não é possível dizer, *a priori*, qual deles prevalecerá. Somente diante do caso concreto é que será possível determinar a aplicação do princípio e a solução do eventual conflito, por meio de um procedimento – esse sim *a priori* – chamado *ponderação*.[252] Desse

---

[250] Cf. ALEXY, Robert. *Teoria de los Derechos Fundamentales*. Madrid: CEC, 2002, p.86.

[251] Cf. ALEXY, Robert. *Teoria de la Argumentación Jurídica*. Op. cit., p. 225 e segs.

[252] Segundo preleciona Alexy, o juízo de ponderação deve ser realizado a partir da aplicação da fórmula "quanto-tanto" que, segundo o autor, pode ser qualificada de "lei de colisão" (Cf. ALEXY, Robert. *Teoria de los Derechos Fundamentales*. Op. cit., p. 90) cujo completo teor é o seguinte: "quanto mais alto o grau de não-realização ou prejuízo de um princípio, tanto maior deve ser a importância de realização do outro". A partir dessa fórmula Alexy identifica, naquilo que denomina "estrutura da ponderação" três passos, ou graus de verificabilidade da aplicação da fórmula: no *primeiro passo* deve ser determinada a *intensidade da intervenção* que será tão austera quanto for o grau de não-realização ou prejuízo de um princípio; na *segunda etapa* se procede a verificação da *importância das razões que justificam a intervenção*; por fim, em seu *terceiro passo*, deve ser comprovada se a *importância da realização do princípio em sentido contrário justifica o prejuízo ou a não-realização do outro*,

modo, a distinção alexyana entre *justificação interna* e *justificação externa* assemelha-se, em grande medida, à distinção de Hart entre *casos fáceis* e *casos difíceis*, de modo que é possível dizer que, diante de um caso fácil estamos diante da aplicação de regras, o que se opera através da subsunção por meio dos métodos tradicionais de interpretação e de solução de eventuais antinomias (critérios da anterioridade e da especialidade); ao passo que nos casos difíceis, estamos diante da aplicação de princípios e o método para determinação da solução dada ao caso concreto é a ponderação. O que é evidentemente discordante com relação a Hart é que Alexy não admite uma total discricionariedade do juiz na decisão dos casos difíceis. Mas, diferentemente de Dworkin que não vê possibilidade de determinar um mecanismo certo e *a priori* para a solução de tais casos, Alexy estabelece a ponderação como procedimento apto a solucionar as colisões de princípios e evitar, assim, a livre escolha do juiz no momento decisional. Ou seja, Alexy cria, na sua intenção em tornar "racional" o discurso prático, uma espécie de "elemento camaleônico" que não consegue superar a velha oposição entre teoria e prática: a racionalização do discurso jurídico prático baseado em valores se dá por um meio matemático de fundamentação que é a ponderação. No fundo, o que se instala é uma (nova) tentativa de aprisionar a razão prática num modelo teórico (porque matemático) de fundamentação. No fundo, como ressalta Lenio, em Alexy tem lugar uma repristinação da discricionariedade do positivismo jurídico.

4.2.3. Reafirmação da pergunta pelo conceito de princípio a partir de uma digressão sobre o problema da ciência, do valor e das concepções de mundo

Na verdade, o que acontece com a teoria jurídica e que se coloca como problema em todo pós-positivismo, é a questão do aprisionamento teórico que o direito passou a sofrer desde o jusnaturalismo racionalista e o problema da reabilitação prática do discurso jurídico. Desse modo, nos deparamos uma vez mais com o problema do vínculo ou da relação entre filosofia e ciência e novamente estamos em torno do problema envolvendo a relação entre saber prático e saber teórico. Autores como Castanheira Neves, por exemplo, postulam essa reabilitação no nível da filosofia do direito, de modo que esta possa emergir como

---

sucedendo-se, então a ponderação em sentido estrito (Cf. ALEXY, Robert. Direito Constitucional e Direito Ordinário. Jurisdição Constitucional e Jurisdição Especializada. In *Revista dos Tribunais*, Ano 92, Vol. 809, mar. 2003, p. 64; ALEXY, Robert. Colisão de Direitos Fundamentais e Realização de Direitos fundamentais no Estado de Direito Democrático. In: *Revista de Direito Administrativo* n. 217, jul-set, 1999, p. 67-79).

verdadeira filosofia prática.[253] Mas apenas isso não parece satisfatório. Essa reabilitação precisa alcançar, de algum modo, as próprias epistemologias jurídicas. Ou seja, as teorias do direito devem ser colocadas num âmbito em que essa dimensão prática do direito possa aparecer com maior vigor. Por isso, entre em jogo também o problema da relação entre ciência e filosofia. Como vimos no terceiro capítulo, a filosofia não trata de objetos como o faz a ciência jurídica. A filosofia cuida de um âmbito que para o direito é inacessível. Se lhe é inacessível, porém, também lhe é incontornável, ou seja, indisponível. No âmbito da filosofia, Heidegger mostrou que as estruturas ontológicas do ser-aí são, desde sempre, "práticas". Mas não no sentido de um objeto cultural valorativo como tradicionalmente era retratado pelas neofilosofias do início do século e sim a partir da descrição de um modo prático de ser-no-mundo em que o conhecimento aparece como um modo derivado do *ser-em* e do *ser-com*, que são estruturas existenciais subjacentes em todo processo de conhecimento e que remetem a uma dimensão ontológico-originária do próprio cotidiano.

Há uma história que retiramos da biografia de Heidegger escrita por Rüdiger Safranski, que ilustra este cenário.[254] O relato nos remete para aquela que talvez tenha sido a última aparição em público do grande sociólogo Max Weber. Segundo Safranski, no começo de 1919, Max Weber pronunciou, em Munique, uma conferência sobre o tema: "Da vocação interna para a ciência". Nela, Weber tratou de uma questão que afligia os espíritos filosóficos da época: a ciência e a radicalização daquilo que ele nomeava como o "desencantamento do mundo" e o problema da reconciliação deste processo com a valoração e com aquilo que estava em moda na época e se apresentava como *concepções de mundo*. Weber teria sido duro com a "pose da objetividade" das ciências e sua correlativa falta de valores. Isso era para ele um fenômeno típico da decadência e expressão de um "intelectualismo desenraizado". No fundo, a fé na ciência denotou um esquecimento da alma. Não podemos esquecer que eram tempos difíceis aqueles a partir dos quais falava Max Weber. O crescimento da inflação oprimia cada vez mais a população alemã e não faltavam "santos" que queriam operar o "milagre" de salvar a Alemanha e o mundo do fantasma que assombrava os movimentos que antecederam a grande crise dos anos 20. Evidentemente, isso tudo não se restringiu a uma crise econômica, mas atingiu o nível da cultura e tudo o que fora produzido pelo homem industrializado até então.

---

[253] Cf. CASTANHEIRA NEVES, Antonio. *A crise da filosofia do direito no contexto global da crise da filosofia. Op.* cit., p. 52.

[254] Cf. SAFRANSKI, Rüdiger. *Heidegger. Um mestre na Alemanha entre o bem e o mal*. Tradução de Lya Luft. 2 ed. São Paulo: Geração Editorial, 2005, p. 123 e segs.

Também na filosofia apareciam "santos". A *queda do ocidente* de Oswald Splenger vendera mais de seiscentos mil exemplares naqueles anos, cujo grande projeto teórico – que se desfez em milhares de pedaços – postulava interpretações do mundo no espírito do juízo final e do recomeço radical,[255] como relata Safranski.

No campo do direito temos, com a República de Weimar de 1919, uma das primeiras tentativas de se desenvolver um projeto social por meio de uma Constituição dirigente – embora ainda distante daquilo que será realizado no segundo pós-guerra – e o início do desenvolvimento de um modelo de Estado mais interventor do que tinha sido o Estado liberal do século XIX. Mas também aqui Weber havia demonstrado como que o direito e o estado se desenvolvem a partir de uma racionalidade instrumental-burocrática que relega a razão valorativa à condição de irracionalidade. Portanto, não é uma exclusividade do segundo pós-guerra e do pós-positivismo postular essa reabilitação da prática – entendida já nos termos modernos no sentido de um pensar orientado por valores. Ali o desencantamento do mundo havia colocado a humanidade numa condição em que se desejava ter, em relação aos juízos de valor, a mesma certeza e garantia que existia no habitual mundo tecnicizado. Num exemplo de Safranski: "quem anda de bonde não precisa saber como ele funciona, pode confiar em que tudo foi bem 'calculado'". Do mesmo modo se exigia que o Direito e demais instituições sociais funcionassem de tal maneira que a confiança no "bem calculado" exorcizasse todos os fantasmas que a liberdade humana pode nos trazer.

A apatia que vivenciamos no nosso tempo tem muito da radicalização deste ideal. Chega a ser preocupante pensar na estrutura do ensino do direito e no modo, cada vez mais "objetivo", com o qual o direito é manipulado. A postura daquele que ensina e daquele que aprende não consegue se desvencilhar do corte estritamente tecnocrata que caracteriza o modo de se fazer direito no Brasil. Operamos sempre com uma ficção: o discurso jurídico produzido academicamente em sofisticados programas de pós-graduação que debatem com profundidade uma série de questões jurídicas e aquele discurso que o mercado impõe aos cursos de graduação e ao dia-a-dia do foro. Observamos – como outrora aconteceu com os exames vestibulares no âmbito do ensino superior em geral – uma proliferação incontrolada de cursos que se propõem como "preparatórios para concursos", que tornam cada vez mais "objetiva-

---

[255] Num pequeno resumo, Heidegger apresenta a obra de Spengler: "a tese fundamental é: o declínio da vida junto e através do espírito. O que o espírito, especialmente enquanto razão (*ratio*), cunhou e criou através da técnica, da ciência, nas relações mundanas, em todas transformações do ser-aí, simbolizado através da grande cidade, se volta contra a alma, contra a vida, e a oprime, impelindo a cultura para a sua derrocada e decadência" (HEIDEGGER, Martin. *Os Conceitos Fundamentais da Metafísica*. Op. cit., p. 84).

do" aquilo que depende de uma problematização muito mais ampla e profunda: há uma espécie "domesticação" consentida para que o direito não extrapole os limites da glosa e da objetividade legislativa que o compõe. Não se problematizam as conseqüências da racionalidade teórica e da racionalidade prática no estudo do direito; isso é diletantismo acadêmico de professores desocupados. Quer-se saber o que se deu com a lei, qual é a reforma legislativa da moda e quais são suas conseqüências jurídicas *ad hoc*. Mesmo as faculdades de direito, pressionadas pelos órgãos avaliadores (como a Ordem dos Advogados do Brasil e o próprio Ministério da Educação), continuam reproduzindo a crença no "objetivável", no direito como técnica instrumental capaz de ser operado como se opera uma máquina de calcular. Mas isso não parece ser assim simplesmente porque há interesses ocultos na permanência estabilizada de um *status quo* social, mas também porque há uma disposição que atravessa aqueles que lidam com o direito, que os mantêm vinculados aos ideais de seus antepassados do início do século que desejavam que o direito fosse operado como o bonde que os transportava de uma região à outra das cidades. Como Bonadeia, a amante de Ulrich – o *homem sem qualidades* de Robert Musil –, que instada por ele para se pronunciar sobre um julgamento polêmico de um assassino, se viu indecisa e incomodada com a resposta, porque confiava numa ordem social tão justa que, sem pensar nela, se podia viver despreocupadamente a própria vida. Porque responder tais questões incomodam tanto? Por que os problemas jurídicos sempre comportam algo mais que a simples objetividade dos fatos? A resposta é relativamente simples: no território do direito operamos necessariamente com o sentido e, em vez de aprender a liberdade que há nisso, queremos também aqui a objetividade artificial da ciência.

Em um outro nível, Heidegger via o problema que se desenvolvia em torno da objetividade da ciência, do pensamento orientado por valores e das concepções de mundo. Diferentemente de Weber, não pretendia uma reconciliação entre ciência, valor e concepções de mundo. De certo modo, o jovem Heidegger já sabia do peso da história e da impossibilidade de retornos idílicos ao passado. Mas Heidegger queria, de um outro modo, recuperar aquilo que, no comportamento científico, era taxado como irracional.

Naquele tempo, em que a analítica existencial ainda se encontrava em gestação, Heidegger irá falar deste "irracional" como a *postura primordial do vivenciar*, com o que ele designa a percepção assim como ela realmente se realiza – além das opiniões teóricas a respeito. Portanto, Heidegger não aceita a distinção weberiana entre juízos científicos e juízos de valor, porque ele pretende transformar em problema o fato de que e como valorizamos e construímos concepções de mundo, teorias, regras etc. Essa postura primordial do vivenciar se movimenta, portanto, numa dimensão que antecede a própria valoração. Anteceder não num sentido temporal vulgar, mas no sentido de possibilidades para que algo assim como um valor aconteça. Ou seja, trata-se de colocar na luz aquilo que efetivamente acontece quando nos comportamos, teórica ou cientificamente, em relação aos entes. Com isso, ele consegue "ver" que, no comportamento científico objetivante, se oculta a significação primária do mundo, a vivenciabilidade (que Heidegger depois chamará de existência). Despimos algo até sua objetualidade nua porque extraímos a vivenciabilidade do "eu" que vivencia. Esse *eu* não se torna um problema e, com isso, cria-se uma artificialidade secundária que responde pelo nome de *sujeito*. O sujeito, por sua vez, se defronta com algo em correspondente neutralidade chamado *objeto*.

Portanto, o que se reivindica com Heidegger é uma filosofia e, partindo dela, uma ciência, que coloquem como situação primordial não mais o defrontamento do sujeito com um objeto, mas que consiga mostrar que esse começo (sujeito-objeto) não *é* sem pressupostos. O comportamento puramente teórico, por mais útil que seja e por mais que faça parte de nosso repertório de comportamentos naturais diante do mundo, é *desvitalizador:* ele só se faz excluindo do problema o *eu* que *existe*. Nisto reside a objetificação a partir da qual o comportamento teórico destila o entorno, o contexto de mundo, no qual estão inseridos sujeito e objeto. A coisa existe apenas como tal, isto é, ela é real. "Aquilo que é significativo é dês-significado até o último resquício do *ser-real*. Vivenciar o em-torno é dês-vivido até o resto: reconhecer um real como tal. O eu histórico é dês-historicizado até um resto específico de eu-idade".[256]

Destarte, tornar problemático do conceito de princípio no direito não é apenas realizar uma manipulação teórico-objetiva. Muito mais que isso, é se aproximar dele procurando já ter em conta essa rede de significados que o torna possível: este contexto de mundo em que ele se apresenta. Isso implica não produzir qualquer tipo de objetificação ou fórmulas *a priorísticas* como valores, concepções de mundo etc. O resgate da "prática" que pode ser percebido pelo argumento de princípio não pode ser entendido como o resgate dos "valores" ou de um dever-ser puro, as irracionalidades do primado teórico positivista. Mas sim como a introdução de um "mundo prático" que sequer chegou a ser percebido e tematizado pelo "pensamento da positividade". O enigma que emerge deste espaço anterior à própria relação sujeito-objeto torna problemático o modo de ser do ente que existe, colocado tradicionalmente como o *eu* que conhece (*res cogitans*) algo que lhe é externo (*res*

---

[256] SAFRANSKI, Rüdiger. Op. cit., p. 131.

extensa). A descrição do modo de ser deste ente (ser-aí) problematiza o mundo-em-torno no qual se situa o objeto, o "lugar" de onde emerge a significância e onde esse algo possa ser articulado como significado inserido num contexto remissional. Ou seja, há sempre um mundo que se revela e um "eu" desde sempre relacionado com este mundo.

Desse modo, não se trata da tentativa de reabilitação de uma "filosofia prática" para o direito, nem na construção de um discurso prático adjudicador capaz de corrigir, por meio de um discurso geral orientado por valores, o direito produzido pela decisão judicial. Muito mais que isso. Trata-se de encontrar um espaço "ontologicamente adequado" para desenvolver a reflexão jurídica. Trata-se, portanto, de pensar o direito a partir deste contexto pratico que emerge da própria existência sem que a preocupação com a objetividade calculadora da ciência encubra a situação comportamental primária na qual todos nós estamos desde sempre inseridos enquanto somos-no-mundo. E mundo, como vimos, não é um amontoado de entes, nem um simples "dado", mas é encontro, um lugar onde o sentido acontece ou, como dizia o jovem Heidegger, "munda".

Se assim o é, quando um jurista se ocupa da solução de um problema que lhe apresentado por um caso concreto, o caso concreto *munda*; quando se ocupa de uma pesquisa da legislação para oferecer uma resposta à consulta de um cliente a legislação *munda*; quando perguntamos pelo conceito de princípio e o colocamos como um problema, o conceito de princípio *munda*. Quando se experimenta a vivência de uma pesquisa com esta o mundo em-torno se apresenta ao pesquisador. E esse mundo-em-torno não são as coisas com um significado determinado, como se todas elas fossem portadoras de etiquetas que lhe informassem o nome, e seu modo de ser. O significativo, antes, é primário e se apresenta diretamente, sem um atravessamento entre a pesquisa e a coisa. O mundo sempre significa e tudo que é significativo tem caráter mundico e, portanto, *munda*.

4.3. O confronto entre Dworkin e Alexy a partir da pergunta pelo conceito de princípio

Ao final do primeiro capítulo, acenamos algumas das diferenças que opõem Alexy e Dworkin. De todos os apontamentos feitos ali, talvez o principal gire em torno da idéia de discricionariedade e do "lugar" de onde, para cada um deles, ela emerge. Em Dworkin, a discricionariedade é própria de um modelo de regras que – preso a uma simples *imagem do direito* – não consegue perceber o caráter de "fechamento" – antidiscricionário, portanto – dos princípios; ao passo que Alexy não vê discricionariedade no sistema de regras mas sim nos próprios princípios que – enquanto mandados de otimização – entram constantemente em colisão. A resolução desta colisão possibilita uma margem muito grande de valoração do intérprete, que é reduzida por meio do procedimento da *ponderação*. Afirmamos, também, que nossa intenção não era realizar um confronto entre essas duas teses para, ao final, nos colocarmos simplesmente ao lado de uma delas. Nossa intenção era problematizar o próprio conceito de princípio no modo como ele se manifesta em cada uma destas posições. Reunimos, durante todo o trabalho, as condições para perceber como isso se dá. Agora, podemos dizer que o conceito de princípio com o qual opera Robert Alexy se constrói a partir de uma prática que difere substancialmente daquela que se encontra por trás das teses dworkianas. O conceito de Alexy provem da atividade judicialista do tribunal alemão no período que ficou conhecido como *jurisprudência da valoração*. É no interior deste movimento que o tribunal, vendo-se diante da necessidade de justificar suas decisões em critérios que fugiam à estrita legalidade abstrata – atributo de certeza e segurança do modelo de direito anterior – passa a recorrer a instrumentos que lhe possibilitassem justificações até mesmo *extra legem,* como se deu nos casos da não aplicação das leis nazistas no regime pós-1949 para casos concretos constituídos sob sua égide. Além disso, a tradição continental só reconhece como rigoroso os fundamentos que podem ser demonstrados matematicamente, tanto na forma, quanto no conteúdo. Daí a necessidade de uma fórmula acabada e *a priori* capaz de conferir uma medida de certeza e segurança para as decisões. Já Dworkin fala a partir de uma tradição que não se prendeu tanto ao ideal de compreensão de uma totalidade como a metafísica racionalista do continente. Evidente que isso tem reflexos no direito e no modo como se dá a articulação dos instrumentos que o compõe. Isso tanto é assim que, somente no segundo pós-guerra, depois dos movimentos da *jurisprudência da valoração,* é que se passou a falar, no continente, a respeito do conceito de princípio que já era articulado no contexto anglo-saxônico há tempos. Veja-se, quanto a isso, o conceito de princípios gerais do direito da tradição continental romano-germânica, que está comprometido até o limite com o racionalismo iluminista, sendo ele o extremo oposto do conceito de princípios gerais da *common law*. Isso de tal modo que autores como Esser se referem a eles a partir da oposição – do ponto de vista retórico – entre *fechado* (conceito continental) e *aberto* (conceito anglo-saxão). E é fechado porque, o contexto opressivamente teórico – matemático, portanto – do modelo de ciência jurídica praticado no continente é muito maior do que aquele que se verificou no contexto inglês ou norte-americano. Não deixa de ser interessante que, nos momentos em que existiram movimentos no interior do direito anglo-saxão no sentido de transformar o sistema de precedentes num conjunto de verbetes standartizados, eles se voltaram para modelos estatutários próprios da tradição continental.[257]

É evidente que isso não pode significar que o direito, no contexto anglo-saxão, seja mais "avançado" que o continental (como Dworkin às vezes parece insinuar). Tanto assim não é, que o próprio Dworkin escreve toda sua obra contra o positivismo (convencionalismo/pragmatismo) que desta tradição emergiu. O que há de diferença é que os anglos saxões, talvez por terem se emancipado mais rapidamente que os continentais das imposições canônicas da igreja católica e, ao mesmo tempo, por terem construído um liberalismo mais radical do que aquele que apareceu no continente principalmente através da obra de Kant, se sintam mais à vontade para por em xeque os conceitos fundamentais que predominam no âmbito da ciência do direito, como Dworkin fez com o conceito de regra, princípio e com o próprio conceito de Direito. No continente – e na América Latina que herdou a tradição continental em sua quase totalidade – temos uma espécie de temor canônico de acertar nossas contas com alguns de nossos principais conceitos. Mesmo nos momentos de máxima exaustão, por mais que seja possível perceber uma renovação em diversos pontos do direito, há sempre algo que escapa e persiste sem uma adequada problematização. No âmbito de nossa investigação, é preciso atentar para o que acontece com o conceito de *norma*. Ele permanece aceito de, modo praticamente pacífico, desde sua formação no âmbito do positivismo jurídico do século XIX. A despeito de algumas poucas manifestações críticas e propostas de reformulação,[258] há uma utilização generalizada do conceito de norma, no sentido que lhe dava o positivismo jurídico. Robert Alexy e todos os seus seguidores são o maior exemplo disso. E o que é mais instigante: muitos autores – inclusive aqueles que perfilam as transformações operadas na teoria do direito através do chamado *neoconstitucionalismo* – continuam a tratar o conceito de princípio de Alexy e Dworkin como equivalentes,

---

[257] Neste sentido, o próprio Dworkin relata que: "a interpretação das leis depende da disponibilidade de uma forma verbal canônica, por mais vaga ou imprecisa que seja, que possa colocar limites às decisões políticas que, como se atribui, tenham sido tomadas pela lei. (...) É verdade que, em fins do século XIX e primórdios do século XX, fazia parte do estilo judicial inglês e norte-americano tentar compor esses enunciados canônicos de modo que, dali para a frente, fosse possível referir-se à regra de determinado caso". Mas, ao final, ele observa que "mesmo neste período, os juristas e os livros de direito divergiam sobre que parte destas decisões famosas deveriam ser consideradas possuidoras desta característica" (Cf. DWORKIN, Ronald. *Levando os Direitos a Sério*. Op. cit., p. 172-173).

[258] É sempre importante referir e ressaltar que a revisão do conceito de norma é defendida há pelo menos 40 anos por Friedrich Müller (Cf. MÜLLER, Friedrich. *O Novo Paradigma do Direito*. Op. cit..)

sem atentarem para o fato de que Dworkin não conhece – nos termos construídos no continente – o conceito de *norma* que está na base do conceito de princípio de Alexy. Esse talvez seja um dos pontos decisivos para tornar mais profícuo o debate: deslocar a discussão do pólo assumido pela distinção entre regras e princípios e direcioná-la até o próprio conceito de princípio. Muito se fala da referida distinção, mas pouco se problematiza – se é que já foi verdadeiramente problematizado – o conceito de princípio e aquilo que, para sua formação, é determinante, como é o caso do conceito de norma. A partir de agora nos ocuparemos mais de perto desta questão.

4.3.1. O problema envolvendo o conceito de *norma*

A partir da primeira metade do século 20 o conceito central para teoria do direito – ao menos no continente – será o conceito de *norma*, não mais entendida de maneira justaposta à lei. Isto ficou claro quando tratamos da *Teoria Pura do Direito* de Hans Kelsen e mencionamos a forte influência que sua teoria desempenha mesmo no contexto do chamado pós-positivismo, uma vez que também as posturas que se pretendem críticas em relação ao seu positivismo normativista, voltam a ele na perspectiva de estabelecer um diálogo (Capítulo II, tópico 2.3.). Já sabemos que, para Kelsen, é a norma jurídica que imprime significado jurídico aos atos da conduta humana sendo que ela própria é produzida por um ato jurídico que, por sua vez, recebe o significado jurídico de outra norma, no interior da estrutura dinâmica da ordem jurídica.[259] Desse modo, a *norma jurídica* é conceituada por Kelsen como um *esquema de interpretação* que determina o sentido objetivo dos atos humanos, imprimindo neles significado de direito. "O juízo que se enuncia que um ato de conduta humana constitui um ato jurídico (ou antijurídico) é o resultado de uma interpretação específica, a saber, a interpretação normativa".[260] É a norma jurídica, portanto, que confere significado jurídico ao fato/ato que sempre surge a partir de uma operação mental: o ato/fato é recebido pela intuição sensível e da interpretação – produzida no entendimento – que se deduz o conteúdo jurídico ou antijurídico. O conceito de norma assume um colorido *transcendental*, um *a priori* necessário para o conhecimento jurídico, algo similar ao que Kant já havia feito com conceitos jurídicos tradicionais como *posse, propriedade, contrato, matrimônio* etc.

---

[259] Cf. KELSEN, Hans. Op. cit., p. 4 e 240 e segs.

[260] Idem, p. 4.

Em sua estrutura formal, a norma jurídica se reveste de uma forma deôntica da qual se pode deduzir uma *proibição,* uma *permissão,* ou uma *ordem,* que confere "poder" (ou um ter competência) para agir de determinada maneira. Já vimos que essa *interpretação normativa* é dividida por Kelsen – por meio de uma operação epistemológica inspirada no positivismo lógico do círculo de viena – em dois níveis: a *interpretação da ciência* e a *interpretação do direito.* Na *interpretação do direito* estamos diante de um *ato de vontade* e que, portanto, não pode ser pensado pela razão pura teórica;[261] ao passo que, na interpretação da ciência do direito estamos diante de um ato de conhecimento, que deve obedecer aos padrões objetivos das ciências. Na interpretação da ciência, resolvem-se os paradoxos lógicos daquilo que as autoridades produzem como *normas,* mas não se chega a determinar, efetivamente, qual o conteúdo que deve ser mencionado na aplicação prática do direito. Os juízos do cientista do direito devem ser restritos à verificação procedimental de validação das normas. Os juízos realizados pelo aplicador são algo que não podem ser apreendidos pela razão, portanto, que fogem do campo de interesse da ciência jurídica.

Alexy mantém o conceito de norma de Kelsen, porém substitui seu conceito de interpretação pelo conceito de argumentação racional baseada no discurso prático. Desse modo, os enunciados dogmáticos da ciência jurídica, os precedentes judiciais e todo manancial legislativo se cruzam para solução da controvérsia jurídica. O conceito de norma, tal como aparece em sua *Teoria dos Direitos Fundamentais* é explicitamente um conceito semântico, tal como é aquele desenvolvido por Kelsen.

É certo que Alexy se esforça para demonstrar diferenças entre o seu conceito de norma e o de Kelsen, mas, além da coincidência de ambos se situarem num nível semântico, o próprio Alexy admite, o final, uma estreita relação entre ambos.[262] O autor da *Teoria da Argumentação Jurídica* não concorda com a idéia kelseniana de que a norma seja "o sentido objetivo de um dever ser" o que, para Kelsen, significa que ela pode ser referida a uma norma fundamental que lhe atribua validade objetiva. Afirma ser difícil a inclusão da concepção kelseniana no modelo por ele cunhado. Em todas essas investidas, Alexy parece se esforçar

---

[261] No que tange ao *voluntarismo* kelseniano aduz Müller: "A interpretação autêntica (e.g., na sentença judicial) é concluída por meio de um ato de geração da norma, que aparece como mero ato de vontade, cujas medidas não propõem nenhum problema de teoria jurídica ou genericamente de direito positivo, mas apenas um problema de política jurídica. Excluem-se aqui liminarmente a racionalização de teores materiais normativos, a descoberta de elementos de política jurídica na interpretação. Não se consegue compreender como a geração judicial do direito no quadro lógico da norma genérica deva continuar sendo ao mesmo tempo a 'aplicação' da lei, por meio de atos de vontade de teor juspolítico" (MÜLLER, Friedrich. *O Novo Paradigma do Direito,* Op. cit., p. 51).

[262] Cf. ALEXY, Robert. *Teoria de los Derechos Fundamentales.* Op. cit., p. 50, em especial nota n. 10.

para retirar toda dimensão científico-objetiva que perpassa o discurso de Kelsen e que seria, justamente, o que excluiria a possibilidade de tematizar algo como valores no âmbito da ciência do direito. Assim, ele aceita, expressamente, apenas o argumento de que com *norma* se designa algo que *deve ser* ou suceder, especialmente que uma pessoa deva se comportar ou agir de determinada maneira.

Mas com essas objeções, Alexy não chega a tocar no âmago do conceito de norma que havia sido colocado por Kelsen. Nem coloca como questão o problema dos níveis de interpretação através dos quais a norma pode ser tematizada. Sabemos apenas que, para ele, o conceito de norma continua sendo um conceito semântico. Ou seja, o seu conhecimento ainda implica um pôr entre parênteses o aspecto pragmático, tendo em vista que a ela subjaz uma noção de um sujeito cognoscente transcendental. No fundo, a concepção alexyana mantém o conceito de norma como esquema de interpretação e forma *a priori* do conteúdo deôntico dos fatos. Desse modo, seu conceito de princípio depende "toxicologicamente" do conceito semântico de norma, pois somente assim será possível pensá-los em termos de enunciados deônticos. Conceituando os princípios como "mandados/mandamentos" (ao lado de proibição e permissão), Alexy faz com que eles participem do gênero norma embora realize um nebuloso esforço para distinguí-los de uma outra espécie normativa: as regras. Por mais clara que esta distinção possa parecer, desde o ponto de vista lógico, ela sempre levará a mal-entendidos por se tratar de uma artificialidade que não problematiza a questão no âmbito pragmático. Com isso, Alexy consegue realizar uma *classificação* da norma jurídica, mas calcada sobre o mesmo pressuposto que possibilitava o conceito anterior: a subjetividade matemático-transcendental e o esquema sujeito-objeto. A opção, portanto, é paradigmática: Alexy continua situado no paradigma da subjetividade matemática, ou, simplesmente, *filosofia da consciência*.

Por outro lado, não temos em Dworkin a referência ao conceito de *norma* como gênero que comporta regras e princípios.[263] Isso é assim

---

[263] Não concordamos, portanto, com constante referência a Dworkin como autor que "elevou" (*sic*) os princípios à condição de normas, a partir de uma apressada justaposição com Alexy (Neste sentido Cf. BARROSO, Luis Roberto. BARCELLOS, Ana Paula de. O começo da História : a Nova Interpretação Constitucional e o papel dos Princípios no Direito Brasileiro. In: *Interpretação Constitucional*. Virgílio Afonso da Silva (org.). São Paulo: Malheiros, 2005, p. 277-279; SARMENTO, Daniel. *A Ponderação de Interesses na Constituição Federal*. Rio de Janeiro: Lumen Juris, 2002, p. 41). Com efeito, se essa "norma" que comporta a espécie princípio for entendida num sentido semântico, é impossível enquadrar a teoria de Dworkin em seu bojo. Como ficará claro no decorrer da exposição, a normatividade dos princípios não aparecem a partir de sua imolação normativa, mas sim do contexto pragmático em que o direito, enquanto atividade interpretativa, se desenvolve.

porque – segundo Esser[264] – os anglo-saxões não conhecem o conceito continental de norma, no sentido que lhe da o idealismo normativista kelseniano. Entre eles, o conceito de norma corresponde ao conceito de *regra* (*rule*) e por esse motivo o conteúdo deôntico dos princípios não são atribuídos a partir de uma simples "normatividade" ainda prisioneira de uma teoria do conhecimento subjetivista. Afinal, se nem mesmo Kant conseguiu resolver o problema da conciliação da razão pura teórica com sua razão prática – pois a coisa em si permanecia como um abismo, uma aporia entre ambas – como Alexy pretende apresentar uma justificação para fundar seu conceito de norma (e também o conceito de ponderação) numa razão teórica e, ao mesmo tempo, fundar sua teoria dos princípios numa racionalidade discursiva que se pretenda prática? Como fazer essa passagem sem problematizar aquilo que não foi questionado por Kant: o *eu* que sustenta todo conhecimento transcendental?

Mas não é apenas um problema filosófico que permanece não resolvido no conceito de norma e, consequentemente, no conceito de princípio de Alexy. O fato de Dworkin não mencionar o gênero *norma* na distinção que ele realiza entre regra e princípio também aponta para algo inquietante: se Dworkin não define princípio como norma – pois o conceito de norma é equivalente ao de regra – então como é possível afirmá-los deonticamente? E mais, se o conceito anglo-saxão de *rule* pode ser tido como equivalente do continental de norma, como fica esse conceito frente à crítica de Dworkin àquilo que ele chama de *teorias semânticas*? Parece evidente que não cabe falar aqui em norma como esquema de interpretação ou como um conceito semântico. Isso porque, a partir de Dworkin, poderíamos afirmar que essa dimensão deôntica que reveste as regras e os princípios é sempre interpretação, uma vez que, para ele, o próprio direito *é* interpretação.[265] Podemos dizer que a norma não é um esquema de interpretação ou um conceito semântico que coloca entre parênteses a atividade judicativa que caracteriza o direito, mas sim, ela própria já *é* interpretação. Isso implica dizer que *normas não significam em abstrato*. Uma norma só significa na medida em que ela *munda*. Portanto, normas não são coisas com um caráter significativo pré-determinado e nem tampouco categorias semânticas que operam deonticamente de uma maneira prévia, descolada da existência.

Tratando do conceito de norma, de um modo que coloca em xeque o seu sentido tradicional, Lenio Streck constrói a tese de que para falar de *norma* primeiro é preciso compreendê-la em sua diferença com

---

[264] Cf. ESSER, Josef. Op. cit., p. 62.
[265] Neste sentido, Cf. DWORKIN, Ronald. *Uma Questão de Princípio*. Op. cit., Parte Dois.

relação ao texto.²⁶⁶ Para Streck, há uma *diferença ontológica* (no sentido heideggeriano) entre texto e norma e que, neste sentido, quando falamos de norma, falamos necessariamente em interpretação, fruto de um processo compreensivo que não se reduz à compreensão sintático-semântica do texto, mas envolve um contexto pragmático que é muito mais amplo. Desse modo, Lenio assevera: "Quando quero dizer que a norma é sempre o resultado da interpretação de um texto, quero dizer que estou falando do sentido que este texto vem a assumir no processo compreensivo. *A norma de que falo é o sentido do ser do ente (texto)*. O texto só ex-surge na sua 'normação'".²⁶⁷

Desse modo, em face da dificuldade de sustentação do conceito tradicional de *norma* frente a caracterização decisiva de Dworkin do direito como prática social interpretativa (um agir interpretativo), a classificação do princípio como norma (entendida como conceito semântico) se mostra problemática. Do mesmo modo, parece difícil sustentar, como tradicionalmente se verifica, uma equiparação entre as posições "práticas" e pós-positivistas de Alexy e Dworkin.

Se o conceito de norma se tornou problemático e a fenomenologia hermenêutica – como bem demonstra Lenio Streck – mostra a possibilidade de descrever a normatividade numa outra perspectiva, que parte

---

²⁶⁶ A distinção entre texto e norma já havia sido realizada por Friedrich Müller, embora este autor nunca tenha chegado a tematizar tal distinção nos termos da *diferença ontológica*. Isto porque a idéia de diferença ontológica aponta para uma dimensão compreensiva mais radical do que a simples distinção estrutural entre a norma e seu texto, essa sim efetivamente realizada por Müller. Sem embargo, cabe mencionar que chamada metódica estruturante, construída por Müller, pode ser elencada como uma perspectiva teórica que pretende problematizar o conceito tradicional de norma e a subjetividade que se apresenta por detrás dele. Para Müller *normatividade* significa a propriedade dinâmica da ordem jurídica de influenciar a realidade e de ser, ao mesmo tempo, influenciada e *estruturada* por este aspecto da realidade. Desse modo, o autor descreve pelo menos duas dimensões que estruturam: o programa da norma, que é constituído do ponto de vista interpretativo mediante a assimilação de dados primariamente lingüísticos, e do âmbito normativo, que é construído pela intermediação lingüístico-jurídica de dados primariamente não-lingüísticos. Cf. MÜLLER, Friedrich. *Métodos de Trabalho do Direito Constitucional*. Op. cit.

²⁶⁷ STRECK, Lenio Luiz. *Hermenêutica Jurídica e(m) Crise*. Op. cit., p. 219. Em obra mais recente, o autor procura enfatizar o caráter não relativista da diferença (ontológica) entre texto e norma. Nessa medida, Lenio afirma que "devemos levar o texto a sério (...) Eis a especificadade do direito: textos são importantes; textos nos importam; não há norma sem texto; mas nem ele são 'plenipotenciários', carregando seu próprio sentido (o Mito do dado, fantasia de texto que se interprete por si mesmo e se extrai por si mesmo, nas palavras de Simon Blackburn) e nem são desimportantes, a ponto de permitir que sejam ignoradas pelas posturas pragmatistas-subjetivistas, em que o sujeito assujeita o objeto (ou, simplesmente, o inventa). Em outras palavras, *o texto não existe em uma espécie de 'textitude' metafísica*; o texto é inseparável de seu sentido; textos dizem sempre respeito a algo da faticidade; interpretar um texto é aplica-lo; daí a impossibilidade de cindir interpretação de aplicação. Salta-se no fundamentar para o compreender (e, portanto, aplicar). Aqui, a importância da diferença ontológica entre texto e norma, que é, pois, a enunciação do texto, aquilo que dele se diz, isto é o seu sentido (aquilo dentro do qual o significado pode se dar)" (STRECK, Lenio Luiz. *Verdade e Consenso*. Op. cit., p. 169).

da problematização do modo de ser do ente que existe (ser-aí), podemos agora tratar, de um modo também renovado, da distinção entre regras e princípios.

4.3.2. O problema envolvendo a distinção (ou diferença) entre regras e princípios

De tudo o que foi dito, esperamos que uma coisa tenha sido esclarecida: distinguir, *estruturalmente*,[268] regras de princípios representa uma operação de classificação normativa que se movimenta num nível puramente semântico, que não problematiza, radicalmente, o problema da interpretação num nível pragmático-existencial (Hermenêutico, poderíamos dizer). Isso acontece claramente nas posturas de Robert Alexy que continua preso a um normativismo idealista ao afirmar o conceito de norma como o principal conceito da ciência do direito e fazer derivar dele o caráter deôntico dos princípios. Não é exagero afirmar que o conceito semântico de norma com o qual Alexy opera torna o princípio uma *derivação artificial* e, ao mesmo tempo, lhe confere uma força talvez maior do que eles mesmos podem suportar ao afirmá-los como mandados de otimização, o que confere um *poder* (ou competência no seu sentido kelseniano) muito grande à figura do juiz. Neste ponto é que o elemento discricional se afigura mais evidente no conceito de princípio de Alexy. O ponto decisivo para a sua distinção entre regras e princípios reside no fato de os princípios são, como já vimos, *mandados de otimização*, enquanto que as regras têm caráter de *mandados de definição*.[269] Como *mandados de otimização* os princípios ordenam que algo seja realizado na maior medida possível desde que respeitadas as possibilidades e os limites fáticos e jurídicos. Nessa medida, a ordenação principiológica pode ser satisfeita em diferentes graus o que depende não só de suas possibilidades fáticas, mas também jurídicas. As limitações jurídicas são derivadas do fato de que existem, não apenas regras, mas também princípios opostos que estão em constante pressão uns contra os outros. Esse caráter oposicional dos princípios implica na suscetibilidade (e até mesmo na necessidade, segundo Alexy) da ponderação. *A ponderação,*

---

[268] Ao estabelecer uma distinção estrutural entre regra e princípio, Alexy permanece na superficialidade ôntica e acaba caindo em uma certa ingenuidade ontológica. Podemos falar, mais especificamente, em uma *inadequação ontológica* da teoria alexyana, que leva ao equívoco de se introduzir essa distinção estrutural entre regras e princípios. Como bem assevera Streck, Alexy ignora a dupla estrutura da linguagem, e com isso permanece numa dimensão de suficiências ônticas. Por isso, em sua distinção entre regras e princípios, os princípios são apresentados como "reservas" argumentativas no caso da falência do sistema de regras. Em outras palavras, com sua teoria da argumentação, "Alexy substitui o *standard I* (compreensão) pela racionalidade procedimental-argumentativa, de índole axiomático-dedutiva" (STRECK, Lenio Luiz. *Verdade e Consenso*. Op. cit., p. 85).

[269] Cf. ALEXY, Robert. *El concepto y la validad del derecho*. Op. cit., p. 162.

portanto, é a forma de aplicação dos princípios.[270] Por outro lado, as regras são normas que sempre são satisfeitas ou não são. Não há possibilidade de satisfazer a ordem emanada das regras em diferentes graus, como acontece com os princípios, mas sua aplicação é uma questão de *tudo-ou-nada*. Assim, Alexy determina a *subsunção como a forma característica de aplicação do direito que as regras realizam.*

Lenio Streck afirma a filiação de Alexy ao paradigma da filosofia da consciência a partir da sua não superação do esquema sujeito-objeto e da manutenção, em sua *Teoria da Argumentação* do modelo dedutivo baseado na subsunção que aparece em sua *justificação interna* (lógico sistemática) da fundamentação das decisões jurídicas nos chamados "casos simples", resolvidos pela aplicação das regras. Essa distinção aponta, ainda, para uma possível separação entre *direito e fato*, o que nos remete à metodologia jurídica construída no século 19 sob a égide das teorias sintático-semânticas de interpretação.[271]

A primeira vista, é realmente muito similar a distinção oferecida por Alexy, daquela apresentada por Dworkin. Mas, olhadas mais de perto – e tendo como pressuposto as diferenças estruturais que caracterizam o pensar de cada um destes autores – as posições parecem assumir significados muito distantes entre si. A tese da justaposição tem por base os seguintes argumentos:

a) tanto Dworkin quanto Alexy pretender apresentar uma diferença qualitativa (e não simplesmente quantitativa – de grau ou generaliadade) entre regras e princípios;

b) O tudo-ou-nada como que Dworkin apresenta como característica para as regras, é expressamente assumido por Alexy e se aproxima, em grande medida, daquilo que este autor denomina "mandado de definição";

c) Dworkin se refere a uma dimensão de *peso* e de *importância* presente em seu conceito de princípio e que impediria, ao contrário das regras, a exclusão de um em favor da aplicação de outro, como fatalmente acontece com as regras. Essa dimensão de peso – também expressamente referenciada por Alexy – seria o ponto por onde o argumento da ponderação seria introduzido no conceito de princípio de Dworkin.

Tais considerações, todavia, não parecem estar corretas. Isto porque:

---

[270] Cf. ALEXY, Robert. *El concepto y la validad del derecho.* Op. cit., p. 162.

[271] Cf. STRECK, Lenio Luiz. *Verdade e Consenso.* Op. cit., p. 179 e segs; ALEXY, Robert. *Teoria de la Argumentación Jurídica.* Op. cit., p. 205 e segs. Neste trabalho, procuramos atentar, também, para a manutenção do eu transcendental kantiano como totalidade Metafísica, que aparece como *locus fundamentador* do elemento formal *a priori* da *ponderação*.

a) como dissemos no item anterior, Alexy e Dworkin operam com diferentes conceitos de norma e o caráter deôntico dos princípios é dado de maneira distinta em cada um deles. Para Alexy, o princípio tem caráter deôntico porque, como *mandado*, participa, ao lado das regras, do gênero *norma*. Para Dworkin a normatividade do direito se manifesta concretamente na própria *prática interpretativa* e não num sistema lógico previamente delimitado, sendo, portanto, o conceito de norma remetido a um nível pragmático – e não meramente semântico como quer Alexy. Os princípios são normativos em Dworkin porque acontecem, argumentativamente, no interior desta atividade interpretativa que é o direito;

b) É, de algum modo, apressada a aproximação que se faz entre o tudo-ou-nada de Dworkin e a subsunção como forma de aplicação do direito preservada por Alexy. *Subsunção* pressupõe silogismo que, por sua vez, reprístina a velha cisão entre *questão de fato e questão de direito* que definitivamente não está em jogo quando se fala de tudo-ou-nada. Ademais, a referência dworkiana a essa característica da regra refere-se muito mais ao modo como se dá a justificação argumentativa de uma regra, do que propriamente ao seu modelo de aplicação. Ou seja, quando se argumenta com uma regra ela é ou não é, e sua "aplicação" não depende de um esforço argumentativo que vá além dela própria. Já num argumento de princípio, é necessário que se mostre como sua "aplicação" mantém uma coerência com o contexto global dos princípios que constituem uma comunidade (ou uma *comum-unidade* como insistimos aqui em chamar);

c) isso implica, diretamente, a dimensão de peso ou importância à que Dworkin faz referência no seu conceito de princípio. É possível dizer que Dworkin combina peso e importância porque, ao contrário das regras, nenhum princípio deixa de ter importância e pode ser excluído da fundamentação de uma decisão. Sua dimensão de *peso* implica que, um argumento de princípio sempre se movimenta de forma coerente com relação ao contexto de todos os princípios da comunidade. Desse modo, a justificação do fundamento da decisão só estará correta, na medida em que respeite o todo coerente de princípios num contexto de integridade. Isso implica: os princípios têm, desde sempre, um *caráter transcendental*, porque, diferentemente das regras, nos remete a uma totalidade na qual, desde sempre, já estamos inseridos: nosso contexto de mundo, de vivências primarias que constituem a significatividade do mundo. Por isso, *ponderação* e *dimensão de peso* não são equivalentes.

Com isso, foi possível ressaltar, com maior precisão, como Dworkin e Alexy apontam para direções diferentes como suas posições sobre o conceito de princípio e a conseqüente distinção entre regras e princípios.

Podemos afirmar, portanto, que para Dworkin, não há uma cisão radical entre regras e princípios que estão, de modo permamente, implicados na prática interpretativa que é o direito. Há uma *diferença* entre regra e princípio porque quando nos ocupamos das controvérsias jurídicas e procuramos argumentar para resolvê-las, somos levados a nos comportar de modo distinto quando argumentamos com regras e quando argumentamos com princípios. Há um elemento *transcendente* nos princípios, porque quando argumentamos com eles sempre ultrapassamos a pura objetividade em direção a um todo contextual coerentemente (re)construído, que, todavia, sempre se dá como pressuposto em todo processo interpretativo. Algo que permanece oculto pela objetividade aparente das regras. Tanto é assim que o próprio positivismo de Hart, levado por essa objetividade das regras, construiu uma imagem do direito não conseguindo descrevê-lo colado na própria faticidade. Isso parece permanecer na classificação (semântica) proposta por Alexy em seu conceito de norma. A partir dele somos surpreendidos por uma artificialidade que efetua uma cisão radical entre regras e princípios oferecendo, inclusive, diferentes procedimentos para a "aplicação" de cada uma destas espécies normativas.

Por fim, cabe registrar que a questão central do problema envolvendo a distinção entre regras e princípios passa, necessariamente, pela problematização e determinação do conceito de princípio e não simplesmente por uma discussão estrutural de como deve se dar esta classificação que se ocupa em distinguir duas espécies normativas.

No âmbito da dogmática brasileira, contudo, o debate parece se encaminhar na direção oposta, dando-se ênfase ao problema de distinção classificatória-estrutural entre regras e princípios e deixando sem uma problematização adequada o próprio conceito de princípio e suas relações com o conceito de norma jurídica. Veja-se, por exemplo, o artigo de Virgílio Afonso da Silva, publicado na *Revista Latino-Americana de Estudos Constitucionais*, e que procura debater – principalmente com Humberto Ávila e sua proposta de redefinição do dever de proporcionalidade – os mitos e os equívocos acerca da distinção entre princípios e regras tendo como marco a teoria de Alexy.[272]

Virgílio parece firme ao denunciar os diversos "sincretismos metodológicos" que se escondem por detrás das classificações que vários

---

[272] Cf. SILVA, Virgílio Afonso da. Princípios e Regras: Mitos e Equívocos acerca de uma distinção. In: *Revista Latino-americana de Estudos Constitucionais*. Belo Horizonte: Del rey, N. I jan./jun. 2003, p. 607-630.

autores brasileiros realizam entre regras e princípios. O ponto principal apontado por Virgílio e que caracterizaria esse sincretismo, é a utilização indiscriminada da teoria estruturante de Friedrich Müller e a teoria dos princípios de Robert Alexy. Muitos autores, inclusive Humberto Ávila, justapõem as teses destes dois teóricos que, definitivamente, são exclusivas, e não inclusivas. Por certo, é realmente muito difícil tentar compatibilizar as teorias de Alexy e Müller uma vez que este último é um ferrenho crítico da ponderação, instrumento metodológico utilizado por Alexy para solucionar os problemas que em sua teoria derivam da colisão de princípios. Müller também crítica o conceito semântico de norma proposto por Alexy. Quanto a isso estamos de acordo com Vírgílio. Inclusive, procuramos expor neste trabalho isso aparece, basicamente, porque Müller se movimenta num âmbito de pensamento que é pragmático, enquanto Alexy continua preso a uma dimensão matemático-semântica, construindo um conceito abstrato de princípios que, por ser artificial, podem chegar a colidir. Todavia, a crítica ao "sincretismo" desenvolvido Virgílio volta-se contra ele mesmo. Com efeito, o autor – como boa parte da doutrina brasileira – aceita uma espécie de "compatibilização" entre as posições de Alexy e Dworkin no que atina ao conceito de princípio destes dois autores. Em nenhum momento chega a ser esclarecidas as diferenças paradigmáticas que marcam as teorias de Alexy e Dworkin e própria distinção entre regras e princípios efetuada por cada um deles. Desse modo, ele mesmo recai numa espécie de sincretismo, pois não coloca como problema aquilo que, em cada um dos autores determina a formação do conceito, mas somente a distinção/classificação dos princípios em relação às regras. Portanto, todo processo de formação do conceito de princípio permanece escondido nas entrelinhas da argumentação, terminando por velar a radical diferença que existe entre Alexy e Dworkin.

Esta não é uma peculiaridade de Virgílio. Também Humberto Ávila[273] – com sua crítica à distinção alexyana e a (re)formulação que propõe à esta classificação, de onde vem a idéia de princípios como *postulados normativos* (o que aproxima novamente a idéia de *princípio* das matemáticas) que comportam uma dimensão finalística a ser executada que não está presente nas regras – não reconhece como verdadeira a questão envolvendo aquilo que possibilita o conceito de princípio de cada um destes autores (Alexy e Dworkin). De todo modo, é preciso ter claro que este problema está intimamente ligado à relação entre *prática* e *teoria*. Isto é, quando falamos em princípios colocamos em questão o papel que a razão desempenha na formação e consagração de uma decisão: trata-

---

[273] Cf. ÁVILA, Humberto Bergmann. A distinção entre regras e princípios e a redefinição do dever de proprocionalidade. In: *Revista de Direito Administrativo* n. 215, jan.-mar. 1999.

se de uma tarefa *prática* ou de uma tarefa *teórica*? Classificações, distinções e cisões estruturais sempre permanecerão ligadas a uma intenção teórica e, se desenvolvida no modelo alexyano, carregarão consigo os problemas da subjetividade matemática que a metafísica moderna nos legou.

Ora, Heidegger mostrou, de forma peremptória, as conseqüências do processo de asfixia teórica que a modernidade operou na filosofia e que determinou o império da técnica, do *dis-positivo*. Ao mesmo tempo, o filósofo, sem desconsiderar o peso que este processo histórico desempenha e que, portanto, não pode ser simplesmente renunciado, liberou o pensamento deste aprisionamento teórico e lhe possibilitou uma re-inserção prática que coloca a filosofia diante do problema da história, do sentido e da existência humana. Autores como Hans-George Gadamer, influenciados por Heidegger, recuperaram a dignidade da pergunta pela relação entre prática e teoria, colocando novamente em xeque a primazia da teoria em relação à prática. Na modernidade, nos fala Gadamer, a reflexão teórica dos gregos e dos medievais – entre os primeiros ligada ao "olhar", a um "demorar-se no olhar" e que entre os medievais se transformou na "contemplação" de algo – se radicalizou como uma ferramenta da Ciência. A partir de então a teoria é serviente à ciência e, na medida em que se torna obsoleta, é substituída por outra. Teorias servem para expor fórmulas que possibilitam a realização de experimentos de modo universal e exato. Dessa noção ferramental de teoria, nasce a idéia precária e enganosa de que primeiro aprendemos as coisas na teoria e depois "aplicamos" o conhecimento adquirido teoricamente na prática. Isso representa não só uma representação abstrata da relação entre teoria e prática, como articula uma simplificação ingênua do saber e do problema do conhecimento: como a teoria se limita a formular os resultados dos experimentos descobertos pela investigação da ciência, a diferença entre teoria e prática se torna turva e acabam por se tornar a mesma coisa.[274]

Não é esse o problema em questão? Quando nos ocupamos em tentar determinar qual a classificação que se mostra "metodologicamente mais coerente e sólidas",[275] não estamos a questionar qual formulação representa melhor os resultados que os experimentos jurídicos em torno da normatividade e do caráter deôntico dos princípios nos coloca à disposição? Parece-nos difícil aduzir pela negativa destas questões. A primazia teórica das posições de Alexy e o elemento matemático presente em sua teoria parece contaminar seus seguidores e críticos brasileiros.

---

[274] Cf. GADAMER, Hans-Gerge. *Acotaciones Hermenéuticas*. Tradução de Ana Agud e Rafael de Agapito. Madrid: Trotta, 2002, p. 19.

[275] Cf. SILVA, Virgílio Afonso. Op. cit., p. 614.

É difícil responder como escapar da cilada que o conceito semântico de norma impinge a Alexy. Afinal, os princípios podem ter um conteúdo pré-determinado? Calcado em Alexy, Virgílio reivindica para os princípios uma dimensão de deveres que eles carregam *prima facie*.[276] Mas como determinar estes conteúdos abstratamente? O problema entre semântica e pragmática é definitivo nesta questão. Como superar o artificialismo abstrato que reveste o conceito de princípio de Alexy?

Em seu texto, Virgílio chega a reconhecer o problema que os princípios representam dentro de uma "filosofia moral". Porém, não chega a tocar no papel que a racionalidade e o saber podem desempenhar diante desta problemática. Em nossa investigação temos afirmado sempre que os princípios são problemas do saber ou da racionalidade prática que Aristóteles chamava de *phrónesis*. Com efeito, o tipo de saber ou racionalidade que empregamos quando temos que julgar uma atividade humana (ação, conduta, pensamentos, opiniões etc.) é um saber prático que precisa se decidir sobre uma situação determinada. É também desse tipo de saber que falamos quando problematizamos questões relativas à compreensão e à hermenêutica. Como afirma Gadamer: "tomando como referência a estrutura fundamental do ser humano baseado na linguagem, a virtude aristotélica da racionalidade, *a phrónesis*, acaba sendo a virtude hermenêutica fundamental".[277] Isto porque, o problema da compreensão tem lugar não apenas quando interpretamos textos, mas também quando temos de compreender nossas ações e pensamentos, as ações dos outros, um gesto, uma crença, um mito etc. De alguma forma, sempre estamos envolvidos por um problema hermenêutico, que remete a um modo prático de ser-no-mundo.[278]

Os princípios, portanto, se situam num âmbito compartilhado de crenças e decisões que são tomadas no passado e que possibilitam a abertura de um projeto decisional futuro. Isso não representa nenhum conformismo ou conservadorismo – como nos lembra Gadamer – mas representa a "dignidade do ser-próprio e da autocompreensão humanos. A pessoa que não é associal acolhe sempre o outro e aceita o intercâmbio com ele e a construção de um mundo comum de convenções".[279]

Esse possibilitar aberto pela dimensão prática que um princípio comporta não autoriza discricionariedades por parte daquele que decide. Como bem aduz Gerd Bornheim, com Heidegger ou bem somos

---

[276] Cf. SILVA, Virgílio Afonso. Op. cit., p. 619.

[277] GADAMER, Hans-Georg. *Verdade e Método II. Complementos e Índices*. Tradução de Enio Paulo Giachini. 2 ed. Petrópolis: Vozes, 2004, p. 380.

[278] Quanto a isso, Cf. também o item 4.4.

[279] GADAMER, Hans-Georg. *Verdade e Método II*. Op. cit., p. 377.

históricos ou bem somos supra-históricos. Não há possibilidade de meio-termo. Se saímos pela supra-historicidade caímos no beco da Metafísica e nas armadilhas subjetivistas da matemática que caracterizam a modernidade. Por outro lado, se assumimos a radicalidade de nosso *ser* histórico "só podemos agir dentro do sentido da história".[280] Isso significa que a historicidade do ser-aí limita os projetos de sentido. Como vimos no terceiro capítulo, o ser-aí existe, portanto, ele se caracteriza pelo constante projetar de sua existência, ou seja: ele é o seu futuro, a partir do qual ele temporaliza suas possibilidades. Todavia, essas possibilidades que se encaminham na direção do futuro só podem acontecer por que o ser-aí, em seu *ser* já é histórico (*faticidade*) e, portanto, essas possibilidades que se abrem pela sua constituição histórica não são projetos livres, mas projetos jogados.[281] Desse modo, toda reflexão sobre o conceito de princípio e as possibilidades de sua determinação precisam atentar para o fato de que eles são construídos no interior de uma comunidade histórica que desde sempre é compreendida antecipadamente na historicidade do ser-aí. Todo princípio possibilita uma decisão – no sentido de abrir um espaço para que o juiz decida, *de forma correta*, a demanda que lhe é apresentada – mas, ao mesmo tempo, a *comum-unidade* dos princípios limita esta mesma decisão uma vez que impõe que ela seja tomada ao modo de padrões já estabelecidos e compreendidos historicamente.

Desse modo, a própria idéia de *história institucional* que aparece constantemente em Dworkin e na sua teoria dos precedentes – que reverbera de modo determinante em seu conceito de princípios – fica muito melhor compreendida. Isto porque, essa história institucional não *é* sem o *ser-aí* e, portanto, os limites que ela oferece aos próximos capítulos do *romance em cadeia* não derivam dela simplesmente, como se fosse uma realidade autônoma, independente do ser-aí humano. Só há limite porque o ser-aí é histórico.

Nestes termos, aparece com clareza o sentido da afirmação de Lenio Streck de que os princípios efetuam um "fechamento hermenêutico"[282] no momento da decisão. Afinal, a dimensão prática e o caráter de transcendentalidade histórica dos princípios não os fazem aparecer como cláusulas permissivas de um projeto livre no momento da decisão

---

[280] BORNHAEIM, Gerd A. *Dialética. Teoria e praxis*. São Paulo: Edusp, 1977, p. 91.

[281] Cf. GADAMER, Hans-Georg. *Hermenêutica em Retrospectiva*. Op. cit., p. 143. Em *Verdade e Método* Gadamer afirma ainda o seguinte: somente fazemos história na medida em que nós mesmos somos 'hitóricos', significa que a historicidade da pre-sença (ser-aí – acrescentamos) humana em toda sua mobilidade do atender e do esquecer é a condição de possibilidade de atualização do vigor-de-ter-sido como tal" (GADAMER, Hans-Georg. *Verdade e Método*. Op. cit., p. 396).

[282] Cf. STRECK, Lenio Luiz. *Verdade e Consenso*. Op. cit., p. 163 e segs..

judicial. Mas esse projeto – enquanto projeto jogado – opera como uma limitação da decisão a ser tomada, visto que, em sua fundamentação, esta deverá prestar contas ao sentido histórico-temporal que a comumunidade de princípios projeta naquele caso, naquele problema que se deve decidir.

Portanto, se não há problematicidade, se não há caso concreto não se pode falar em princípios.

Desse modo, no nível da *praxis* não há uma distancia tão grande entre regras e princípios, como quer – semanticamente – Alexy e seus seguidores. Os princípios só não aparecem com a clareza objetiva das regras porque se revestem de uma dimensão histórico-transcendental: sua "aplicação" depende de uma justificação que vai além da mera objetividade das regras, num plano que não é meramente empírico, mas que traz consigo a dimensão de vivências práticas e compartilhadas pela comunidade histórica.

A primazia da teoria, presente nas classificações discutidas acima cede lugar à dimensão prática que atravessa o direito e sua inexorável dimensão hermenêutica. Num exemplo que nos remete ao aprendizado de uma língua estrangeira: não aprendemos primeiro a gramática – forma teórica de manifestação da língua – para depois apreender seus usos e aplicações concretas. Pelo contrário, muitas vezes "aplicamos" regras gramaticais sem saber, conscientemente, que o estamos fazendo. Elas operam conosco de um modo subterrâneo porque nos movemos numa dimensão compartilhada que compreendemos no modo de uma racionalidade prática, que dispensa os procedimentos metodológicos próprios da apreensão teórica. *Nossa historicidade nos carrega*. Do mesmo modo, *o direito não pode ser visto como uma "gramática da convivência". Desde sempre executamos regras de convívio porque desde sempre vivemos em uma sociedade que compartilha tradições, cultos, rituais, regras de convívio, formas de expressão etc.* Desde cedo somos educados e partilhamos a educação com outras pessoas de modo que, já aí, temos como pressupostos uma série de padrões sociais que nos possibilita dizer o que se tolera ou não; ou o que é permitido ou não. Quando nos colocamos numa posição em que pretendemos discutir teoricamente as questões jurídicas não podemos perder de vista esta dimensão prática na qual já estamos – existencialmente – inseridos. Quando falamos de princípios isso se torna ainda mais evidente porque é nesta dimensão prática que eles aparecem e são cultivados. Ninguém estuda o devido processo legal se não compreende a dimensão histórica e as questões cotidianas na qual ele está envolvido. Sua rigidez no âmbito da *common law* e o rigor na sua aplicação decorrem certamente do contexto histórico que o cunhou e da tradição que se sedimentou em torno de sua consagração.[283]

Destarte, aquilo que Alexy, Virgílio e Avíla operam é uma classificação de normas – num sentido próximo daquilo que no Brasil ficou famoso no formato da classificação das *normas constitucionais*[284] – mas não chegam a tocar no âmbito do problema que envolve a determinação do conceito de princípio. O modelo matemático do *a priori* de Alexy e, em última análise, de todo positivismo jurídico de inspiração kantiana, faz com que a segurança e certeza da argumentação jurídica se dê, pretensamente, no âmbito de uma estrutura formal *a priori* que é a *ponderação*. E esse processo só pode ser realizado porque se guia, antecipadamente por critérios de rigor e exatidão próprios das matemáticas a partir dos quais o resultado nem é tão importante, desde que a estrutura metodológica seja firme e coerente. Tudo isso no interior de um âmbito estritamente teórico que não alcança as dimensões práticas presentes na atitude interpretativa do direito. A *diferença* entre regra e princípio deve ser pensada, portanto, na estrutura prática da interpretação do direito e

---

[283] Em estudo com abundante pesquisa, Nelson Nery Junior apresenta a dimensão histórica presente na formação do princípio do devido processo legal (*due process of law*) e sua sedimentação no devido processo em sentido material (*Substantive due process*) e em sentido processual (*Procesural due process*). Estes contornos são decisivos para a formação do princípio e sua gradual afirmação (Cf. NERY JUNIOR, Nelson. *Princípios do Processo Civil na Constituição Federal*. São Paulo: Revista dos Tribunais, 1992, principalmente o primeiro capítulo).

[284] Faz-se referência aqui a corrente teórica que se criou e fez escola no Brasil chamada, numa expressão cunhada por Luís Roberto Barroso, de "Doutrina Brasileira da Efetividade" (Cf. BARROSO, Luís Roberto. A Doutrina Brasileira da Efetividade. In: *Constituição e Democracia. Estudos em Homenagem ao professor J.J. Gomes Canotilho*. Paulo Bonavides, Francisco Gérson Marques Lima, Faya Silveira Bedê (orgs.). São Paulo: Malheiros, 2006, p. 435-447). A "doutrina brasileira da efetividade" engloba uma corrente teórica no interior da qual estão incluídos os esforços de José Afonso da Silva (*Aplicabilidade das Normas Constitucionais*. 3 ed. São Paulo: Malheiros, 1998); Celso Antônio Bandeira de Mello ("Eficácia das normas constitucionais sobre Justiça Social". *Revista de Direito Público* 57-58, 1981); Celso Ribeiro Bastos e Carlos Ayres de Britto (*Interpretação e Aplicabilidade das normas constitucionais*, 1982); Maria Helena Diniz (*Norma Constitucional e seus efeitos*, 1989); e do próprio Luís Roberto Barroso (*O Direito Constitucional e a Efetividade de suas Normas*. 7 ed. Rio de Janeiro: Renovar, 2003). Todos os trabalhos e autores mencionados guardam relação quanto ao modo como cuidam de pensar as "normas constitucionais" e os sentidos que elas podem projetar no desenrolar da vida político-jurídica do Estado, divergindo, num ou noutro ponto, quanto a questões meramente classificatórias. Contudo, o que se encontra no cerne de todas estas perspectivas semântico-classificatórias, é a noção dual dos dispositivos constitucionais que aparecem divididos em: normas constitucionais de *aplicabilidade imediata* e normas constitucionais *programáticas*. Também aqui, como no caso da distinção entre regras e princípios, o que está em jogo é uma tentativa de classificação, abstrata e aprioristica, de normas. Todavia, o *neoconstitucionalismo* e toda tradição do segundo pós-guerra cunhou um sentido de Constituição que busca ressaltar sua força normativa, colocando-a em meio ao problema pragmático da interpretação do direito. Portanto, qualquer tentativa de classificação *a priori* de normas cai por terra, posto que o sentido de uma norma só aparece diante da problematicidade do caso concreto.

o modo como essa diferença deve aparecer nesta dimensão ficará claro no decorrer de nossa exposição.[285]

4.3.3. O "método" do juiz Hercules (o direito como integridade) e o procedimento da ponderação: o procedimentalismo alexyano contraposto ao substancialismo de Dworkin

O que justifica, ou torna legítimo, o fundamento lançado pelo juiz na decisão judicial? Essa parece ser a questão central que opõe o juiz Hercules de Dworkin e a ponderação de Alexy. A técnica da ponderação legitima a decisão pelo procedimento: se foram respeitadas as três etapas da *lei de colisão*, o resultado da sentença se torna inquestionável; em Dworkin o "método" do juiz Hercules pressupõe que em toda decisão o julgador está "onerado" a *justificar* sua fundamentação num contexto que envolve um argumento de princípio. Na reconstrução narrativa do direito colocado em questão, o impacto dos juízos do próprio Hercules será disseminado. O contexto justificador se mostra num conjunto de princípios coerente que *justifiquem* a história narrada, na forma exigida pela eqüidade.

Portanto, nos parece esclarecedor apontar para as diferenças entre *método*, *procedimento* e "método" para que tenhamos presente rigorosamente aquilo de que se fala.

Fazemos uso do termo "método" entre aspas para distingui-lo da acepção que em torno dele se constrói na modernidade no sentido de um procedimento mecânico prévio capaz de ordenar e estruturar o conhecimento de algo. Para esse sentido, usamos o termo método sem aspas. Com "método" queremos significar – como esclarece Heidegger – o caminho através do qual se segue a coisa.[286] Esse caminho será, desde sempre, provisório uma vez que os resultados alcançados sempre serão provisórios e dependerão de uma confirmação para saber qual a percuciência de tais resultados. Ao mesmo tempo, não é possível falar, rigorosamente, em *um* caminho, mas em caminhos, cuja determinação é guiada pela *coisa mesma*.[287] O método em sua acepção tradicionalmente aceita desde a modernidade, tem o caráter de rigidez e a crença de que

---

[285] Quanto a isto conferir o item 4.4. deste capítulo.

[286] Cf. HEIDEGGER, Martin. *Os Conceitos Fundamentais da Metafísica*. Op. cit.

[287] Também Gadamer faz essa observação quando aborda a questão do método: "Em verdade, a palavra método soa muito bem em grego. Todavia, enquanto uma palavra estrangeira moderna, ela designa algo diverso, a saber, um instrumento para todo conhecimento, tal como Descartes a denominou em seu *Discurso do método*. Enquanto um termo grego, a palavra tem em vista a multiplicidade, com a qual se penetra em uma região de objetos, por exemplo, enquanto matemático, enquanto mestre de obras ou enquanto alguém que filósofa sobre ética" (GADAMER, Hans Georg. *Hermenêutica em Retrospectiva*. Vol. II, Op. cit., p. 164).

seu resultado será sempre correto. Trata-se, portanto, de estruturas canônicas ou etapas rigidamente pré-determinadas, enquanto no "método" estamos diante de um constante caminhar que procura, na medida do possível, mostrar aquilo que persegue. Já a distinção entre *método* e *procedimento* se afigura bem mais complexa. Todavia, para efeitos do que nesta pesquisa pretendemos abordar, podemos dizer que, enquanto pela idéia de *método* tradicionalmente desenvolvida, estava também implicada uma pretensão de certeza e verdade ao final de sua correta aplicação; quando falamos em *procedimento* temos que o *conteúdo* da decisão tomada conforme o procedimento é, em princípio, irrelevante.[288] Com isso, nos aproximamos em grande medida das questões que envolvem todo problema democrático de legitimação e estrutura das decisões político-jurídicas que é, no fundo, o problema que se enfrenta com a questão da ponderação e do juiz Hercules. Dessa forma, a ponderação tem o caráter de *procedimento* na medida em que a justificação da fundamentação da decisão tomada pelo juiz é dada conforme o procedimento, sendo desonerado de uma justificação conteudística. Já o "método" de Hercules reivindica uma justificação de um contexto conteudístico no interior do qual forma e conteúdo se interpenetram. Ou seja, se exige que não apenas o procedimento seja eqüitativo, mas também que produza um resultado que justifique a coação do Estado.[289]

Desenvolveremos, primeiro, a forma como Alexy apresenta a *ponderação*. Já sabemos que a ponderação tem lugar nos chamados *casos difíceis* e que ela visa a sanar uma eventual colisão de princípios para que, depois de sua correta aplicação, *possa ser determinada a regra a ser subsumida ao caso* (chamada regra da ponderação). Ou seja, não há em Alexy propriamente aplicação de princípios – nos termos das tradicionais teorias semânticas da interpretação jurídica – mas somente aplicação de regras, visto que do procedimento da ponderação – que opõe dois princípios em conflito – resulta uma regra que será efetivamente subsumida ao caso concreto.[290]

---

[288] Neste sentido Cf. NEVES, Marcelo. Op. cit., p. 136-137.

[289] Cf. CALSAMIGLIA, Albert. El concepto de integridad en Dworkin. In: *Doxa – Cuadernos de Filosofia del Derecho*. n. 12. Alicante, 1992.

[290] Importa salientar que, no âmbito da dogmática jurídica, Ana Paula de Barcellos propõem que, além da ponderação de princípios, deve existir também uma ponderação entre regras. Por certo que os problemas que identificamos na ponderação no âmbito da chamada "colisão de princípios", reaparecem também na "colisão de regras" que Barcellos parece propor. Mas, o que chama mais atenção é o fato de que, se a ponderação é um dos fatores centrais que marcam a distinção entre regras e princípios de Alexy – como mostramos no item anterior – e se a *ponderação* é o procedimento do qual o resultado será uma **regra** posteriormente subsumida ao caso concreto, o que temos como resultado da "ponderação de regras" (*sic*)? Uma "regra" da regra? Como fica, portanto, em termos práticos, a distinção entre regras e princípios posto que deixa de ter razão de ser a distinção entre *subsunção* e *ponderação*? Nos termos propostos por Barcellos a ponderação aparece como procedi-

Alexy desenvolveu várias estratégias para legitimar seu procedimento que merecem ser explicitadas. Como uma pergunta guia, podemos oferecer a seguinte questão: Quem elege os princípios em conflito para que seja realizada a ponderação? Por que são sempre apenas dois os princípios em conflito? Qual a diferença entre princípio e valor? Por que o juízo de ponderação é sempre um juízo de valoração, mas isso não implica dizer que o conteúdo dos princípios sejam propriamente valores?

Procurando esclarecer as questões que envolvem a ponderação e o possível enaltecimento de um subjetivismo do juiz na aplicação de tal técnica, Alexy procura desenvolver a idéia daquilo que ele chama de "dogmática dos espaços" que se vinculam, intimamente, à formula da ponderação.[291] Para ele, esta construção de uma "dogmática dos espaços" resolveria o problema de possíveis subjetivismos, ao mesmo tempo em que demonstra a racionalidade da técnica da ponderação a partir dos limites que são impostos pelos *espaços estruturais* e pelos *espa-*

---

mento generalizado de aplicação do direito. Desse modo, em todo e qualquer processo aplicativo, haveria a necessidade de uma "parada" para que se efetuasse a ponderação. Mas uma vez, o artificialismo matemático do procedimento da ponderação salta aos olhos. Uma tal empresa – estender a ponderação para a aplicação de regras – se mostre destituída de sentido prático visto que da regra irá resultar uma outra regra, essa sim aplicável ao caso (quanto ao que foi dito, Cf. BARROSO, Luis Roberto. BARCELLOS, Ana Paula de. O começo da História : A Nova Interpretação Constitucional e o papel dos Princípios no Direito Brasileiro. In: *Interpretação Constitucional*. Virgílio Afonso da Silva (org.). São Paulo: Malheiros, 2005).

[291] Ainda neste texto, Alexy argumenta em defesa da *sentença Lüth* – proferida pelo Tribunal Constitucional Federal Alemão em 1958 –, uma das famosas intervenções que o Tribunal exerceu durante o apogeu daquilo que se convencionou a chamar "jurisprudência dos valores". Para Alexy, não há que se falar em sobreconstitucionalização do ordenamento, como entendem Forsthoff e Böckenförde, a partir da qual o Tribunal estaria exercendo uma competência normativa inadmissível em um contexto democrático. Segundo ele, a linha desenvolvida a partir da sentença Lüth "está em geral correta. Erros foram naturalmente cometidos e em toda parte perigos estão à espreita. Estes, porém, podem ser prevenidos com meios que são imanentes à estrutura dos princípios constitucionais e, com isso, à estrutura da Constituição que os contém. Trazê-los à luz é tarefa de uma *dogmática dos espaços*. (...) Uma Constitucionalização adequada somente é possível obter sobre o caminho, pedregoso e cheio de manhas, de uma dogmática do espaço". Criticando fortemente a linha de decisão da sentença Lüth, em particular o "método" utilizado para sua fundamentação, Friedrich Müller assevera: "Tal procedimento (a ponderação) não satisfaz as exigências, imperativas no Estado de Direito e nele efetivamente satisfatíveis, a uma formação da decisão e representação da fundamentação, controlável em termos de objetividade da ciência jurídica no quadro da concretização da constituição e do ordenamento jurídico infraconstitucional. O teor material normativo de prescrições de direitos fundamentais e de outras prescrições constitucionais é cumprido muito mais e de forma mais condizente com o Estado de Direito com ajuda dos pontos de vista hermenêutica e metodicamente diferenciadores e estruturante da análise do âmbito da norma e com uma formulação substancialmente mais precisa dos elementos de concretização do processo prático de geração do direito, a ser efetuada, do que com representações necessariamente formais de ponderação, que conseqüentemente insinuam no fundo uma reserva de juízo (*Urteilsvirbehalt*) em todas as normas constitucionais, do que com categorias de valores, sistema de valores e valoração, necessariamente vagas e conducentes a insinuações ideológicas". Müller, Friedrich. *Métodos de Trabalho de Direito Constitucional*. Op. cit., p. 36.

ços epistemológicos. Os "espaços" são os lugares nos quais o legislador e o julgador se movimentam em razão da aplicação dos princípios jurídico-constitucionais. No desenvolvimento desta dogmática, deve-se ficar claro o papel exercido pelos *espaços estruturais* e pelos *espaços epistemológicos* (ou cognitivos).

Os *espaços estruturais* são definidos pela ausência de mandamentos ou proibições constitucionais definitivas. O que a constituição não proíbe ela libera ou deixa livre definitivamente. Estes espaços começam exatamente onde termina a normatividade material da Constituição. Como o controle judicial-constitucional é exclusivamente controle no critério da Constituição, conclui que, onde se inicia o espaço estrutural, termina conseqüentemente o controle judicial-constitucional.

Já os chamados *espaços epistemológicos* (ou cognitivos) são, segundo Alexy, de tipo totalmente diferente. Ele não nasce dos limites daquilo que a Constituição ordena ou proíbe. Um *espaço epistemológico* nasce dos limites da capacidade de cognição dos limites da Constituição. No *espaço estrutural*, considerações jurídico-funcionais ou princípios formais não desempenham nenhum papel. Mas os problemas dos *espaços epistemológicos* não podem ser selecionados sem eles. Ou seja, os espaços estruturais, funcionam como uma espécie de "condição de possibilidade" dos espaços epistemológicos.

Podem ser três os espaços estruturais: o *espaço de determinação* que funciona como determinação dos limites das finalidades impostas pelos princípios jurídicos constitucionais (até que ponto a constituição permite e quanto permite); o *espaço de escolha médio* que aparece quando os diretos fundamentais não apenas proíbem intervenções, como também ordenam uma ação positiva do poder público (*máxime* do legislador) estando a princípio livre para, na busca dos fins determinados pela Constituição, utilizar vários meios idôneos para sua realização. Por fim, o *espaço de ponderação* que é para Alexy a parte essencial da dogmática-quadro (ou dogmática dos espaços). A resposta de *como* o problema da constitucionalização deve ser resolvido, *depende essencialmente da solução do problema da ponderação*. A compatibilidade entre ponderação e dogmática-quadro depende se pela ponderação algo é determinado ou não. Para resolver o problema dessa (im)compatibilidade, Alexy propõe um voltar de olhos para a estrutura da ponderação. No núcleo dessa estrutura encontra-se a já mencionada fórmula *quanto-tanto* – que chega a sugerir como "lei da ponderação/colisão" –, formulada da seguinte maneira: *quanto mais alto é o grau de não-realização ou prejuízo de um princípio, tanto maior deve ser a importância de outro*.

Na aplicação desta fórmula devem ser obedecidos três passos: 1) determina-se o grau de não realização ou prejuízo de um princípio, ou seja a intensidade da intervenção que será realizada; 2) deve-se comprovar a importância da realização do princípio em sentido contrário; 3) Como decorrência da fase anterior, deve ser comprovado se a importância da realização em sentido contrário justifica o prejuízo ou não-realização do princípio cuja aplicação será excluída pela ponderação.

Dito isto, Alexy procura contornar a acusação de que "somente a subjetividade do examinador" se encontra presente na ponderação a partir da constatação de "sentenças racionais que bem aplicam a intensidade da intervenção e o grau de importância respectivo". Como tais exemplos, menciona as decisões que estipularam o dever dos produtores de artigos de tabacaria colocar em seus produtos alusão a perigos à saúde (*BVerfGE* 95,173, 187), uma intervenção relativamente leve na liberdade de profissão (no caso haveria uma colisão de princípios entre a saúde pública e a liberdade profissional). Uma intervenção grave seria, pelo contrário, uma proibição total aos produtos de tabacaria. A partir desse exemplo o autor propõe uma escala com os graus "leve", "médio" e "grave", cuja associação (controle) racional dos graus de intervenção é racionalmente possível. Conclui afirmando que a decisão tabaco deixa-se colocar ao lado de numerosas outras que demonstram casos nos quais,

> com auxílio da ponderação, deixa-se determinar em forma racional o que, com base na Constituição, é ordenado, proibido e permitido definitivamente. Com isso, todavia, simplesmente está refutada a tese, que mediante uma ponderação sempre tudo é possível. (...) A exigência por realização, no máximo possível, ampla de princípios jurídico-fundamentais, que também pode ser qualificada de produção de concordância prática ou de otimização normativa, significa, portanto, tudo menos o mandamento de aspirar a um ponto máximo. Cada princípio quer, sem dúvida, para si o máximo possível. Otimizar princípios colidentes, porém, não significa ceder a ele, mas pede, ao lado da exclusão de sacrifícios desnecessários, somente a justificação do sacrifício necessário por, pelo menos, igual importância da realização do princípio, a cada vez, em sentido contrário. Isso é um critério negativo, que mostra que também a otimização no quadro da ponderação é compatível com o caráter-quadro da Constituição.[292]

Quanto aos espaços epistemológicos, essa outra passagem sintetiza bem as posturas de Alexy frente à necessidade/possibilidade de limitação do exercício da ponderação:

> nenhum espaço é ilimitado. A limitação, em último lugar, somente pode resultar do próprio direito fundamental. Isso encontra sua expressão nisto, que ao lado da lei de ponderação material, que está na base do espaço de apreciação estrutural, vale uma lei de ponderação epistemológica, que se deixa formular como segue: quanto mais grave pesa uma

---

[292] ALEXY, Robert. *Direito Constitucional e Direito Ordinário. Jurisdição Constitucional e Jurisdição Especializada*. Op. cit., p. 64.

intervenção em um direito fundamental, tanto mais alta deve ser a certeza das premissas sustentadoras da intervenção.[293]

Não só temos aqui, explicitamente, a matematização do discurso jurídico presente na teoria dos princípios de Alexy, como também salta aos olhos o artificialismo que reveste o procedimento da ponderação. A matematização implica uma espécie de explicação natural dos fundamentos jurídico, visto que procede tal qual a investigação matemática da natureza própria da ciência moderna. Como vimos com vagar no segundo capítulo deste trabalho, é só na modernidade que a natureza é investigada fundamentalmente de modo matemático: Uma lei posta na base (aberta pela investigação) no sentido de obter os fatos que lhe verifiquem ou lhe neguem verificação. Ou seja, quando falamos em ponderação (ou dogmática de espaços) nos situamos no âmbito de algo que, na filosofia da ciência se conhece como *contextos de descoberta* e *contextos de justificação*.

Neste sentido, quando se tem um *caso difícil* – entendido como aqueles nos quais as regras não conseguem regular de forma subsuntiva – deve-se primeiro descobrir quais princípios se encontram em conflito. Isso é importante. Apenas quando não há respostas nas regras ou, para usar a terminologia alexyana, nos *mandados de definição*, é que se recorre a um argumento de princípio, ou *mandados de otimização*. Com a *otimização* implica que um princípio deve ser cumprido na maior medida possível respeitadas as condições reais e jurídicas, *toda vez que estiver em jogo uma questão de princípio, dirá Alexy, sempre haverá a necessidade de se ponderar*.[294] Isso porque não havendo hierarquia entre princípios e sen-

---

[293] ALEXY, Robert. *Direito Constitucional e Direito Ordinário. Jurisdição Constitucional e Jurisdição Especializada*. Op. cit., p. 64.

[294] É importante (e necessário) frisar que a crítica à cisão, estrutural, entre *casos fáceis* e *casos difíceis* é dirigida a Alexy e decorre de sua distinção, *igualmente estrutural*, entre *regra* e *princípio*. Alexy procede assim porque se mantém aprisionado ao paradigma da filosofia da consciência e atende, com isso, a uma exigência do esquema representacional sujeito-objeto – estabelecer previamente o que seja um caso fácil ou um caso difícil significa objetificar o processo compreensivo. Essa operação acarreta, como bem assinala Lenio Streck, a substituição da razão prática e a construção de uma teoria da argumentação que busca construir uma racionalidade discursiva, estabelecendo previamente modos de operar diante da indeterminabilidade do direito – como é o caso da *ponderação*. Esse tipo de *cisão* não ocorre em autores como Dworkin. Isso porque "Dworkin, contrapondo-se ao formalismo legalista e ao mundo das regras positivista, busca nos princípios os recursos racionais para evitar o governo da comunidade por regras que possam ser incoerentes em princípio. É neste contexto que Dworkin trabalha a questão dos *hard cases*, que incorporam, na sua leitura, em face das dúvidas sobre o sentido de uma norma, dimensões principiológicas, portanto, não consideradas no quadro semântico da regra. Distinguir casos simples de casos difíceis não é o mesmo que cindir casos simples de casos difíceis. Essa pode ser a diferença entre a dicotomia *hard e easy cases* de Dworkin e a das teorias discursivo-procedurais. Cindir *hard e easy cases* é cindir o que não pode ser cindido: o compreender, com o qual sempre operamos, que é condição de possibilidade para a interpretação (portanto, da atribuição de sentido do que seja um caso simples ou um caso complexo)" (STRECK, Lenio Luiz. *Verdade e Consenso*. Op. cit., p. 250).

do todos eles mandados de otimização, eles permanecem em constante tensão, de modo que, apenas a ponderação poderá determinar qual princípio deverá prevalecer, estabelecendo assim a regra a ser aplicada ao caso. Portanto, depois de descobertos os princípios em conflito, no contexto do caso analisado, passa-se para *o contexto de justificação* dado teoricamente pelo procedimento da ponderação. Para a justificação se dar, tem-se previamente determinada uma *lei* posta na base da investigação que descobriu o conflito entre princípios que deverá "testar" sua verificabilidade. No exemplo trazido pelo próprio Alexy na questão envolvendo o "princípio" da saúde pública e o "princípio" da liberdade profissional, no caso dos produtores de produtos tabagistas serem obrigados a imprimir avisos de risco à saúde advindos do uso continuado de tais produtos. Trata-se de um *caso difícil* segundo Alexy porque, mesmo havendo regra que determine a obrigação dos fabricantes tal regra poderia ser inconstitucional se estivesse em desacordo com o princípio da liberdade profissional. Porém, se descobre que, além da liberdade profissional a Constituição também guarnece o princípio da saúde pública o que torna conflituosa – no âmbito semântico – a determinação da regra a ser aplicada ao caso em questão. É importante notar que Alexy não coloca com problema "quem" descobre os princípios em conflito e parece ignorar que essa decisão – sobre quais princípios estão em colisão – é fator determinante para sua ponderação. Isso não se dá por um motivo aleatório, mas porque as teorias jurídicas de um modo geral, que circulam no âmbito da dicotomia *descoberta e justificação*, não estão preocupadas com o contexto de descoberta, mas apenas e simplesmente com o contexto de justificação. Não é preciso muito esforço para perceber que também teorias positivistas como a de Hans Kelsen compartilham desta característica. Como já foi várias vezes ressaltado, Kelsen não se preocupa com o contexto de descoberta (interpretação do direito – ato de vontade) por ser este um problema da razão prática que não pode ser apreendido teoricamente pela razão. Todavia, partindo de contextos de descobertas (evidentemente não problematizados), Kelsen constrói toda *Teoria Pura do Direito* sob o signo de um contexto de justificação procedimental de validade do direito (interpretação da ciência do direito – ato de conhecimento). Novamente a proximidade entre Kelsen e Alexy fica evidenciada. Ambos se situam num contexto de justificação dado matematicamente por uma estrutura procedimental pré-determinada. E mais! Tanto Alexy quanto Kelsen professam um conceito *semântico* de norma jurídica.

Não deixa de ser curioso que é justamente o contexto de descoberta que torna problemática toda estrutura da ponderação na forma como a desenvolve Alexy. Além do problema de "quem" elege os princípios em conflito – o que por si só já aponta para um elemento discricional não tematizado pelo autor – podemos elencar também como uma questão problemática a seguinte pergunta: Por que a saúde pública, que consta textualmente na Constituição, é um *princípio*, e não uma *regra*? Por que a liberdade profissional, que consta textualmente na Constituição, é um *princípio*, e não uma *regra*? Ou seja, o que faz um princípio ser um princípio? Fora do contexto justificador da ponderação – ressalta-se que é abstrato e artificial – não há como assegurar, com uma precisão mínima, o conceito de princípio proposto pela teoria da argumentação jurídica alexyana. Afinal, o simples fato de compor o texto constitucional faz com que um enunciado jurídico goze do caráter de princípio. Ou será a determinação da *otimização* que deve ser encarada como fator determinante para que um princípio se manifeste como um princípio. Evidentemente que esta última alternativa parece ser mais coerente com a teoria de Alexy.[295] Todavia, ainda nestes termos, temos um problema na definição de *otimização* como característica específica dos princípios: a *discricionariedade* que emana da avaliação de até que ponto um princípio deve ser efetivado.

Desse modo, somos remetidos forçosamente, ao âmbito de justificação, ou seja, à ponderação. Também quanto à própria estrutura da ponderação é possível formular algumas questões importantes: 1) para Alexy, princípios são distintos de valores, embora a ponderação tenha lugar a partir de um procedimento que é *valorativo*. Portanto o juízo que decide a respeito de cada uma das "etapas" da "lei da ponderação" é um juízo valorativo; 2) o resultado da ponderação – isto é, *a regra da ponderação* – não aparece como um problema efetivo para Alexy, pois sua validade está condicionada ao procedimento. Estes dois fatores devem nos permitir iluminar o fato de que Alexy não consegue se livrar do problema que o paradigma filosófico sob o qual está assentado lhe legou: a aporia entre razão teórica e razão prática. Isto porque em todas as questões que a razão prática entre em jogo, sua saída é sempre garantida por uma construção teórica, que não responde nem o problema prático da valoração das etapas da ponderação, nem o problema prático do resultado do procedimento da ponderação. Portanto, o verdadeiro problema interpretativo do direito (o de sua indeterminação e da conseqüente discricionariedade da decisão judicial) permanece não resolvi-

---

[295] Esse é também o caminho escolhido por Virgílio Afonso para defender a distinção entre regra e princípio oferecida por Alexy. Para o autor princípio e regra são espécie do gênero *norma* e não de *textos* legais ou constitucionais. Mas neste ponto, Virgílio se vale de uma operação epistemológica que sequer chega a ser tematizada explicitamente por Alexy e que não parece encontrar abrigo em sua teoria o que deixa margem a mal-entendidos e continua a ventilar os problemas próprios de uma classificação abstrata de espécies normativas (Cf. Cf. SILVA, Virgílio Afonso. Op. cit., p. 615 e segs.)

do por Alexy, tendo em vista que ele continua oferecendo construções abstratas para solução dos problemas jurídico, situando-se no âmbito daquilo que Dworkin chama de teorias semânticas.

Mas como fica, então, o conceito de princípio no interior do "método" de Hercules desenvolvido por Dworkin em seu conceito de direito como integridade?

Para responder tal indagação, é preciso saber se transportar para o âmbito em que Dworkin desenvolve suas considerações sobre Hercules percebendo no que ele se distingue daquele no qual Alexy edifica sua ponderação. De um modo muito simplista poderíamos dizer que enquanto a teoria alexyana é semântica, Dworkin nos oferece uma teoria pragmática que parte do pressuposto de que o direito seja uma prática interpretativa. Mas isso não seria suficiente para captar a riqueza do pensamento dworkiano.

Para Dworkin a complicação se manifesta já no momento de se descrever aquilo sobre o que, em direito, realmente estamos falando. Evidentemente que para Dworkin não será sobre fundamentos ou procedimentos matemáticos construídos por abstração ou generalização. Quando se encara o direito como *prática interpretativa* todos os procedimentos metodológicos são instalados em função das controvérsias que cada um de nós temos sobre o que seja direito e até onde é legítima a coerção exercida pelo Estado sob o signo do direito. Já neste ponto fica claro porque Dworkin não aceita nenhum tipo de discricionariedade judicial: permitir que o juiz decida de modo a inovar na seara jurídica pode representar um exercício arbitrário (não justificado em princípios da comunidade moral) da coerção estatal colocando-se no tênue liame que sustenta o exercício legítimo da força e a exceção.

Portanto, no interior do "método" de Hercules, há uma nítida preocupação com o resultado da decisão, ao contrário do que encontramos na posição de Alexy. Desse modo, uma decisão judicial estará *justificada* não apenas quando respeita a equidade dos procedimentos, senão quando respeita a *coerência de princípios que compõem a integridade moral da comunidade*. Ou seja, a idéia de princípio em Dworkin não é materializável *a priori* em um texto ou enunciado emanado de um precedente, lei ou mesmo da Constituição, mas um argumento de princípio remete à totalidade referencial dos significados destes instrumentos jurídicos. Tanto é assim que, no *Império do Direito* o "método" de Hercules, e o direito como integridade aparece nestas três dimensões: nos precedentes (ou no *common law*); nas leis; e na Constituição.[296] Com bem alude Cal-

---

[296] Cf. DWORKIN, Ronald. *O Império do Direito*. Op. cit., p. 305 e segs..

samiglia,[297] a partir das críticas de Dworkin ao positivismo o do conceito de princípio produzido passa a ser impossível distinguir – de modo antecipado, vale dizer: matemático – um princípio jurídico de um princípio moral ou social. A juridicidade do princípio somente poderá ser determinada efetivamente no momento de sua interpretação, que não necessariamente será realizada pelo juiz em sua decisão, mas que – por motivos metodológicos – é na decisão judicial que os princípios devem ser analisados. Portanto, o conceito de princípio, visto desta perspectiva não pode ser pensado em sua *realidade*, entendida como quididade. O conceito de princípio se manifesta sempre numa *possibilidade* que, não é exagero afirmar, nunca chega a se esgotar. Há uma certa intangibilidade no que atina a seus significados ônticos. Isso porque no momento em que o caso concreto é resolvido através de um argumento de princípio – que no interior do direito como integridade nunca se dá por meio da articulação de apenas um princípio, mas sempre do contexto e da repercussão no todo de princípio da comunidade – tal argumento ficará assentado como precedente e atrelará, de forma compromissória, uma possível decisão posterior tomada em um caso similar. Neste sentido, o direito como integridade trata de reconstruir a história jurídica de uma determinada comunidade. Onde se encontram critérios contraditórios para solução dos problemas apresentados pelo caso concreto, trata de encontrar uma explicação para elas e de exigir que as distinções e determinações produzidas no caso não se façam ao acaso, senão que respondam por razões públicas e justificadas. Isso quer dizer que a atividade coativa do Estado – realizada sob o signo do direito – exige uma resposta a um conjunto coerente de princípios. No caso de necessidade de rompimento com essa cadeia de significados, a necessidade de justificação aumenta ainda mais, e a remissão ao contexto conjuntural dos princípios se faz de maneira ainda mais delicada. Porém, essa modificação adere-se à integridade do direito de modo que sua modificação exigirá o mesmo processo, em um momento subseqüente.

4.4. Os princípios como introdução do mundo prático no Direito (Streck)

É uma afirmação freqüente no decorrer do trabalho que quando se aborda o conceito de princípio é preciso problematizá-lo tendo claro o *modo* de se pensar que o sustenta. Dito de outro modo: é preciso entender que os princípios – naquele conceito que se trabalha a partir

---

[297] Cf. CALSAMIGLIA, Albert. *El concepto de integridad em Dworkin*. Op. cit.

do segundo pós-guerra – precisam ser articulados em um contexto de investigação que é pragmático-semântico e não semântico-sintático.

Quando falamos do mundo prático falamos necessariamente da diferença ontológica e de seu desdobramento – de acordo com a fenomenologia hermenêutica – no âmbito da analítica existência e da história da filosofia. Sabemos, também que, com isso, tocamos no problema do conhecimento que, por sua vez, sempre põe como problema uma questão que envolve paradigmas de racionalidade ou, para usarmos uma expressão de Stein, *vetores* de racionalidade.[298]

Com Kant, temos como vetor de racionalidade a *causalidade*. A determinação da causalidade fez Kant reduzir o todo do conhecimento humano de modo a adaptá-lo ao seu vetor de racionalidade. Como alguns dos problemas desta totalidade não podiam ser colocados pela teoria da causalidade, o filósofo tentou eliminá-los do campo do conhecimento possível a partir da determinação da coisa em si.[299] Com isso, ele introduziu limites para a metafísica, ficando simplesmente com o aspecto da metafísica que poderia ser sustentado pela causalidade. Com sua investigação do conhecimento efetivo – ou das *condições de possibilidade* do conhecimento efetivo, tanto fenomênicas quanto inteligíveis – Kant acabou por fazer apenas uma metafísica: a da *natureza*; enquanto o problema do homem e sua liberdade, bem como a metafísica teológica fora excluída de sua reflexão porque seu vetor de racionalidade não dava conta do todo.

Diante disso, temos que nos perguntar: como podemos fazer teoria jurídica – enquanto disciplina do *agir humano*, do vivente no mais amplo sentido do termo – tendo como vetor de racionalidade a *causalidade*?

A resposta é: não podemos. Qualquer teoria do direito que se assente sob a teoria da causalidade sempre terá que prestar contas ao final, posto que retira do problema aquele em função do qual o direito é e pode ser colocado como problema: o ser humano. Ora, a metafísica do homem é coisa em si, pois não é conhecimento efetivo segundo o vetor da causalidade. Desse modo, artificializa-se o discurso sobre o direito procurando-se dominá-lo como se fosse conhecimento de uma determinada natureza: a dos fatos sociais; a dos atos de vontades; a dos valores etc. *Todos os positivismos são, de alguma forma, herdeiros do vetor da causalidade. Inspirados no naturalismo que cresceu e fez moda no século 19, os positivismos (fático; normativista; axiológico), sofrem da patológica tentação de reduzir – plasticamente – o direito, e com ele os próprios problemas jurídicos, a uma dimensão em que as coisas simplesmente são e nada mais.*

---

[298] Cf. STEIN, Ernildo. *Pensar é pensar a diferença*. Op. cit., p. 169.
[299] Cf. Idem, p. 171.

Desse modo, poderíamos colocar a pergunta: o que é direito? Os diversos positivismos responderiam: o direito é fato social e nada mais; o direito é um conjunto de normas e nada mais; o direito são valores, produzidos pelo fazer humano concebido como cultura, e nada mais. Como a pergunta pelo conceito de princípio se situa no limiar da pergunta "o que é direito?", poderíamos repetir a questão de modo a colocá-la da seguinte forma: O que é princípio? Os positivismos fático e normativista responderiam que os princípios são nada, porque a plasticidade destas teorias não comporta uma investigação que vá além da mera objetividade. Já o positivismo axiológico procura responder a questão, mas esbarra na objetificação, quando afirma que os princípios são valores.

Na verdade, tanto a pergunta pelo conceito de direito quanto a pergunta pelo conceito de princípio, precisam ser colocadas numa dimensão, poderíamos dizer, "ontologicamente correta". Isso implica não colocar a pergunta em termo de uma simples realidade empírica que *é*, mas sim como algo que acontece no modo de ser do ser-aí. Desse modo, perguntamos: de que modo o direito acontece? De que modo os princípios acontecem. Ora, acontecem na abertura do ser-aí enquanto ser-no-mundo. E isso nos leva para fora do vetor da causalidade, em direção de um outro: *a diferença ontológica*.

Com a *diferença ontológica* não temos mais um vetor de racionalidade que explique a natureza ou mesmo Deus. Com a diferença ontológica dá-se um *encurtamento hermenêutico* – na feliz expressão de Stein – a partir do qual resta apenas a condição humana, o modo próprio de ser do ser-aí.[300]

Desse modo, o encurtamento hermenêutico – efetuado pelo vetor de racionalidade da diferença ontológica – atira o "mundo prático" para dentro da filosofia no sentido de que a compreensão do ser (que portanto se torna um conceito operativo, não mais apreensível como simples presença ou "ser diante dos olhos" – *Vorhandenheit*) tem como condição de possibilidade o próprio compreender-se do ser-aí em seu ser. Assim, a auto-compreensão deixa de ter um aspecto reflexivo e passa a assumir o caráter de um comportar-se consigo mesmo. O cuidado (*Sorge*) como ser do ser-aí implica sempre autocompreensão: nos compreendemos como ser-aí enquanto somos-no-mundo; e, enquanto somos no mundo, compreendemos o ser. Como afirma Streck: "*Dasein* significa, pois: nós não apenas somos, mas percebemos que somos".[301]

Do cuidado, em sua tríplice estrutura, deriva-se o existencial da ocupação (*Besorgen*) que designa um modo de ser do ser-no-mundo, a

---

[300] STEIN, Ernildo. *Pensar é pensar a diferença*. Op. cit, p. 180.
[301] STRECK, Lenio Luiz. *Martin Heidegger*. Op. cit., p. 428.

saber, todas as maneiras de comportar-se que apontam para uma lida com um ente que não se mostra como ser aí.[302]

Por tudo isso, parece ficar claro como o próprio conceito de ser em Heidegger aponta para essa retomada do mundo prático pela filosofia. Enquanto um conceito com o qual operamos enquanto nos compreendemos e compreendemos os demais entes intramundanos, se evita todos os equívocos e confusões tanto da filosofia moderna quanto antiga. A filosofia antiga pensou o ser como mera presença, retirado do tempo. A filosofia moderna, colocando em xeque a orientação clássica pela substância, perguntou: mas por que afinal o ser como horizonte universal de orientação da filosofia? Por que não, ao invés dele, o sujeito, o conhecer? Também aqui Heidegger mostra como estes contraconceitos modernos arrastaram implicitamente os antigos conceitos: também o sujeito, o conhecimento *são* de alguma maneira.

Com seu conceito de ser Heidegger mostrou que "há uma clivagem entre nós e o mundo, porque nunca atingimos o mundo dos objetos de maneira direta, mas, sim, sempre pelo discurso".[303] Isso sempre implica um compreender e interpretar que se dá de um modo que não pode ignorar a faticidade e historicidade daquele que pergunta pelo sentido: o ser-aí. Onde o sentido acontece temos necessariamente, como vetor de racionalidade a diferença ontológica, que liberta a filosofia de todo contexto teórico opressivo que a marcara desde a construção do sujeito da modernidade. Esse mundo prático, enquanto primado do sentido, enquanto horizonte transcendental no qual aparece qualquer questão do conhecimento humano – inclusive o direito e o conceito de princípio –, torna impossível se falar em qualquer separação entre sujeito e objeto, como já vem sendo afirmado desde o início desta investigação. E é impossível separar sujeito de objeto porque, no fato histórico, já estamos mergulhados num horizonte de sentido que deverá ser compreendido e interpretado pelas estruturas existências do círculo hermenêutico. Compreensão essa organizada pelo vetor da diferença ontológica.

Mas há outra questão extremamente importante. Esse mundo prático só é prático porque é histórico. Sendo assim não é possível falar de um sentido que não seja atravessado pela historicidade do ser-aí. Daí a impossibilidade de se falar em um "grau zero" de sentido (Streck), que desconsidere a dimensão histórica no interior da qual estamos, desde sempre, imersos.

No contexto dessa revolução heideggeriana e tendo a diferença ontológica como vetor de racionalidade, Lenio Streck constrói a tese de

---

[302] Cf. FIGAL, Günter. Op. cit., p. 73.
[303] STRECK, Lenio Luiz. *Verdade e Consenso*. Op. cit., p. 168.

que os princípios são responsáveis pela introdução do "mundo prático" no direito. Isso porque é através deles que o debate envolvendo o *ethos*, a liberdade, a interpretação e outros problemas que se relacionam mais diretamente à condição humana, são retomados pelo discurso jurídico. Antes, o contexto teórico – que de alguma forma ou de outra, com menor ou maior amplitude, buscavam assento no princípio da causalidade – impedia qualquer tematização efetiva dos princípios porque estes eram tidos como irracionalidades, relegados ao plano da razão prática, ou política jurídica.

Nessa medida, Lenio afirma:

> Os princípios (constitucionais) possuem um profundo enraizamento ontológico (no sentido da fenomenologia hermenêutica), porque essa perspectiva ontológica está voltada para o homem, para o modo de esse homem ser-no-mundo, na faticidade. O fio condutor desses princípios é a diferença ontológica (ontologische Differentz). É por ela que o positivismo é invadido pelo mundo prático. É neste contexto que deve ser entendida a relação entre fenomenologia hermenêutica com o direito, isto é, do mesmo modo como o mundo prático é introduzido na filosofia (esse é o papel da viragem lingüístico-ontológica), também o direito sofre uma viravolta.[304]

Mas estes princípios compreendidos desta maneira "ontologicamente adequada" são esvaziados de seu sentido se investigados num contexto meramente semântico-sintático como faz Alexy. De algum modo, Alexy se mantém atrelado às tentativas teóricas desenvolvidas no direito a partir do vetor da causalidade. Sua vinculação com o sujeito moderno, juntamente com o caráter matemático de sua *ponderação*, levam ao predomínio da representação e da objetificação dos princípios que, deste modo, são colocados num lugar muito distante das regras. A teoria dos princípios alexyana objetifica o conceito de princípio e, a partir desta objetificação, faz a distinção – *que é uma cisão estrutural* – entre regra e princípio. E só porque há esta cisão, decorrente da objetificação conceitual, é que Alexy poderá construir a fórmula da ponderação como procedimento apto a resolver os chamados *casos difíceis*, no interior dos quais está em jogo um *conflito de princípios*. E os casos difíceis nada mais são do que aqueles nos quais estamos diante da chamada "textura aberta" de Hart ou da "moldura da norma" de Kelsen, ambas teorias *semânticas*, como é a de Alexy. Esse semânticismo é fatalista (como bem assinala Streck), porque delega àquele sujeito da modernidade, signo de uma subjetividade solipsista, o poder discricionário de resolver a demanda. Por tudo que foi dito no tópico antecedente, ficou claro como que a ponderação não resolve o problema da discricionariedade a partir de uma justificação matemático-procedimental da decisão judicial, mas

---

[304] STRECK, Lenio Luiz. *Verdade e Consenso*. Op. cit., p. 175.

sim a retoma de um modo ainda mais perigoso, uma vez que legitima a discricionariedade do juiz a partir da sua validação pelo procedimento.

Portanto, é preciso acentuar as críticas feitas por Lenio Streck às posições vinculadas às teorias da argumentação e à ponderação que, de uma forma ou de outra, guardam uma relação de fundo com Alexy. Segundo Streck, as teorias da argumentação, em suas mais diversas matizes, podem ser vistas como uma

> Espécie de adaptação darwiniana do positivismo face à crescente judicialização do direito, que funciona a partir da elaboração de conceitos jurídicos com objetivos universalizantes, utilizando, inclusive, os princípios constitucionais. Os princípios constitucionais, que deveriam superar o modelo discricionário do positivismo, passaram a ser anulados por conceitualizações, que acabaram por transformá-los em regras ou proto-regras.[305]

Ou seja: o que faz a igualdade ser um princípio, e não uma regra? Por que em vez de falar em *princípio da igualdade* não falamos em *regra da igualdade*? E o devido processo legal, o que faz dele um princípio? Por que também neste caso não podemos falar em uma *regra do devido processo legal*?

Definitivamente o conceito de princípio não se determina pelo grau de abstração ou generalidade.[306] É preciso ter cuidado para não transformar um princípio em cláusula geral.[307] Nem conceber os princípios como "aberturas axiológicas" do sistema – tal como faz a maioria da doutrina privativista baseada em autores como Canaris – a partir de

---

[305] STRECK, Lenio Luiz. *Verdade e Consenso*. Op. cit., p. 174.

[306] Frisa-se que a tese do grau de abstração e da generalidade é defendida por autores importantes para o constitucionalismo brasileiro como é o caso de Gomes Canotilho. Com efeito, o mestre português opera com um conceito de princípio que se determina a partir do grau de abstração e, assim se diferenciariam das regras, em que o grau de abstração seria relativamente reduzido. Isso faz com que também Canotilho caia nas armadilhas da filosofia da consciência e continue afirmando o poder discricionário do juiz solipsista. Nas palavras do autor: "os princípios, por serem vagos e indeterminados, carecem de mediações concretizadoras (do legislador do juiz), enquanto as regras são susceptíveis de aplicação direta" (CANOTILHO, J.J. Gomes. *Direito Constitucional e Teoria da Constituição*. 4 ed. Coimbra: Almedina, 2000, p. 1124). De se asseverar que a tese de Canotilho é amplamente reproduzida pela dogmática jurídica brasileira. Autores como José Afonso da Silva, Ruy Samuel Spindola, Luis Virgílio Dalla-rosa, acentuam o caráter de abstração e generalidade dos princípios como determinante para sua conceitualização e para efetuar a diferença com relação às regras. Não rara das vezes, a tese da abstração é aproximada, de forma não muito rigorosa, com a classificação alexyana em que o conceito de princípios aparecem como *mandados de otimização*. Em comum, ambas as perspectivas comungam o fato de atribuírem alguma margem de discricionariedade para o juiz, o que é colocado em questão quando procuramos tratar os princípios da forma proposta neste trabalho.

[307] Neste sentido, vide as críticas de Lenio Streck à recepção do Novo Código Civil pela comunidade jurídica brasileira que insiste em retratá-lo como o "código do juiz", na parte em que se tem a incorporação das chamadas "cláusulas gerais" que, neste sentido, seriam a abertura para a discricionariedade do juiz (Cf. STRECK, Lenio Luiz. *Verdade e Consenso*. Op. cit., p. 171).

onde se professa a idéia de que os princípios são o portal de entrada dos valores no direito positivo.

Em suma, a igualdade não é um princípio porque é mais geral ou abstrato que uma regra; nem tampouco o é porque através dela introduzimos valores no discurso jurídico. Também não podemos aceitar a tese de que princípios colidem em abstrato por serem *mandados de otimização* que exigem sua implementação máxima respeitada as condições jurídicas e fáticas.

Todas estas teses operam uma espécie de "seqüestro" do mundo prático. Falamos da igualdade como princípio porque, em qualquer caso concreto estará em jogo o problema da igualdade, que sempre funcionará como um todo referencial para determinação das regras que irão construir a regulamentação daquele caso na decisão do juiz. Esta, por sua vez, não poderá ser tomada de forma aleatória, mas sim de acordo com a historia institucional (leis, precedentes, Constituição) e pelos princípios morais que ordenam, de modo coerente, a comunidade.

Não há um princípio para cada caso. Nem apenas dois princípios em colisão como quer Alexy. Isso é objetificar. É permanecer dentro da relação sujeito objeto a busca por determinar, previamente, qual princípio se aplica a um determinado caso e em qual caso se aplica um princípio (o problema da cisão estrutural entre *easy e hard cases*). Em todo caso singular há uma totalidade de princípios que operam juntos na formação da regulamentação pertinente que será lançada na decisão. Por isso a "distância" entre regras e princípios não é assim tão grande como quer Alexy. Não há casos em que se aplicam regras e casos em que se aplicam princípios, mas, pelo contrário, em todo e qualquer caso há a compreensão e interpretação de princípios e regras.

Por tudo isso, deve-se reconhecer razão à Lenio Streck quando diz que há uma diferença ontológica entre regra e princípio. Isso representa um resgate do mundo prático no âmbito do pensamento jurídico. Nos princípios se manifesta o caráter da transcendentalidade. Em toda caso, compreendido e interpretado já sempre aconteceram os princípios – e não *o* princípio; toda decisão deve sempre ser justificada na *comumunidade* dos princípios, como nos mostra Dworkin. Não há regras sem princípios, do mesmo modo que não há princípios sem regras. Há entre eles uma diferença, mas seu acontecimento sempre se dá numa unidade que é a antecipação de sentido.

Considerações finais

Em quatro atos, colocamos o conceito de princípio em questão, problematizando seu sentido. No primeiro formulamos a pergunta e delimitamos o âmbito de sua abordagem; no segundo imergimos no interior do pensamento filosófico sobre o direito procurando apontar para os problemas que historicamente foram enfrentados pelos filósofos e teóricos do direito e em que medida isso influenciou a formação de um conceito matemático de princípio. Ainda neste segundo ato, postulamos um espaço não matemático em que fosse possível pensar o conceito de princípio; no terceiro ato, encontramos este espaço na fenomenologia hermenêutica. No quarto e derradeiro ato, confrontamos Robert Alexy e Ronald Dworkin, *otimização* e *resposta correta*, procurando apontar para o artificialismo do conceito de princípio de Alexy (herdeiro do pensamento matemático no direito) e para as possibilidades que emergem da obra de Dworkin.

Foi necessário colocar o conceito de princípio sob vigilância do pensamento em virtude de que, num momento em que o direito atravessa uma profunda crise de sentido, o *jurisprudencialismo* do segundo pós-guerra cunhou uma nova tradição que projeta um outro horizonte para se pensar sobre o conceito de princípio. Isso tem um significado ainda maior em países como o Brasil, em que as profundas transformações porque passa o direito na contemporaneidade, e os problemas daí advindos, provocam uma espécie de letargia nos meios jurídicos que, envolvidos num lento processo de redemocratização, parecem aceitar, de maneira acrítica, alguns conceitos tradicionais no âmbito da teoria jurídica. Um destes conceitos é justamente o conceito de princípio.

Destes problemas que o direito atravessa na contemporaneidade, destacamos três – que estão intimamente ligados ao problema do conceito de princípio: a) *o aumento da dimensão hermenêutica do direito*, propiciado pelo advento das Constituições dirigentes e compromissórias do segundo pós-guerra; b) *a inflação legislativa*, que leva à "bancarrota" o sistema jurídico romano-canônico (continental), visto que mina a estrutura sistemática das codificações clássicas a partir da edição sucessiva de "leis-medida" que visam, no mais das vezes, remediar uma situação concreta. Também os países do direito anglo-saxônico (ou *common law*) sofrem as conseqüências deste fenômeno, porém às avessas: entre eles se verifica um aumento do direito legislado em meio a uma tradição muito mais judicialista que a nossa; c) *a crise da legalidade*, fenômeno próprio da periferia do capitalismo onde o espaço público de legalidade – sob o qual se constitui o direito – é perpassado por interesses privados e as condições de regulação estatal são postas em xeque por estes nichos particulares de poder.

Em todas estas questões estamos diante de uma situação decisiva para a teoria do direito: *a decisão judicial*. Todos estes problemas desembocam, em alguma medida, no momento decisional e têm, na figura do juiz, o seu protagonista. No caso do aumento da dimensão hermenêutica do direito pelas Constituições, são os juízes chamados a intervir para atender as demandas que os textos destas constituições incorporaram. A inflação legislativa gera uma espécie de impossibilidade de conhecimento e informação de todo o manancial legislativo e, no momento da decisão, o juiz procurará fundamentá-la em fatores que lhe possibilitem "ir além do texto da lei". Quanto à crise da legalidade, basta dizer que também o judiciário irá responder por ela como o *locus* privilegiado no momento de decidir.

Portanto, a colocação dos correlatos problemas da indeterminação do direito e a necessidade se de construir anteparos para os poderes dos juízes aparecem como que potencializados diante de tais circunstâncias. E em todos estes casos, está implícita, de algum modo, a questão do (ou a pergunta pelo) conceito de princípio. Daí a importância de colocá-lo em questão, para poder determinar seus limites e possibilidades, bem como tornar mais clara e precisa sua definição. Toda nossa pesquisa se fez com esse único objetivo; cabe agora relacionar alguns pontos importantes a título de considerações finais.

1. Colocamos filosoficamente a pergunta pelo conceito de princípio na perspectiva de percebê-lo num horizonte de sentido adequado. Isso implica dizer que procuramos nos aproximar deste conceito jurídico de uma maneira *transcendental,* em oposição a uma abordagem naturalista que, tradicionalmente, predomina nas investigações jurídicas produzidas sobre o tema. Desse modo, problematizamos o conceito de princípio não como um objeto que se apresenta diante de nós para ser conhecido, mas numa dimensão atravessada pelo sentido que impossibilita qualquer separação entre sujeito e objeto. A investigação pelo conceito de princípio, portanto, não é algo que se esgota numa simples experiência empírica, mas algo que desde sempre acontece no mundo como um encontro.

2. Isso nos permitiu perceber que o conceito de princípio se tornou tão problemático quanto o próprio conceito de direito, além da própria complexidade da pergunta na medida em que a questão dos princípios não pode ser desvinculada da pergunta pela fundamentação e pela discricionariedade das decisões judiciais. Tal qual acontece com o conceito de direito, cuja determinação definitiva não pode ser alcançada, o conceito de princípio se apresenta como pura possibilidade que jamais chega a integralizar-se. Essa possibilidade, contudo, nos levou até uma investigação histórica do uso deste conceito na perspectiva de delimitar em que sentido falamos do conceito de princípio. Essa estratégia foi relevante a partir do momento em que nos demos conta de que poucos são os trabalhos que procuram apanhar o conceito de princípios com essa intencionalidade e que, no mais das vezes, o conceito de princípio é tratado de modo a pressupor o significado articulado. Desse modo, são produzidas sedimentações na linguagem jurídica que encobrem a possibilidade do próprio conceito vir a se tornar um problema. Fala-se de princípio, mas não de um modo que o próprio princípio seja problematizado. Desse modo, a problematização deste conceito passou pela investigação destes significados enrijecidos procurando, na medida do possível, liberar possibilidades reflexivas que ainda não haviam sido exploradas.

3. Nessa medida, destacamos três significados históricos em que o conceito de princípio foi empregado juridicamente, tendo como marco as transformações operadas na modernidade pelo racionalismo. Destes três significados, foi possível destacar três conceitos distintos: *a)* Princípios Gerais do Direito; *b)* Princípios jurídico-epistemológicos; *c)* princípios pragmático-problemáticos.

4. Pelos procedimentos da fenomenologia hermenêutica foi possível perceber no conceito de princípios gerais do direito uma matematicidade que se manifesta em dois aspéctos: *a)* na forma; e *b)* no conteúdo. No que tange à forma, temos que os Princípios gerais do direito eram articulados a partir de um processo que vai da apuração dos problemas de lacunas nos ordenamentos jurídicos codificados de modo indutivo, até sua universalização axiomática capaz de produzir as condições necessárias para a posterior dedução na sua aplicação aos fatos. Já em relação ao conteúdo, são os princípios gerais do direito aquilo que *já está* implicado na ordem jurídica (de modo latente) e que pode ser assumido hipoteticamente para solução de algum problema oriundo do mundo dos fatos.

5. Mostramos também que há um profundo vínculo teórico da fundamentação Metafísica do direito com a articulação que neste sentido se faz do conceito de princípios gerais do direito. A interpretação heideggeriana da metafísica moderna como um projeto matemático de fundamentação da natureza nos levou a perceber que, tanto o problema da discricionariedade dos juízes (resolvida pelo método axiomático-dedutivo), quanto o da fundamentação (que partia do pressuposto de que os princípios gerais já estavam contidos no sistema da codificação, porém de modo implícito), deitam suas raízes na estrutura de pensamento que se forjou no humanismo renascentista e se cristalizou no racionalismo moderno.

6. Descartando qualquer hipótese de uma evolução histórico-conceitual linear do conceito de princípio, retratamos como epistemológicos os princípios que começaram a ser gerados no contexto da consolidação do Estado Liberal e da radicalização do estatalismo no continente no final do século 19. As manifestações deste conceito de princípio podem ser descritas em dois níveis correlatos que se distinguem apenas por um motivo de grau de especialização: No nível da epistemologia de um ramo específico do Direito – direito constitucional, direito processual, direito penal, direito administrativo, direito tributário, etc.; e no nível de projetos epistemológicos, também de índole positivista, mas bem mais sofisticados, como é o caso da *Teoria Pura do Direito* de Hans Kelsen. Diferentemente dos princípios gerais do direito, que se encontravam presentes apenas de modo latente no contexto sistemático do direito positivo, os princípios epistemológicos já estão dados de antemão. Ou seja, não são princípios gerais do direito porque não possuem a função de suprir eventuais lacunas existentes no sistema, mas sim a função de possibilitar, de forma unitária e coerente, o conhecimento de uma determinada disciplina, seja ela geral – uma teoria do direito enquanto fenômeno global, por exemplo; seja ela especial – uma teoria de um ramo específico do direito. Em ambos os casos estamos diante de um uso epistemológico do conceito que pretende descrever, em termos de objeto e método, as operações jurídicas produzidas no interior da atividade social.

7. Todavia, tanto os princípios gerais do direito quanto os princípios jurídico-epistemológicos guardam em comum a estrutura de algo que se conhece por antecipação àquilo com o que se relacionam: os princípios epistemológicos são o já-conhecido de um ramo do direito; os princípios gerais do direito, o já conhecido de uma ordem jurídica sistemática, ambos percebidos de maneira puramente abstrata pelo modo axiomático-dedutivo. Ou seja, nos dois casos, se tem como pressuposto que, enquanto juristas que investigam o conceito de princípio, estamos diante de algo que *está* implicado na ordem jurídica e que podemos assumir hipoteticamente. É possível notar, portanto, um evidente *naturalismo* que se manifesta neste modo matemático de se colocar a questão visto que, neste sentido, os princípios apenas *são* e nada mais.

8. A denominação princípios pragmático-problemáticos foi aquela que encontramos para mencionar o conceito de princípio que se forma a partir da tradição que, no continente, começa a se constituir no horizonte do segundo pós-guerra, a partir da qual se passa a dar primazia para o "momento" concreto de aplicação do direito, em detrimento do "momento" abstrato-sistemático privilegiado no uso dos dois conceitos anteriores. Os movimentos históricos que se seguem depois do fim da segunda Guerra Mundial são decisivos para o direito e para as teorias jurídicas que se desenvolveram no continente a partir de então. No direito, a radicalização do dirigismo constitucional na Alemanha e na Itália, bem como a ampliação do campo da intervenção jurídica no tecido social, acirraram a tensão entre política e direito. A consagração de Tribunais Constitucionais *ad hoc* para fiscalizar a constitucionalidade das leis faz com que novos problemas metodológicos sejam tematizados pela teoria jurídica e, dessa maneira, os estudos sobre interpretação passam a ocupar, cada vez com mais proeminência, um lugar de destaque nas obras produzidas neste período. Nessa medida, dá-se uma radical mudança na intencionalidade com relação ao direito que, em última análise, trará consigo propostas jusfilosóficas dispostas a repensar o sentido do direito e seus vínculos com o comportamento humano concreto. Isso importa em não tratá-lo mais como um sistema cerrado, construído abstratamente a partir de modelos epistemológicos fundados na subjetividade e modelados conforme os padrões matemáticos de conhecimento. Isso tudo implica na afirmação de um direito (*ius*) distinto da lei (*lex*), ou seja, de um direito que se forma a partir de elementos normativos constitutivos diferentes da *lei*, o que é radicalmente novo desde a formação do direito moderno. Nesse sentido, a afirmação dos conceitos de "direitos fundamentais", das chamadas "cláusulas gerais", dos "enunciados abertos" e, evidentemente, dos "princípios". Todos estes elementos – que, como dissemos, passam a ser *constitutivos da normatividade* – são reconhecidos independentemente da lei ou apesar dela.

9. O que une todos estes elementos numa unidade é a oposição a qualquer normativismo abstrato, em favor de uma espécie de *jurisprudencialismo* a intencionar uma validade jurídica que culmina na própria prática judicativa que, em concreto, assume e problematicamente reconstrói aquela validade. O primado teórico que a matematicidade do direito racionalista forjou acabava por direcionar a manifestação da experiência jurídica para o conhecimento da legislação e a supressão de suas lacunas e incoerências. Dessa maneira, os debates teóricos e os problemas jurídicos passam a reivindicar o estatuto da "prática" e a atividade jurisdicional assume um lugar proeminente nesta questão. Todos estes fatores aparecem com nitidez nos movimentos que levaram à consolidação da chamada *jurisprudência dos valores*, que surge na Alemanha em virtude da atuação do Tribunal Constitucional Federal nos anos que sucederam à promulgação da Lei Fundamental (outorgada pelos aliados). As estratégias de legitimação da Lei Fundamental perante os próprios alemães, e de política institucional num sentido mais amplo – que passava pela impressão que o novo regime causaria na opinião pública internacional – tiveram que enfrentar conflitos envolvendo casos concretos ocorridos ainda sob a égide do direito nazista. Pela tradição, este era um típico caso a ser resolvido pela aplicação do adágio latino *tempus regit actum*. Contudo, isso significaria dar vigência às leis nazistas em pleno restabelecimento da democracia e fundação de um novo Estado. (Re)fundação esta que implicava a afirmação de uma ruptura total com o regime anterior. Mas isso reivindicava uma tomada de decisão *extra legem* e, em última análise, até *contra legem*. Desse modo, para legitimar suas decisões e, ao mesmo tempo, não reafirmar as leis nazistas, o Tribunal passou a construir argumentos fundados em *princípios axiológicos-materiais*, que remetiam para fatores *extra-legem* de justificação da fundamentação de suas decisões. Afirmava-se, portanto, um *direito* distinto da *lei*. Mas não bastava isso, era preciso criar instrumentos que permitissem justificar, normativamente, tais decisões. Assim é que começaram a aparecer, nas decisões do Tribunal, argumentos que remetiam à "cláusulas gerais", "enunciados abertos" e, obviamente, "*princípios*".

10. Novamente, essas manifestações implicaram um problema de *fundamentação*. A pergunta que se colocou era: Como esse jurisprudencialismo principiológico, que afirma um direito além e apesar da lei, poderia se afirmar sem o assombro do fantasma do relativismo? No âmbito da jurisprudência dos valores, destacamos duas estratégias distintas para o enfrentamento do problema da fundamentação e da discricionariedade das decisões: a primeira reporta-se para um axiologismo filosófico ou para uma espécie de *direito natural axiológico*, a partir da qual se buscava uma justificação, na filosofia, para a objetividade dos valores veiculados pelas decisões do tribunal; a segunda estratégia se encaminha para uma questão metodológico-procedimental com o aparecimento da ponderação, como conseqüência lógica do princípio da proporcionalidade. O Tribunal aplicava o método da ponderação como um modo de solução para um pretenso conflito entre valores que fundamentavam os direitos em colisão. A ponderação enquanto método foi duramente criticada por

diversos setores do pensamento jurídico alemão, sempre com base na acusação de relativismo e irracionalismo. É neste momento que entra em cena Robert Alexy, para se tornar um dos protagonistas dessa nova forma que o conceito de princípio passou a assumir a partir do horizonte projetado no segundo pós-guerra. Alexy sempre se mostrou um profundo defensor da valoração e da ponderação, porém reconhecia que o Tribunal cometera equívocos sob o signo da ponderação de valores. Diante disso, o autor se propôs a "corrigir" os defeitos que a utilização da ponderação pelo tribunal acarretara, construindo não mais um *método*, mas um verdadeiro *procedimento*. A partir deste procedimento algumas distinções precisam ser feitas: Não se ponderam *valores*, mas sim *princípios*; a valoração é um processo interno – portanto subjetivo – de apreciação dos princípios em conflito; os *princípios* sempre colidem porque, como *mandados de otimização* constitucionalizados, eles reivindicam sua realização no máximo nível possível, dentro das *possibilidades* reais e jurídicas. Estas possibilidades são determinadas *realisticamente* pelo contexto fático e pelos limites impostos pela própria ordem sistemática dos princípios que estão, frequentemente, em fluxo de tensão. Destarte, a ponderação funciona como uma fórmula (*quanto-tanto*) que irá solucionar esta colisão de princípios, mas que não irá, definitivamente, solucionar o caso concreto. Este influencia na apreciação da ponderação, porém não retira dela sua solução. Da ponderação se retira uma *regra* que, esta sim, será subsumida ao caso. Dito de outro modo, a fundamentação da decisão continua garantida pelos processos tradicionais de interpretação e conhecimento do direito – embora com alguma revisão no que tange à apreciação subjetiva do intérprete – porém, a *minoração* da discricionariedade se dá pela *justificação* desta fundamentação que será garantida pelo procedimento da ponderação.

11. Uma técnica metodológico-formal como a ponderação só pôde ser desenvolvida no continente porque, numa dimensão mais profunda, já estamos tomados pelas estruturas de pensamento que forjaram nosso modelo de sistema jurídico (romano-germânico), ou seja: um sistema fechado em que toda e qualquer resposta ao problema da discricionariedade e da ponderação deve passar por uma justificação axiomático-dedutiva que é, em última análise, matemática. Naturaliza-se, portanto, o discurso jurídico que se torna prisioneiro de um corte puramente teorético que o oprime e que tende a privilegiar uma problematização abstrata a partir da generalização de estruturas formais em contextos semânticos-sintáticos de investigação, em detrimento de uma postura mais colada à faticidade e à existência, inserida num contexto que é pragmático-semântico.

12. É num sentido mais próximo a este contexto pragmático-semântico de investigação que se situa Ronald Dworkin. Proveniente de um sistema jurídico que tem por característica um modelo aberto de interpretação e argumentação jurídica, no interior do qual conceitos como o de princípio não se articulam a partir de uma metodologia axiomático-dedutivista, mas assumem um modo de ser mais retórico e preocupado com os contextos pragmáticos que envolvem o caso concreto, Dworkin não prescreve fórmulas nem constrói procedimentos mecânicos para solucionar o problema da discricionariedade e responder à questão da fundamentação. Deve-se atribuir a Dworkin a denúncia do *poder discricionário do juiz* como o problema central de todo o positivismo. É de seu enfrentamento do positivismo de Herbert Hart que aparecerá a tese antipositivista que melhor dá conta deste que é o problema central do próprio positivismo e que este nunca conseguiu – pois nem sequer chegou a enfrentar – superá-lo. Dworkin superou o problema da discricionariedade positivista porque pôde encontrar, no conceito de princípio, uma alternativa ao naturalismo matemático das regras do positivismo. De maneira profícua, Dworkin mostrou como, no direito – visto radicalmente a partir da "perspectiva do participante" – acontece algo a mais do que a simples *imagem* que o positivismo produz do direito. Para além de um modelo de regras, no direito há um horizonte de sentido no qual acontecem princípios. Mas estes princípios não são reduzidos a uma entidade objetiva, passível de ser manipulada pelos juristas. Os princípios acontecem em meio à moral que emerge da própria comunidade. A comunidade é para Dworkin uma *comum-unidade* de princípios que podem ser investigados num paralelo com a própria pessoa. Uma pessoa é integra quando age de forma coerente e minimamente regular em suas decisões diárias. Do mesmo modo, uma comum-unidade de princípios pressupõe uma coerência em suas decisões que devem ser justificadas num contexto de princípios. Essa justificação sempre se dá neste contexto de princípios e nunca em um princípio apenas, de forma isolada e autoritariamente determinado, mas sim a partir de uma fundamentação na qual apareça em que medida essa decisão pública se legitima perante a comum-unidade dos princípios. Essa, em linhas gerais, a chamada *integridade do direito* que, se aceita pelo julgador, deverá permitir a *única resposta correta* para o caso a ser decidido.

13. Mas, como podem estes dois autores apresentar teses tão opostas para solução daquilo que aparenta ser o mesmo problema? Nossa tese é que há entre eles uma diferença de estrutura de pensamento que leva cada um a problematizar a questão de um modo diferente. Isso faz com que o próprio modo de colocar as questões seja diferente em cada autor, de modo que o que aparece como problema para um, nem sequer chega a ser enfrentado pelo outro. A própria idéia de discricionariedade é exemplo disso. Para Dworkin, o poder discricionário tanto é o maior problema do positivismo que ele desenvolveu seu conceito de princípio de modo a chegar até a tese da *única resposta correta* justamente para combatê-lo. Em Alexy, embora seja a discricionariedade problematizada de modo implícita quando a ponderação se propõe a resolver o problema do relativismo, ela não chega a ser colocada como um verdadeiro problema porque o procedimento da ponderação não se preocupa com o resultado produzido, mas apenas com a observação correta da fórmula. Isso se dá assim em Alexy por ser ele herdeiro legítimo de toda a tradição continental e de seus vínculos profundos com o *modo* de pensar da Metafísica. Estas questões nos levaram à tematização dos pressupostos que nos permite desenvolver um fio condutor que vai de Kant até Alexy, passando por Kelsen e Radbruch, cujo eixo temático é justamente a estrutura do pensamento. Desse modo, tematizamos as relações entre o direito e a metafísica e as tentativas de superação das armadilhas que o pensar metafísico acarreta. Tudo isso para mostrar que a saída do beco dogmático da matematização imposta pelo pensamento moderno e da discricionariedade desenvolvida em torno do fatalismo positivista (Streck), só podem ser colocadas como questão por um pensamento que tenha superado o *modo* de pensar da metafísica. Esse modo de pensar, que comanda a própria investigação dos fundamentos metafísicos do direito, é garantido pela fenomenologia hermenêutica e através dela foi possível chegar a uma interpretação mais radical de Alexy e Dworkin.

14. Tais questões nos levaram necessariamente a Kant como ponto decisivo, a partir do qual a reflexão filosófica sobre o direito se torna reflexão transcendental, que deve atingir a conceitualização fundamental e a explicitação de suas decisivas implicações real-concretas, ou seja, deve garantir e determinar sua inteligibilidade e nada mais. Para a filosofia do direito, envolvida neste espaço *crítico*, o importante não é que o direito deite suas raízes na natureza racional do homem (a totalidade metafísica do direito natural moderno), mas que encontre sua fundação e sua legitimação no caráter *a priori* dos princípios universais aos quais recorre a razão prática em todas as suas manifestações.

15. Desse modo, com a inversão do dualismo clássico e a determinação da coisa em si operados por Kant, temos o abandono dos fundamentos que a metafísica ingênua impunha ao direito natural (a cosmologia; a teologia e a psicologia racional), para entrar numa metafísica do conhecimento do direito. Assim, a *Filosofia do Direito* representa uma primeira tentativa de se retirar o pensamento do direito do atoleiro dogmático da Metafísica e temos, com o criticismo transcendental de Kant, a inauguração de uma metafísica do conhecimento no direito.

Desse modo, deixou-se de fazer metafísica do direito, preocupada com os modos de sua manifestação e fundamentação a partir de processos "naturais" e passou-se a perguntar pelas condições de possibilidade do conhecimento racional do direito, o que implica uma teoria do conhecimento, no interior da qual se quer saber sobre o que se passa na mente, em nossos juízos, naquilo que fundamenta, subjetivamente, o discurso jurídico. Com a *Teoria do Direito* faz-se a passagem da teoria do conhecimento, preocupada em descrever e apreender os processos internos da consciência no momento do conhecimento das regras jurídicas, para uma epistemologia jurídica que – baseada em um conceito de verdade como construção, próprio da matematicidade moderna – passa a oferecer tentativas de se mostrar as estruturas de método e de objeto daquilo que passará a ser chamado de *ciência do direito*. Na teoria do conhecimento de corte kantiano temos, então, uma tentativa de descrição dos processos internos do conhecimento; na epistemologia jurídica se dá a descrição e o aparelhamento de algo que é exterior, sem perder de vista o fundamento subjetivado que a sustenta. Ou seja, *não se faz epistemologia sem uma teoria do conhecimento, pois a teoria do conhecimento passa a ser a garantia de que não se está a fundar a ciência do direito numa pura psicologia ou numa pura sociologia.*

16. Kant pretendeu libertar a filosofia dos dogmatismos da metafísica racionalista e, ao mesmo tempo, garantir sua efetividade enquanto conhecimento em face do ceticismo empirista. O fez a partir do esquematismo e da dialética transcendental da crítica da razão pura, julgando que, com isso, havia superado a metafísica. Porém, a simples exclusão da *coisa em si* e a inversão do dualismo clássico a partir do esquematismo da crítica, não garantiram para Kant seu sucesso na sua intenção de superar a Metafísica. A *coisa em si* foi excluída e com isso se fez a *Crítica da razão pura*. Todavia, para que a crítica se mantenha de pé ela necessita da *coisa em si*. Não haveria crítica sem o *homem* e, a despeito disso, ele a crítica não tematiza; a inversão do dualismo a partir do esquematismo e da dialética transcendental não retira a problemática envolvendo o *mundo*. Ou seja, como é possível fazer teoria do mundo natural a partir do aparelho humano interno do conhecimento. No fundo, Jacobi, citado por Stein, tinha razão ao dizer que "sem a coisa em si não se entra na crítica da razão pura. Com a coisa em si não se permanece nela". Desse modo, a *coisa em si* é como uma sombra que paira difusamente sobre toda a crítica o que a leva em direção a aporia entre fenômeno e coisa em sai, que nela permanece latente.

17. Todas estas questões que envolvem Kant e o direito influenciaram decisivamente a teoria do direito de toda a primeira metade do século XX. Pelas portas do neokantismo se desenvolveram duas tradi-

ções importantes, cada uma delas ligada a uma das críticas: a escola de Marburgo – filiada à *Crítica da Razão Pura*, e a escola de Baden mais ligada à *Crítica da Razão Prática*. De Marburgo recebe Hans Kelsen as principais influências para compor sua *Teoria Pura do Direito*, ao passo que Baden foi a escola determinante presente nas posturas axiologistas do segundo pós-guerra, dentre as quais podemos citar a posição de Gustav Radbruch.

18. Como kantiano, Kelsen se filia ao criticismo transcendental da *Razão pura teórica* e, a partir dos procedimentos críticos da dialética transcendental, determina as condições de possibilidade do fenômeno jurídico operando o processo de especialização daquilo que, no interior do *conhecimento efetivo* (entendido kantianamente), há de jurídico. Neste nível ele efetua o corte radical entre direito e moral, ou qualquer outro tipo de manifestação ético-valorativa ao mesmo tempo que exclui qualquer tipo de abordagem psicologicista sobre o direito. Desse modo, o objeto de sua epistemologia jurídica se apresenta exclusivamente dado pelo sistema de *normas jurídicas*, que imprimem sentidos nos atos sociais. Ao mesmo tempo, a partir de uma operação epistemológica determinada pela norma jurídica enquanto modelo de interpretação e objeto da ciência do direito, Kelsen garante a especificidade e a autonomia do direito frente à política, à sociologia e à ideologia. há uma espécie de "acerto filosófico" em Kelsen, na medida em que ele percebeu que o direito não é uma mera realidade factual, mas que há um elemento transcendental que o compõe. O problema surge quando este elemento transcendental é reduzido à subjetividade e organizado de modo matemático dedutivo a partir de sua lógica deôntica de proposições. Também o problema da separação entre ciência do direito e direito; ou ainda, entre ato de conhecimento e ato de vontade se mostram problemáticas frente a uma perspectiva que procure pensar o direito fora de padrões teóricos matematizantes.

19. No axiologismo jurídico que aparece no segundo pós-guerra – cuja influência do neokantismo de Baden é sensivelmente sentida – destacamos a teoria do direito de Gustav Radbruch com sua pretensão de correção do direito (injusto) pela moral a partir da chamada "fórmula Radbruch". Toda teoria jurídica de Radbruch se baseia num culturalismo orientado por valores próprio dos teóricos de Baden, que enxergam nos valores o verdadeiro elemento transcendental do conhecimento humano. O que era pura estrutura formal do conhecimento, passou a ser preenchida pelos valores que, recebendo essa condição de transcendentalidade, passaram a ser igualmente objetificados. O valor era então o elemento mais geral (um dever-ser puro, dirá Radbruch) para determinar questões que não conseguiam definir-se pelo universo empírico do direito positivado. Aquilo que aqui procuramos pensar como sentido que sempre acontece num horizonte que jamais chega a se integralizar e sequer conseguimos conquistar totalmente, foi objetificado por estas posturas axiologistas de inspirações neokantianas que o pensava como valor. O ser humano compreendia o mundo e a si mesmo a partir destes "valores".

20. É essa tradição que está presente por trás do conceito de princípio como mandado de otimização de Robert Alexy e da construção do procedimento da ponderação como elemento justificador da fundamentação da decisão jurídica produzida com base em princípios conflitantes. Há em Alexy uma pretensão de correção do discurso jurídico (concebido como caso especial do discurso prático geral) proveniente da correção do direito pela moral decorrente do culturalismo de Radbruch; um elemento kelseniano presente no seu conceito *semântico* de norma e na sua estrutura *procedimental* de legitimação da decisão judicial (que o leva a produzir uma espécie de repristinação da discricionariedade positivista); e a aporia kantiana que acompanha toda sua teoria, pois ela mescla elementos da razão pura teórica com a razão prática, no interior da qual sempre permanecerá irresolvido o abismo que separa teoria e prática em Kant, em virtude da aporia entre fenômeno e coisa em si.

21. Alexy se insere nas teorias *pós-positivistas* mas continua afirmando o mesmo conceito de norma do positivismo e a mesma estrutura discricionária da decisão judicial nos casos difíceis (casos em que está em jogo um conflito de princípios). A ponderação, como um procedimento apto a sanar o conflito entre princípios, implica problemas que Alexy sequer chega a mencionar: Por que todos os casos sempre levam a um conflito entre dois princípios? Quem elege os princípios que estão supostamente em colisão no caso concreto? Se os princípios são mandados de otimização – e portanto exigem seu cumprimento na maior medida possível, respeitadas as condições fáticas e jurídicas – porque somente no momento da decisão judicial é que será determinado e solucionado o conflito? Durante o processo também não há outros conflitos de princípios? No momento da produção de provas e na audiência de instrução também não poderão haver princípios em conflitos? Como solucionar estas questões? Tudo isso mostra como um conceito semântico de princípio – que se constrói abstratamente a partir de uma estrutura deôntica *a priori* – pode levar a situações em que, a qualquer momento, pode se dar um conflito de princípios. Afinal, essa colisão sempre se dará em abstrato, cuja influência do caso concreto será sempre indireta: o elemento da *otimização* implica que desde sempre – no interior do "mundo" jurídico – os princípios estarão em permanente tensão de modo que um impõe limites ao outro.

22. Por isso o conceito de Alexy possibilita uma "abertura" interpretativa, embora seu conceito de princípio pretenda resolver problemas concretos a partir da determinação da "regra" da ponderação. Essa "abertura" é possibilitada por pelo menos dois motivos: *a)* o fato de que a ponderação, como procedimento, não se preocupar com o resultado; *b)* porque a própria determinação dos princípios em conflito já envolve uma decisão que é, nestes termos, entregue ao solipisismo do julgador. Como um procedimento justificador da fundamentação da decisão judicial, a ponderação desonera o juiz do dever de legitimar a decisão dada para aquele caso. Afinal, o resultado da ponderação não é determinante para validar discursivamente a sentença do juiz, mas sim a observação da *fórmula* estipulada pela "lei da ponderação". Nestes termos, não há grandes diferenças entre Kelsen e Alexy, na medida em que também o mestre de Viena determinava a validade do direito a partir da observação dos procedimentos lógico-formais de sua criação.[308]

23. Num plano diametralmente oposto se situa a teoria do direito de Ronald Dworkin. Foi esse autor quem, pela primeira vez, colocou de maneira clara a diferença entre regras e princípios. Fê-lo, de modo a contrapor-se em relação ao positivismo de Herbert Hart que via o direito como uma "textura aberta"; um "modelo de regras". Como vimos, Dworkin não aceita nem que o direito seja uma "textura aberta", nem um "modelo de regras". Não é um "modelo de regras" porque, defini-lo assim significa descrever apenas uma imagem do direito. No interior das práticas jurídicas (e para Dworkin o direito é isso: uma prática interpretativa) há um outro tipo de padrão de conduta que determina a interpretação dos juízes no momento da decisão judicial: *os princípios.* Desse modo, não há que se falar no direito como uma "textura aberta" porque, nos casos em que as regras não são suficientes para resolver o conflito (que Hart chamará, indevidamente como vimos, de *casos difíceis*), sempre estará em jogo uma questão de princípio. Porém, ainda com Dworkin, é possível dizer que em qualquer caso (na medida em que é inapropriado distinguir estruturalmente *casos fáceis* e *casos difíceis*) estará em jogo uma questão de princípio, e toda interpretação jurídica deverá dar conta dela. Isso é assim porque, no interior de uma teoria *pós-positivista* preocupada em enfrentar verdadeiramente o problema da indeterminação do direito, o conceito de norma não poderá ser um conceito semântico-sintático, mas sim pragmático-semântico. Isso sig-

---

[308] Apoiados em Lenio Streck, é possível afirmar que: "No fundo, volta-se, com a ponderação, ao problema tão criticado da discricionariedade, que, para o positivismo (por todos, Kelsen e Hart) é resolvido por delegação ao juiz. Assim, também nos casos difíceis de que falam as teorias argumentativas a escolha do princípio aplicável "repristina" a antiga "delegação positivista" (na zona de penumbra, em Hart, ou no perímetro da moldura, em Kelsen). (STRECK, Lenio Luiz. *Verdade e Consenso.* Op. cit., p. 180).

nifica dizer que, em toda lida prática com o direito, já se deu a compreensão dos instrumentos jurídicos (leis, Constituição, precedentes e os problemas que o próprio caso estabelece) de modo que a norma é sempre uma derivação desta compreensão originária. Ou seja, sempre que dizemos algo sobre o direito este já aparece *normado*. Não é possível falar, ao menos que se faça de modo artificial, em um momento jurídico pré-normativo, pois isso seria conceber um direito anterior a própria linguagem. O conceito de princípio funciona assim como uma espécie de indício formal: em todos os casos conflituosos há uma possibilidade de um argumento de princípio. Afinal, seria possível imaginar um caso hipotético em que não estaria em jogo, ou pudesse ser argüido em favor de um dos oponentes, o *princípio da igualdade*? Poderia haver um processo em que as discussões nas violassem o *devido processo legal*?

24. Desse modo, os princípios sempre se apresentam, como uma possibilidade latente, em todos os casos debatidos em juízo. A dignidade destes princípios, ao contrário do que possa aparentar, não consiste na sua constante lembrança, mas sim no fato deles se manterem como efetiva possibilidade. Isto é, em qualquer processo há a possibilidade de se argüir o *princípio do devido processo legal*. Porém, é quando isso não ocorre que o princípio foi efetivamente cumprido. No momento que há uma interrupção deste modo de se transcorrer é que se faz necessário o esforço de trazê-los diante de nós. Não há nenhum conteúdo definitivo ou definido para princípios como esses, mas há sempre um compromisso com decisões passadas que deverão ser retomados nas decisões presentes e, enquanto não houver uma interrupção, continuarão a ser cumpridos. No momento em que se tem uma quebra com esse elo que o passado nos lega, há a necessidade de uma intensa justificação, que não exclua de sua apreciação a comum-unidade dos princípios e sempre fundamente, na medida em que for necessário, em que medida tais princípios estão sendo observados pela decisão. Assim, estabelece o direito como integridade de Ronald Dworkin.

25. De algum modo, Alexy se mantém atrelado às tentativas teóricas desenvolvidas no direito a partir do vetor da causalidade. Sua vinculação com o sujeito moderno, juntamente com o caráter matemático de sua *ponderação*, levam ao predomínio da representação e da objetificação dos princípios que, deste modo, são colocados num lugar muito distante das regras. A teoria dos princípios alexyana, deste modo, objetifica o conceito de princípio e, a partir desta objetificação faz a distinção – *que é uma cisão estrutural* – entre regra e princípio. E só porque há esta cisão, decorrente da objetificação conceitual, é que Alexy poderá construir a fórmula da ponderação como procedimento apto a resolver os chamados *casos difíceis*. E os casos difíceis nada mais são do eu aqueles nos quais estamos diante da chamada "textura aberta" de Hart ou da "moldura da norma" de Kelsen, ambas teorias *semânticas*, como é a de Alexy. Esse semânticismo é fatalista (como bem assinala Streck), porque delega àquele sujeito da modernidade, signo de uma subjetividade solipsista, o poder discricionário de resolver a demanda. Por tudo que foi dito no tópico antecedente, ficou claro como que a ponderação não resolve o problema da discricionariedade a partir de uma justificação matemático-procedimental da decisão judicial, mas sim a retoma de um modo ainda mais perigoso, uma vez que legitima a discricionariedade do juiz a partir da sua validação pelo procedimento.

Desse modo, a cisão estrutural entre regra e princípio leva, inexoravelmente, à distinção entre casos fáceis e casos difíceis (ora, lembramos que também Hart delega aos juizes a resolução dos casos difíceis). Isso está na estrutura do pensamento; ela é ínsita ao sujeito da modernidade que "controla" o sentido através do domínio dos campos de sentido. Assim, há um fatalismo (Streck) em Kelsen e Hart, e há também um fatalismo em Alexy, que entre o controle da decisão nos casos difíceis ao juiz solipsista, buscando apenas uma legitimação procedimental para a decisão. Consequentemente tem-se por aberto o espaço para o dualismo sujeito-objeto, a partir da relevante circunstância de que os casos fáceis são resolvidos por subsunção-dedução, e os casos difíceis são resolvidos pela ponderação, porque nestes há um conflito de princípios, enquanto naquele há uma mera atividade silogística de aplicação da regra ao caso. Ora, é isso que mantém "distantes" um do outro "regra" e "princípio". Por isso, pode-se, dogmaticamente (matematico-procedimentalmente) interpretar(aplicar) regras afastadas dos princípios e as vezes fazer com que regras valham mais que princípios. Por tudo isso, deve-se reconhecer razão à Lenio Streck quando diz que há uma diferença ontológica entre regra e princípio. Os princípios representam a introdução do mundo prático no direito. Neles se manifesta o caráter da transcendentalidade. Em todo caso compreendido e interpretado já sempre aconteceram os princípios – e não *o* princípio; toda decisão deve sempre ser justificada na comum-unidade dos princípios, como nos mostra Dworkin. Não há regras sem princípios, do mesmo modo que não há princípios sem regras. Há entre eles uma diferença, mas seu acontecimento sempre se dá numa unidade que é a antecipação de sentido.

26. Destarte, o conceito de princípio olhado desta maneira opera um verdadeiro "fechamento" hermenêutico (que de maneira pioneira foi apresentado por Lenio Streck), apto a produzir aquilo que Dworkin chama de *a única resposta correta*. Se Dworkin fala em *única* resposta correta o faz por motivos específicos. Mas é preciso deixar claro que falar em resposta correta nada tem haver com um discurso legalista ou que prescreva que a lei tem sentido unívoco ou coisas do gênero. A resposta correta é uma *metáfora* – como bem ressalta Streck – que apresenta a possibilidade de sua (re)construção em jurisdições que aceitem a integridade do direito (o "método" de Hércules). Dworkin fala em *única* por diversos fatores. Entre eles está certamente o fato de que os Estados Unidos da América do Norte possuírem uma Constituição que pode ser chamada de sintética, no interior da qual muitos dos princípios não estão efetivamente constitucionalizados, a ponto de Dworkin falar de uma "leitura moral" da Constituição. Entre nós, contudo, a situação é outra. Simplesmente porque, com a Constituição de 1988 se deu a constitucionalização de toda uma principiologia que, podemos afirmar sem medo de errar, torna desnecessária qualquer tipo de "leitura moral". A própria Constituição é, em última análise "moralizante". Desse modo, reconhecemos novamente razão a Lenio Streck quando ressalta a necessidade de respostas "adequadamente" corretas; nem a única, nem a melhor, mas adequadas.

27. Portanto, entre a "abertura" e o "fechamento", ou entre a otimização e a resposta correta, ficamos com a resposta (adequada constitucionalmente) correta. Isto porque em tempos de *pós-positivismo* e do enfrentamento da indeterminação do direito, não há possibilidade de continuar afirmando uma artificialidade teórica que continue tornando *ocluso* o modo de ser prático do direito. Não é possível continuar asseverando um conceito semântico de norma em detrimento de um contexto pragmático de problematização que necessariamente dê conta do problema concreto, sem uma mediação abstrata efetuada por um procedimento apto a validar a decisão. Em outras palavras, é preciso superar o abismo gnoseológico que sempre foi colocado, desde Kant, em termos de constituição de uma ponte entre o sensível e o inteligível, entre consciência e mundo, entre conceitos e objetos. Estamos imersos numa dimensão em que o sentido já sempre se antecipou. Portanto, qualquer tentativa de construção de uma ponte sempre chega tarde.

O grande desafio é conseguir colocar o problema jurídico numa dimensão transcendental que sustenta todo discurso. Ou seja, sempre que algo acontece, há ali um horizonte de sentido que possibilitou esse acontecimento e há, co-originariamente, um mundo que possibilitou que esse acontecimento fosse encontrado. O enigma com o qual inauguramos este trabalho permanece não resolvido. Todavia, ele foi guardado durante cada página desta investigação. O enigma entre *physis* e *nómos* e o problema da naturalização do pensamento jurídico. Sabemos que o direito se constitui a partir um horizonte de sentido que é transcendente. Sabemos que o direito não é uma "essência", um "dado", ou um "procedimento", mas sim um modo de ser do ser-aí, portanto algo derivado que possui em sua constituição uma dimensão mais originária.

De todo modo, com a problematização do conceito de princípio conseguimos penetrar em dimensões que o conhecimento jurídico tradicional habitualmente deixa de lado de suas preocupações. Foi possível notar que a dificuldade e profundidade do problema serve de indício para que ainda nos encontremos inseguros sobre sua definição. Porém, as contribuições que estabelecemos aqui nos permitiram avançar em alguns pontos da questão e lançar luz sobre âmbitos turvos que povoavam o debate anterior.

Por fim, cabe recordar que não foi pretensão da pesquisa, fixar teses definitivas ou conceber uma fórmula acaba para o conceito de princípio. Como já disse Gadamer em uma outra ocasião, mas que cabe perfeitamente para aquilo que aqui queremos mencionar: "A conversação que está em curso subtrai-se a qualquer fixação. Seria uma mau hermeneuta aquele que imaginasse poder ou dever ter a última palavra".[309]

---

[309] GADAMER, Hans-Gerog. *Verdade e Método II*. Op. cit., p. 544.

Referências bibliográficas

ADEODATO, João Maurício. *Filosofia do Direito. Uma crítica da verdade na ética e na ciência*. 3 ed. São Paulo: Saraiva, 2005.

ALEXY, Robert. *Teoria de la Argumentación Jurídica*. Tradução de Manuel Atienza e Isabel Espejo. Madrid: CEC, 1989.

———. *Teoria de los Derechos Fundamentales*. Madrid: CEC, 2002.

———. *El concepto y la validez del derecho*. Tradução de Jorge M. Seña. 2 ed. Barcelona: Gedisa, 1997.

———. Direito Constitucional e Direito Ordinário. Jurisdição Constitucional e Jurisdição Especializada. In *Revista dos Tribunais*, Ano 92, Vol. 809, mar. 2003.

———. Vícios no Exercício do Poder Discricionário. In *Revista dos Tribunais*, Ano 89, Vol. 779, set. 2000.

———. Direitos Fundamentais e Realização de Direitos fundamentais no Estado de Direito Democrático. In: *Revista de Direito Administrativo* n. 217, jul-set, 1999.

ALVIM NETO, José Manuel de Arruda. *Manual de Direito Processual Civil*. Vol. 7. ed. São Paulo: Revista dos Tribunais, 2001.

ARENDT, Hanna. *A Condição Humana*. Tradução de Roberto Rapouso. Rio de Janeiro: Forense Universitária, 1993.

ÁVILA, Humberto Bergmann. A distinção entre regras e princípios e a redefinição do dever de proprocionalidade. In: *Revista de Direito Administrativo* n. 215, jan.-mar. 1999.

BARROSO, Luis Roberto; BARCELLOS, Ana Paula de. O começo da História : a Nova Interpretação Constitucional e o papel dos Princípios no Direito Brasileiro. In: *Interpretação Constitucional*. Virgílio Afonso da Silva (org.). São Paulo: Malheiros, 2005.

BEDAQUE, José Roberto dos Santos. *Efetividade do Processo e Técnica Processual*. São Paulo: Malheiros, 2006.

BERCOVICI, Gilberto. Teoria do Estado e da Constituição na periferia do Capitalismo: Breves considerações críticas. In: *Diálogos Constitucionais: Brasil/Portugal*. Antônio José de Avelãs Nunes e Jacinto Nelson de Miranda Coutinho (orgs.) Rio de Janeiro: Renovar, 2004.

BONAVIDES, Paulo; ANDRADE, Paes de. *História Constitucional do Brasil*. 5 ed. Brasília: OAB editora, 2004.

———. *Do País Constitucional ao País Neocolonial*, a derrubada da Constituição e a recolonização pelo golpe de Estado institucional. 3 ed. São Paulo: Malheiros, 2004.

———. *Curso de Direito Constitucional*. São Paulo: Malheiros, 1999.

BORNHAEIM, Gerd A. *Dialética. Teoria e praxis*. São Paulo: Edusp, 1977.

CANARIS, Claus-Wilhelm. *Pensamento Sistemático e Conceito de Sistema na Ciência do Direito*. Tradução de Antonio Menezes Cordeiro. 3 ed. Lisboa: Calouste Gulbenkian, 2002.

CANOTILHO, José Joaquim Gomes. *Constituição Dirigente e vinculação do legislador: contributo para a compreensão das normas constitucionais programáticas*. Coimbra: Coimbra Editora, 1982.

———. A principialização da jurisprudência através da Constituição. In: *Revista de Processo* n° 98. São Paulo: Revista dos Tribunais, 2000.

———. MOREIRA, Vital. *Fundamentos da Constituição*. Coimbra: Coimbra Editora, 1991.

CAPPELLETTI, Mauro. *Juízes Legisladores?* Porto Alegre: Fabris, 1988.

CALSAMIGLIA, Albert. Pospositivismo. In: *Doxa – Cuadernos de Filosofia del Derecho*. n. 21 Alicante, 1998.

———. El concepto de integridad en Dworkin. In: *Doxa – Cuadernos de Filosofia del Derecho*. n. 12. Alicante, 1992.

CASTANHEIRA NEVES, Antonio. *A Crise Actual da Filosofia do Direito no Contexto Global da Crise da Filosofia. Tópicos para a possibilidade de uma reflexiva reabilitação*. Coimbra: Coimbra editora, 2003.

———. *Curso de Introdução Ao Estudo do Direito*. Sebenta, Coimbra, 1976.

COMPARATO, Fábio Konder. Uma Morte Espiritual. *Folha de são Paulo*, 14.05.1998, caderno 1, p.3.

———. *Quem tem medo do povo?* In: Folha de São Paulo, Caderno A1 – Tendências e Debates, 17.03.2007.

D'AGOSTINI, Franca. *Analíticos e Continentais*. Tradução de Benno Dischinger. São Leopoldo: Editora Unisinos, 2003.

DÍAS, Elías. Estado de Derecho y Derechos Humanos. In: *Novos Estudos Jurídicos*. Ano 1, n. 1, jun-1995. Itajaí: Universidade do Vale do Itajaí.

DINAMARCO, Cândido Rangel. Relativizar a coisa julgada material. *Revista de Processo*, n.109. São Paulo: RT, 2003.

———. *Fundamentos do Processo Civil Moderno*. 3. ed. São Paulo: Malheiros, 2000.

DWORKIN, Ronald. *Levando os Direitos a Sério*. Tradução de Nelson Boeira. São Paulo: Martins Fontes, 2002.

———. *O Império do Direito*. Tradução de Jéferson Luiz Camargo. São Paulo: Martins Fontes, 2003.

———. *Uma Questão de Princípio*. Tradução de Luis Carlos Borges. 2 ed. São Paulo: Martins Fontes, 2005.

ESPÍNDOLA, Ruy Samuel. *Conceito de Princípios Constitucionais*. 2 ed. São Paulo: Revista dos Tribunais, 2002.

ESSER, Josef. *Principio y Norma em la Elaboración Jurisprudencial del Derecho Privado*. Tradução de Eduardo Valentí Fiol. Barcelona: Bosch, 1961.

FERRAJOLI, Luigi. Passado Y Futuro del Estado de Derecho. In. *Neoconstitucionalismo(s)*. Miguel Carbonell (org.). 2. ed. Madrid: Trotta, 2005.

FIGAL, Günter. *Martin Heidegger: Fenomenologia da Liberdade*. Tradução de Marco Antônio Casanova. Rio de Janeiro: Forense Universitária, 2005.

FIORAVANTI, Maurizio. *Los Derechos Fundamentales. Apuntes de historia de las Constituciones*. 4 ed. Madrid: Trotta, 2003.

FLÓREZ, Ramiro. *Ser y Advenimiento. Estancias en el pensamiento de Heidegger*. Madrid: Fundación Universitaria Española, 2003.

GADAMER, Hans-Georg. *Hermenêutica em Retrospectiva: Heidegger em retrospectiva*. Vol. I Tradução de Marco Antônio Casanova. Petrópolis: Vozes, 2007.

———. *Hermenêutica em retrospectiva. A virada hermenêutica*. Vol. II. Tradução de Marco Antônio Casanova. Petrópolis: Vozes, 2007.

———. *Hermenêutica em retrospectiva. Hermenêutica e a Filosofia Prática*. Vol. III. Tradução de Marco Antônio Casanova. Petrópolis: Vozes, 2007.

———. *Verdade e Método. Traços Fundamentais de Uma Hermenêutica Filosófica*. Tradução de Flávio Paulo Meurer. 3 ed. Petrópolis: Vozes, 1999.

———. *Verdade e Método II. Complementos e Índices*. Tradução de Enio Paulo Giachini. 2 ed. Petrópolis: Vozes, 2004.

———. *Acotaciones Hermenéuticas*. Tradução de Ana Agud e Rafael de Agapito. Madrid: Trotta, 2002.

GARCIA HERRERA, Miguel Angel. Poder Judicial y Estado social: Legalidad y Resistencia Constitucional. In: *Corrupción y Estado de Derecho – El papel de la jurisdicción*. Perfecto Andrés Ibáñez (Editor). Madrid: Trotta, 1996.

GRAU, Eros Roberto. *A Ordem Econômica na Constituição de 1988: Interpretação e Crítica*. 17 ed. São Paulo: Malheiros, 2007.

GOYARD-FABRE, Simone. *Filosofia Crítica e Razão Jurídica*. Tradução de Maria Ermantina de Almeida Prado Galvão. São Paulo: Martins Fontes, 2006.

HART, Herbert L. A. *O Conceito de Direito*. Tradução de A. Ribeiro Mendes. 3 ed. Lisboa: Calouste Gulbenkian, 1996.

HEIDEGGER, Martin. *Ser y Tiempo*. Tradução de Jorge Eduardo Rivera. Madrid: Trotta, 2003.

———. *Kant y el Problema de la Metafísica*. Tradução de Gred Ibscher Roth Pánuco: FCE, 1954.

———. O Tempo da Imagem do Mundo. In: *Caminhos da Floresta*. Lisboa: Calouste Gulbenkian, 2002.

———. *Que é uma Coisa. Doutrina de Kant dos princípios transcendentais*. Tradução de Carlos Morujão. Lisboa: Edições 70, 1992.

———. *Interpretaciones Fenomenológicas sobre Aristóteles. Indicación de la situación hermenéutica*. Madrid: Trotta, 2002.

———. *Los Problemas Fundamentales de la Fenomenología*. Tradução de Júan José García Norro. Madrid: Trotta, 2000.

———. *Os Conceitos Fundamentais da Metafísica: Mundo – Finitude – Solidão*. Tradução de Marco Antônio Casanova. Rio de Janeiro: Forense Universitária, 2003.

———. Que é Metafísica? In: *Conferencias e Escritos Filosóficos*. Trad. Ernildo Stein. São Paulo: Nova Cultural, 2005.

———. O que é isto – A Filosofia? In: *Conferencias e Escritos Filosóficos*. Tradução de Ernildo Stein. São Paulo: Nova Cultural, 2005.

———. Sobre a Essência da Verdade. In: In: *Conferencias e Escritos Filosóficos*. Trad. Ernildo Stein. São Paulo: Nova Cultural, 2005.

———. O Fim da Filosofia e a Tarefa do Pensamento. In: *Conferencias e Escritos Filosóficos*. Trad. Ernildo Stein. São Paulo: Nova Cultural, 2005.

———. Tempo e Ser. *Conferencias e Escritos Filosóficos*. Tradução de Ernildo Stein. São Paulo: Nova Cultural, 2005.

———. Sobre a Essência do Fundamento. *Escritos e Conferências Filosóficas* Tradução de Ernildo Stein. São Paulo: Nova Cultural, 2005.

———. A Constituição Onto-Teo-Lógica da Metafísica. In: *Conferencias e Escritos Filosóficos*. Tradução de Ernildo Stein. São Paulo: Nova Cultural, 2005.

———. *Hermeneutica de la Faticidad*. Texto disponível em www.heideggeriana.com.ar/hermeneutica/indice.htm. Acessado em 27 de julho de 2007.

———. *Ser e Verdade*. Tradução de Emmanuel Carneiro Leão. Petrópolis: Vozes, 2007.

HOLANDA, Sérgio Buarque de. *Raízes do Brasil*. 4 ed. Brasília: UNB Editora, 1963.

INWOOD, Michael. *Heidegger*. Tradução de Adail Ubirajara Sobral. São Paulo: Loyola, 2004.

KANT, Immanuel. *Crítica da Razão Pura*. 5 ed. Lisboa: Calouste Gulbenkian, 2001.

KAUFMANN, Arthur. *Introdução à Filosofia do Direito e à Teoria do Direito Contemporâneas*. Arthur Kaufmann e Winfried Hassemer (org.). Lisboa: Calouste Gulbenkian, 2002.

KELSEN, Hans. *Teoria Pura do Direito*. Tradução de João Baptista Machado. São Paulo: Martins Fontes, 1985.

LAMEGO, José. *Hermenêutica e Jurisprudência. Análise de uma Recepção*. Lisboa: Fragmentos, 1990.

LARENZ, Karl. *Metodologia da Ciência do Direito*. Tradução de José Lamego. 3 ed. Lisboa: Calouste Gulbenkian, 1997.

MELIÁ, Manuel Cancio. De nuevo: "Derecho Penal" del enemigo? In: *Directo Penal em Tempos de Crise*. Lenio Luiz Streck (org.). Porto Alegre: Livraria do Advogado, 2007.

MELLO, Celso Antônio Bandeira de. *Curso de Direito Administrativo*, 15 ed., São Paulo: Malheiros, 2003.

MÜLLER, Friedrich. *O Novo Paradigma do Direito. Introdução à Teoria e Metódica Estruturantes*. São Paulo: Revista dos Tribunais, 2007.

———. "Medidas provisórias no Brasil e a experiência Alemã". In: *Direito Constitucional: Estudos em homenagem a Paulo Bonavides*. São Paulo: Malheiros, 2003.

———. *Métodos de Trabalho de Direito Constitucional*. Trad. Peter Naumann. 2 ed. São Paulo: Max Limonad, 2000.

NERY JUNIOR, Nelson. *Princípios do Processo Civil na Constituição Federal*. São Paulo: Revista dos Tribunais, 1992.

———. *Teoria Geral dos Recursos*. 6.ed. São Paulo: Revista dos Tribunais, 2004.

NEVES, Marcelo. *Entre Têmis e Leviatã: Uma Relação Difícil*. São Paulo: Martins Fontes, 2006, p. 256.

O'DONNELL, Guilhermo. Sobre o Estado, a Democratização e Alguns Problemas Conceituais. In: *Novos Estudos – CEBRAP*, n.º 36, julho-1993.

PAISANA, João. *Fenomenologia e Hermenêutica. As relações entre as filosofias de Husserl e Heidegger*. Lisboa: Editorial Presença, 1992.

POZZOLO, Susanna. DUARTE, Écio Oto Ramos. *Neoconstiucionalismo e Positivismo Jurídico. As teorias do direito em tempos de interpretação moral da Constituição*. São Paulo: Landy, 2006.

RADBRUCH, Gustav. *Filosofia do Direito*. Tradução de Cabral de Moncada. 6 ed. Coimbra: Universidade de Coimbra, 1979.

REALE, Giovanni; ANTISERI, Dario. *História da Filosofia*, vol. III, 5 ed., São Paulo: Paulus, 1991.

RICHARDSON, Willian Jay. Humanismo e Psicologia Existencial. In: *Psicologia Existencial-humanista*. Rio de Janeiro: Zahar editores, 1975.

RODRÍGUEZ, César. *La Decisión Judicial. El debate Hart-Dworkin*. Bogotá: Siglo del Hombre, 1997.

ROSA, Alexandre Morais da. *Decisão Penal: Bricolagem de Significantes*. Rio de Janeiro: Lumen juris, 2006.

ROTHACKER, Erich. *Filosofia de la Historia*. Tradução de Hilario Gomez Madrid: Pegaso, 1951.

SAFRANSKI, Rüdiger. *Heidegger. Um mestre na Alemanha entre o bem e o mal*. Tradução de Lya Luft. 2 ed. São Paulo: Geração Editorial, 2005.

SANCHÍS, Luiz Prieto. *Justicia Constitucional y Derechos Fundamentales*. Madrid: Trotta, 2003.

——. Neoconsticionalismo y Ponderación Judicial. In: *Neoconstitucionalismo(s)*. Miguel Carbonell (org.). 2. ed. Madrid: Trotta, 2005.

SARMENTO, Daniel. *A Ponderação de Interesses na Constituição Federal*. Rio de Janeiro: Lumen juris, 2002.

SILVA, Ovídio A. Baptista da Silva. *Curso de Processo Civil*. Vol. I. 7. ed. Rio de Janeiro: Forense, 2006.

——. *Processo e Ideologia*. Rio de Janeiro: Forense, 2004.

SILVA, Virgílio Afonso da. Princípios e Regras: Mitos e Equívocos acerca de uma distinção. In: *Revista Latino-americana de Estudos Constitucionais*. Belo Horizonte: Del Rey, N. I jan./jun. 2003.

STEIN, Ernildo. *Diferença e Metafísica. Ensaios sobre a desconstrução*. Porto Alegre: Edipucrs, 2000.

——. *Sobre a Verdade. Lições preliminares ao parágrafo 44 de Ser e Tempo*. Unijuí: Ijuí, 2006.

——. *A Questão do Método na Filosofia. Um estudo do modelo heideggeriano*. 3 ed. Porto Alegre: Movimento, 1991.

——. *Racionalidade e Existência. Uma introdução à filosofia*. Porto Alegre: L&PM, 1988.

——. *Pensar é pensar a diferença*. Ijuí: Unijuí, 2002.

——. *Uma Breve Introdução à Filosofia*. Ijuí: Unijuí, 2005.

——. *Melancolia. Ensaios sobre a finitude do pensamento ocidentall*. Porto Alegre: Movimento, 1976.

——. *História e Ideologia*. Porto Alegre: Movimento, 1972.

——. *Introdução ao Pensamento de Martin Heidegger*. Porto Alegre: Edipucrs, 2002.

——. *Nas proximidades da Antropologia*. Ijuí: Unijuí, 2003.

STRECK, Lenio Luiz. *Verdade e Consenso.Constituição, Hermenêutica e Teorias Discursivas da Possibilidade à necessidade de respostas corretas em Direito*. 2 ed. Rio de Janeiro: Lumen juris, 2007.

——. *Jurisdição Constucional e Hermenêutica. Uma nova Crítica do Direito*. 2 ed. Rio de Janeiro: Forense, 2004.

——. *Hermenêutica Jurídica e(m) Crise*. 5 ed. Porto Alegre: Livraria do Advogado, 2005.

——. A Hermenêutica Filosófica e as possibilidades de superação do positivismo pelo (neo)constitucionalismo. In: *Constituição, Sistemas Sociais e Hermenêutica*: Anuário do programa de Pós-Graduação em Direito da UNISINOS. Leonel Severo Rocha e Lenio Luiz Streck (orgs.). Porto Alegre: Livraria do Advogado, 2005.

——. A Hermenêutica Jurídica e o Efeito Vinculante da Jurisprudência no Brasil: o caso das súmulas. In: *Boletim da Faculdade de Direito da Universidade de Coimbra*. Separata vol LXXXII. Coimbra, 2006.

——. Bem Jurídico e Constituição: Da proibição de Excesso (Übermaverbot) à Proibição de proteção deficiente (Untermaverbot) ou de como não há blindagem contra normas penais inconstitucionais. In: *Boletim da Faculdade de Direito de Coimbra*. Separata vol. LXXX. Coimbra, 2004.

———. Martin Heidegger. In: *Dicionário de Filosofia do Direito*. Vicente de Paulo Barreto (Coord.). Rio de Janeiro: Renovar, 2006

THEODORO JÚNIOR, Humerto. A Onda Reformista do Direito Positivo e suas Implicações com o Princípio da Segurança Jurídica. In: *Revista da EMERJ*, v. 9, n. 35, 2006.

TUGENDHAT, Ernest. *Lições Introdutórias à Filosofia Analítica da Linguagem*. Tradução de Ronai Rocha. Ijuí: Unijuí, 2006.

———. *Autoconciencia y Autodeterminación. Una Interpretación Lingüístico-analítica*. Madrid: FCE, 1993.

VIANNA, Luiz Wernek, et. al. *A Jurisdicionalização da política e das relações sociais no Brasil*. Rio de Janeiro, Revan: 1999.

VIEIRA, José Ribas. *Teoria do Estado*. Rio de Janeiro: Lumen Juris, 1995.

WARAT, Luis Alberto. *Epistemologia Jurídica e Ensino do Direito*. Florianópolis: Fundação Boiteux, 2004.

ZIZEK, Slavoj. DALY, Glyn. *Arriscar o Impossível. Conversas com Zizek*. Tradução de Vera Ribeiro. São Paulo: Martins Fontes, 2007.